有一种力量，叫文学；
有一种美好，叫回忆；
有一种感动，叫青春；
有一种生命，在鲁院！

鲁迅文学院「百草园」书系

听雨夜读

西 流 ◎ 著

书话是一种奇怪的文体，它是关于书的书，其内容并不指向世界，而是指向书籍自身，但吊诡的是这些精心选择的书籍又反向指出了作者自己。

TING YU YE DU

江西高校出版社
JIANGXI UNIVERSITIES AND COLLEGES PRESS

图书在版编目（CIP）数据

听雨夜读 / 西流著. —南昌：江西高校出版社，
2017.6
（鲁迅文学院"百草园"书系）
ISBN 978-7-5493-5456-6

Ⅰ. ①听… Ⅱ. ①西… Ⅲ. ①书评—中国—现代—选
集 Ⅳ. ①G236

中国版本图书馆CIP数据核字(2017)第111491号

出 版 发 行	江西高校出版社
社　　　址	江西省南昌市洪都北大道 96 号
总编室电话	（0791）88504319
销 售 电 话	（0791）88595089
网　　　址	www.juacp.com
印　　　刷	北京一鑫印务有限责任公司
经　　　销	全国新华书店
开　　　本	700mm×1000mm　1/16
印　　　张	17.25
字　　　数	213 千字
版　　　次	2017 年 6 月第 1 版
	2020 年 7 月第 2 次印刷
书　　　号	ISBN 978-7-5493-5456-6
定　　　价	47.00元

赣版权登字-07-2017-478

C目录
ontents

关于读书的那点事儿

炎炎夏日，何以解暑？

唯有读书。

相信我，说这话的不是书商就是书痴。至于有人说读书和吃饭、繁衍一样都是人类与生俱来的本性，那就更不可信。原因很简单，仅以我们中国为例，从结绳记事到仓颉造字"鬼神泣"，就难得有什么书好读，从甲骨文的出现到造纸术、活字印刷术的发明，这期间的几千年，读书也很难成为普通人的事。读书真正得以普及，还就是这100多年来的事。所以我们今天还真不必妄自菲薄，据说2008年，我国国民人均读书仅4.58本，但是如果算上报纸、网络，肯定不止这个数。你不能说读报、读网文就不算阅读，虽然的确不算读"书"。但我就不明白了，为什么就一定要读书？

一个经常被说到的答案是读书才算文化积累，其他只能算文化"消费"，这也就难怪现在纸质出版物那么多了。即便是网文，最终还是要落实到纸面上才算功德圆满。仿佛只要是穿上了书的外壳，就立刻有内涵，重要起来了。这就难怪我一个朋友激烈地抨击说，有些书根本就不是书，是读物、垃圾。将书与非书按内容来分也算是一种进步。记得以前我曾经也不肯承认教材是书，只因为其功用性太强。但是现在看来，这种观点却也不无偏颇。

我们反对读书功利性太强，但须知，书一开始本身就具有极强的功利性。因为材料的短缺，所以古人对书写的内容选择极其苛刻，文字也极端简洁。那时哪里有什么闲书、小报容身的余地？文字一开始出现，除记事，便是占卜，这都是功用十分强的事业。

闲书也只有在印刷术、造纸术发达之后才会大量出现。但说其闲，正是因为有一个作为参照的"正经"书存在。正经书是有用之学，至少在古代可以带来功名、富贵，也就是古人所谓的"书中自有黄金屋"；富贵了，自然也就有寻个好亲事的条件，所以书中还有"颜如玉"。在今天也可以帮助考上大学，找个好工作。虽不再倡导"黄金屋""颜如玉"，意思却也差不多。因为有这么多好事，所以需要认真对待。读书虽好，但是如果读自己不喜欢读的书，或者被迫去读，也总不是件乐事。所以我疑心"书海无涯苦作舟"的苦字应是针对"正经书"而言的。至于"头悬梁""锥刺股"更不可能适用到闲书上。读闲书更多的是个乐字，之所以乐，不外乎书的内容可以自己选择，所以可以读感兴趣的书；因为是闲书，无用之学，自然也不会有人逼你去读，所以无被逼之忧。忙之余，闲暇下来读读闲书，何乐不为？古人云人生至乐之一是"雪夜闭门读禁书"，我猜这个"禁书"，不只是淫书，也肯定不只是政治书，闲书也算。如若不信，试想一下我们的读书时代，"课外书"在老师和家长的眼里算不算"禁书"？古人只有过之而无不及。

但是何为正经书，何为闲书，有时还真说不准。认为是正经书，可以经世致用，不料却是酸腐不堪的糟粕，认为是闲书，结果却有益于世道人心。所以对待所谓的正经书和闲书，还是要多留几个心眼才是。

因为现在人们读书少就痛心疾首，认为世风日下，多是读书人干的事。读书人因为自己读书，就总认为不读书简直罪不可赦。其实读书不读书不是关键，有没有独立的思考能力和判断力才是关键。君不见这世上有太多的书越读越傻，最后被称之为"书呆子""两脚书橱"的人吗？但是因为有书呆子存在，就认为读书只有坏处没有好处，这种人也简直是愚钝之极，属朽木不可雕之辈，简直让人懒得为之费唇舌了。

而且，最重要的是，抛开这些功利，即便读书给你带来不了什么，读自己喜欢的书，阅读本身带来的那种愉悦，也足以让我们为世上还有这样便宜、简单的快乐而欢欣鼓舞了。

一本书打开一个世界

前些天装修房子，装修得很简单，铺铺地板涂涂墙壁而已，连木桌都没做。朋友们都大呼小叫，但是我不为所动。然而，有一样东西我知道却省不得，那就是书架，整整两面墙的书架——有七八箱书等着重见天日呢。

十几年前这样的事想也不敢想。

那时还在农村，80年代的农村是贫瘠的，不只物质，还有精神。我少年时代能接触到的也不过是几本连环画而已。此外，只有一本不知从哪里搞来的《一千零一夜》，还是多年后才知道的名字。上初中时，一次无意中看到一位同学正抱着一本《射雕英雄传》在看，不由大惊，问道："《射雕英雄传》不是电视（剧）吗？怎么会有书？"孤陋寡闻可知。

然而一切都在高一时改变了。现在想来，还仿佛是一场梦。引子就是《傲慢与偏见》。这件事记得很真切，那时不知怎么的，突然很渴望读书，那种渴望就像一种饥饿，来得让人有点猝不及防。

记得那是一个周末，我从80里外的学校骑车回家，路过镇里的新华书店，突然很想进去看看。书店坐落在小镇的中心，外面是热闹的集市，然而一进去，就像进入了另外一个世界，喧闹一下子被阻隔在了门外。这里很静，甚至感觉过静了，让人有一点不安——偌大的书店竟然没有一个顾客，店员无精打采地坐在柜台后面的阴暗处打毛衣。柜台有点高，使我一开始没有发现她。我小心翼翼地四处张望着，终于在除了教科书和领袖文集之外没有多少书的柜台里发现了我要找的东西。那是上海译文出版社出版的一套普及本世界文学名著，我记忆中有简·奥斯汀的《傲慢与偏见》、海明威的《丧钟为谁而鸣》以及德莱塞的《珍妮姑娘》，它们孤寂地平躺在那里，像被遗弃掉的布娃娃，显得那么的无辜和委屈。我现在之所以还记得书名，是因为后来我一一把它们买齐了。然而在当时，我却犹豫不决，因为这些书我都没有看过，简·奥斯汀是谁？海明威是谁？德莱塞是谁？我都不知道，但是有一点我知道，我想看书，特别是世界文学名著。

就在这时我看到了那个躲在柜台后面的店员，她正冷冷地盯着我，我一下子慌了，脸开始红起来，像做了什么见不得人的事。我结结巴巴地指着书问多少钱，想以此来掩饰自己的慌乱。她面无表情地站起来，把毛衣放到了凳子上，拉开玻璃柜门，就在手要伸到书时，迟疑地停了下来，抬头问我："哪本？"我也不知道我想问的是哪本，于是说都看看。她有点不满地把三本书都拿了出来，扔在了柜台上。我小心翼翼地拿起，翻到尾页，尾页显示的价格帮助我做了决定，我要了《傲慢与偏见》，译者王科一，原因是它最便宜，三块一毛钱，我口袋里刚好有四块钱。

攥着书回家，我的心里特别激动，感觉心都要跳出来了，自行车被我踩得快要飞到天上去了。一到家，我就急急忙忙地给它包上封皮，包好之后，才心满意足地小心摩挲着，慢慢翻开了第一页。

就是这一页，把我带到了一个完全陌生而新鲜的世界，就像童话里经常讲的那样，柜门打开，才发现后面藏着一个完全不同的天地。那里是公主和王子，以及坏到单纯的老巫婆，而这里是英国的宁静小镇，带着强烈的18、19世纪欧洲古典气息，男人和女人，绅士和小姐，生活富足，天天沉浸于舞会和交际，爱情和喜剧就像饭后的点心，只是生活中的点缀。我贪婪地读着，等我翻过最后一页，合上书本，才发现天已经完全黑了。

现在想来，这本书的内容并没有什么，敏感而自尊的伊丽莎白小姐听了别人背后的议论，从而对傲慢的达西产生了偏见，达西也因小镇上人的虚伪做作，愈显得傲慢。当然，最终事实得到了澄清，二人就像传统的中国戏剧一样来了个大团圆。这简直有点像琼瑶的爱情故事。英国女作家简·奥斯汀也许是局限于其经历，其笔端始终不离家乡那一点点琐碎小事，尽管在她的笔下有难得的清新、幽默以及对人物心理的精彩刻画。如果单纯讲意义和价值，其对我的影响远不及陀思妥耶夫斯基的《罪与罚》、加西亚·马尔克斯的《百年孤独》、卡夫卡的《变形记》以及贾平凹、王小波的一些作品。这本书只是有趣，仅此而已。然而如果从另外一个层面，另外一个角度看，就完全是另外一回事了。所以这本书对我的影响不在于其内容，而在于其形式，它是那么的简单、有趣、易懂，给了一个初级阅读者极大的信心。正是基于这样的信心，我才有勇气继续打开其他作品，并最终徜徉于文学的海洋。很难想象，假如我一开始读到的不是《傲慢与偏见》，而是类似《尤利西斯》这样的作品，我会怎么样。

《傲慢与偏见》彻底地改变了我的生活，我的高中三年基本上是在阅读中度过的，我如饥似渴地阅读，一个人有两本借书证，我把我能借到的所有伟大作家的作品通读了一遍，甚至在高考前一个月，我还在图书馆里借书还书。我得到了报应，正如我的老师和同学们所预料到的，第一年高考我失利了，然而第二年卷土重来，我并没有因此就放弃对文学作品的阅读。还好，结果不错，我考了全地区文科第二名。没有一个人知道秘密，但是，我知道，只是我秘而不宣，因为说了估计也没人肯信。

一本书打开一个世界

读书滋味长

我经常不无遗憾地想，假如我的记忆力足够好——不说过目不忘——凭我读过的那些书，我也足可称为一个知识渊博的人了。可惜，我是那种读了后面忘了前面的人。浏览书架，经常看着一个个熟悉的书名就是想不起里面写的是啥。打开来看，跟看新书没有区别——这有一个好处，就是不用再买新书了——可是，我又是那种嗜书如命，占有欲还极其强烈的人，这让我陆陆续续又往家里搬回不少新书。以至于每次看着琳琅满目的书架我都暗自发愁，这些书，我到什么时间才能读完呀！

如果说，读书的功用主要在于增长知识的话，按我上面对自己的描述，我就没有必要读书了。可是，我仍然每天手不释卷，读得津津有味。因为乐观地想，即便我的脑袋是个漏斗，浇灌得多了，总也会存留一些吧。再说，读书本身就是一种乐趣。关于读书之乐，这方面的文章多了去了。不过其作者大多如《嗜书瘾君子》的作者汤姆·拉伯，属于"书痴"级别，所以也不能太相信他们的所谓夫子之道。因为在他们眼里，读书的乐子才是第一，功利性读书倒是可耻的呢。

客观地说，读书既有实际的功用，也有审美上的功能，不可也无须厚此薄彼。我曾写一小文，表达过这个意思，文字的产生本就是功利性的，所谓"结绳记事"是也。但是随着社会的发展，文字除了记事的实际功用外，也增加了审美的功能，要不就无所谓文学了。文学满足的正是人们情感和审美上的需求。

现在是电子时代，机器人早已诞生，虽尚未取代人类，但是在科幻电影中，不乏人被机器奴役的担忧。机器在某些方面确实优于人类，但我总觉得它们无法替代人类。人之所以异于，或者说优于机器人，正在于他有情感。有情感会让人犯错，但也让人活得有滋有味。

关于读书的功用，我觉得还是英国大哲学家培根总结得好，培根说："读书足以怡情，足以博彩。"他把怡情放在了第一位，看重的正是读书的娱乐功能。博彩讲的主要是修辞，也许在他看来，读书多了，就能口若悬河，舌灿莲花。可惜，读书多而口讷的人也不少见。但是不能不承认，这类人往往情感丰富，知识渊博，谈到他喜欢的话题，也能谈得头头是道。关于长才，培根偏重的是处理实际事务的能力。在我看来，包括两个方面，一是增长知识，二是增加智慧。增长知识是量的变化，多读书，自然知识面广，知识丰富。在今天虽然网络方便，什么都可以搜索得到，但搜来的知识总是与大脑里储存的知识不同，这就跟图书馆里的书虽多，却到底与自己家书架上的书不一样一个道理。只有经过阅读消化储存过的知识，才是自己的，才会成为你思考和创造的基础。增加智慧是质的变化，智慧是知识漏掉后留下的那部分东西。它来源于知识，却比知识更重要。我记忆力不好，难道跟我留存的都是智慧有关？

曾想刻一印章，印文是"疑是一书痴"。"疑"，说明不是，但是确实又痴迷，只好徘徊于是与不是的边缘。还曾想找人写两个条幅，一个写："有书真富贵，无事小神仙。"一个写："字里乾坤大，书中岁月长。"这都是我喜欢的关于读书的句子。这说明我不才，虽然意识上清醒，到底还是落到趣味主义的窠臼里了。

聚书的乐趣

在旧书市场捡到这本《聚书的乐趣》令我颇感意外。这是三联社 1992 年版本，又是特价，所以算下来不过是三块多钱，真算得上是便宜。但是说实话，这本书我以前从未看到过，也从未听说过，更不知道书的作者爱德华·纽顿是何许人也。虽然翻译者赵台安、赵振尧先生的译著曾经读过，现在想来那本同样是由两位先生翻译的茨威格先生的名著《异端的权利》可能和眼前的这本《聚书的乐趣》正是同一系列的。出于对译者的信任，更由于书名吸引了我，我毫不犹豫地就把它买下了。也许这个举动本身就是在体味聚书的乐趣。

看过介绍后知道，这是一位 20 世纪初的英国藏书家，并且他自认为自己是不错的藏书家，正因为此，他才会不厌其烦而又洋洋自得地历数家珍。这种举动不免会令那些不爱书的人感到可笑，而爱书的朋友却不难从中感到阵阵的暖意，并获得极大的乐趣。

在前言里作者写到他是"为兴趣而写作"，并且"在写所有的文章时我均乐不可支"，那么我想这样的结果必将使文章的质量得以保证，而这也是这本书之所以出版了近一个世纪尚不至于灭迹的原因。

应该说这本书并不厚，除了《开场随笔》外，作者将整本书分为十三章，但是细看，实际上这十三章之间并没有必然的联系，每一章都是一篇独立的文章，并分别在当时的一本名叫《大西洋》的杂志上发表过。因而说这本书实际上是作者的一个关于藏书的随笔集子。纽顿说，他认为世上最有趣的事，第一是人，第二才是书。这种思想令我们感到吃惊，因他的身份是个藏书家。然而事实上它们并不矛盾，并且这种思想也很好地在本书中得到了体现。在前四章中作者集中写了藏书，而在后面的九章中作者集中写的是人，各种各样的人，但有一点是相同的，他们都爱书、藏书、品书和写作，甚至治学。还有一点，他们都有趣。我认为，他写人的文章远比他写藏书的文章更有趣，更有文采。也许这个结论会令纽顿气歪鼻子的。

在前四章里作者开始了长长的罗列，一长串的书名，并且在每本书后面都标有价格，以至于使人怀疑他的书"是叙述书的价格而非书的本身的"，但是我们可以强烈地感受到一个爱书者对书的热爱，这种热爱也只有一个真正的爱书者才能感觉到。对于一个爱书者来说，单单是看看那些书名，听听那些价格以及买书的经历都会心旷神怡，从这个意义上说这本书是检验一个人是否真正嗜书的试金石。

然而我总认为本书的章节排序并不那么合理，尽管每个章节是彼此独立的。在读过写人的后几章时我发现这些当时——甚至是今天——灿烂的名字曾频频地在前四章出现，而假如我们不是对他们有所了解的话，那么我们将会很难真正深入地理解作者前面所叙述的故事。从这一点来说，在我阅读过包斯威尔、约翰逊，以及美丽高雅的思罗尔夫人后我宁愿再重读一下前四章，这时我将会发现我从书中的得到的乐趣将会以几何基数的方式翻倍，而这又是一般的读书人所难以理解的快乐。

淘书的乐子

　　淘书的乐子，这是多么平庸的一个题目呀，有多少书痴书虫乐此不疲地写过它。可是现在要享受这种乐趣也不容易了。首先，去哪里淘呢？淘不是买，新书是称不上淘的，哪个爱书人不是把新书店逛得比自己家还熟悉呢？哪本书在哪个位置，爱书人有时（应该说很多时候）比书店的店员还熟悉。书痴们逛书店，一眼就知道新来了什么书，哪本书卖掉了，哪本书被人换了个位置。因为逛得太勤，说句实在话，逛书店的乐趣都削弱了。我现在就痛苦地发觉，每次逛书店，只需要几分钟的时间。我也知道这未免太快了，但是天啊，我已经极其耐心地把所有的书都又重新浏览过一遍了，你还能要求我怎么样呢？

　　旧书店呢？对，旧书店用得上"淘"这个字，相比于新书店，旧书店像个神秘的海洋（可惜更多的时候像池塘），我们经常没办法一眼望到底。但是一个城市的旧书店实在少得太可怜了，而货源又那么的短缺，哪里经得起我们一淘再淘呢，淘了两次也就变成逛了。对于书痴们来说，这真是一件可悲的事。我说的淘，是指披沙沥金，满足的是一种发现的愉悦，如果能够幸而捡个"漏"，那就是更完美了。所以前年，我去上海、苏州、杭州，就只逛旧书店，新书店是一概不进的。

　　就像吃不到美味的人经常会怀念美味一样，我就经常会想起高中时代的淘书生活，那时校门口有一大片旧书摊，负手对冷摊，倒经常会有一些不错的收获。只可惜，那时不大懂书，买的多是大路货，现在稍微懂了，却再也没有那样的机会。这真是一件无可奈何的事情。

但是没想到的是，前几天竟然又有一次这样的饕餮大宴。那天是朋友请喝茶，请的都是爱书的虫子，茶过三巡，朋友突然神秘地说："你们有没有兴趣到楼下看一下，楼下有些旧书，如果发现中意的……"

话还没说完，我们就像装了弹簧一样跳了起来："怎么会没有兴趣?"朋友这才发现对形势估计有误——话说得过早了，她忙说："急什么，喝会儿茶再去嘛。""茶? 茶随时都可以喝的，书嘛，过了这个村可就没有这个店了。"于是我们不顾主人的百般挽留，决绝地冲下了楼。

到了放书的那个房间，我们这几个爱书人不由惊叫一声："天啊，是谁这么没有天良，竟然这样对待书!"只见一捆捆的书胡乱捆扎平摊在房间的地板上。因为刚搬的家，屋子空荡荡的，只有地上一大片摊开的书。可是连日的阴雨，已让屋子里潮得流水了，书们，简直就等于直接躺在水窝里。容我用一个不那么贴切的比喻吧，我目之所见，简直就是一群如花似玉的美女（其实已经满面皱纹，但我毫不觉得）被人强捆着，委屈得直掉眼泪，可怜兮兮地，只等着我等怜香惜玉之辈赶快搭救呢!

我们二话不说，立刻弯下腰动起手来。这下你终于明白我说的淘书的真正含义了吧。这堆书对于我们来说是一个完全陌生的海洋呀，我们就像一个打鱼人，能打到什么，简直完全要凭我们的运气。书都是旧书，50 年代的、60 年代的、70 年代的、80 年代的，台版的、港版的、陆版的，政治的、地理的、历史的、文学的、宗教的，五花八门，我觉得每一本都是好书呀，即便对内容没兴趣，光版本的价值就足以让人欣悦了。只是我哪里能表现得那么贪婪呢? 我总要找我喜欢的吧。哦，这是一本科学出版社 1956 年 11 月 1 版 1 印的郭沫若的《奴隶制时代》，封皮还是朴素的手写体呢，不错，收。那一册是什么? 哦，原来是台版孟森的《清史》，书名还是胡适先生题签的呢，不错，收。等等，这里竟然有一本1985年12月花城出版社出版的董乐山翻译的《1984》，奥威尔的这本反专制的名著可是我的最爱，同样是董乐山翻译的我已经有两个不同的版本了，但是远远没有这个版本年代这么久远呀。注意看看四周，还是不要让其他书虫知道为好，免得他们眼红，呵呵。嘿，那本小书是什么？那么雅致，哦，原来是上海文艺出版社1982年11月1版1印的何为的《小树与大地》，这是个福建老作家，读过印象最深的还是他的《第二次考试》，他的书自然是一定要收的，读不读倒是其次。噢，《周佛海日记》，周佛海，不就是那个汪伪汉奸吗？书籍印刷的一般，算了，不要。"周佛海的日记谁要？"一激动我竟然举着大叫。有人接过去之后我才猛然想起，前不久刚刚读完苏青的《续结婚十年》，据说书里那个戚先生影射的就是周佛海，证据之一就在周佛海的日记里，可是我怎么就这么随便送人了呢？但是现在再后悔已来不及了，总不至于再要回来吧？算了，以后需要借回来看。继续埋头翻找，不错，又找到两本雅致的小书，版式比《小树和大地》还要小，看起来也更旧，但品相是好的。什么书？一边拿起来翻看，一边暗暗佩服着以前的出版社，真大气，这么薄的小书也肯出版。我是最喜欢这种小册子了，既雅致，读起来又舒服。打开一看，原来是臧克家的两本诗集，一本是作家出版社1962年7月1版1印的《凯旋》，一本是作家出版社1958年4月1版1印的《一颗新星》，啊，这书要是让喜欢臧克家的人看到，还不得眼红死？

感觉还没翻多少，手里就一大摞了，拿不动，放在一边。不敢直接放在地板上，怕湿掉了，就直接放在一堆书上，又怕和那堆书混了，想走开，又怕不小心被那群书痴重新挑走了。竟一时拿不定主意呆站在那里了。"你傻站着干什么呢？能挑只管挑，反正不挑也是当废纸卖掉，化成纸浆。"朋友只当我是不好意思，笑着鼓励。她是完全在看我们的笑话了。和她比较起来，我们是真正的一群破烂王了，她倒优雅得只肯站在旁边闲看。

经她一鼓励，我又一头扎进书堆里了。书铺得太开了，连个插脚的地方都没有，只能用脚把书挪开，又开腿弯腰站着，倒像南方水田里的农妇。站了一会儿，腰酸了，背疼了，衣服被汗水湿透了。直起身，用手背捶捶背，继续弯下腰捡。哦，这本是什么，《大众文艺》，没听说过，打开扉页，啊，1928年的杂志！第一期！郁达夫主编！上海现代书局发行！这一系列字眼一个一个地敲打着我脆弱的神经，简直要让我的心脏跳出来了。我强忍着极大的欢喜打开目录，第一篇竟赫然是鲁迅的翻译作品。"天啊，"我终于忍不住叫出来了，真有这样的好事吗？我竟然找到了一本民国杂志创刊号！我的惊叫引起了他们的注意，我立刻感到被一束束羡慕的眼神包围了，连一直优雅地闲站着的朋友似乎也颇动了一下容。

"如果真是创刊号，可是能值不少钱的！"一直手也没怎么闲着的苇老师说。

"××知道一定后悔死了，让他来他不来。"朋友也说。

我感觉身子已飘起来了，我几乎按捺不住自己，但是毕竟脑子还清醒，强力又把自己拖回了地面。但是明显已经有点心不在焉，心神全被那本抱在怀里的《大众文艺》牵走了。但是很显然，幸运之神还没远离我。我又翻了几本，啊，这本又是什么？那么细薄的封面，"萧军""十月十五日""文化生活出版社"？难道是民国版的吗？赶快打开版权页，还真是，虽然不是"民国"二十六年（1937）年六月的初版本，但毕竟也是"民国"三十七年（1948年）八月的第三版呀。该书属于巴金主编的"文学丛刊"第五集，该集共16册，萧红的短篇小说集《牛车上》同属该集。可是我不免贪心地想，如果是萧红的《呼兰河传》该多好呀！正想着，又一个熟悉的封面映入眼帘，不用想就知道是王云五主编的"万有丛书"，打开一看果然是，不过是一本科学方面的书，周昌寿的《天体物理学》，属王云五主编的"万有文库"第12集简编500种，商务印书馆"民国"十九年（1920年）十月初版，二十八年十二月简编发行，薄的可怜，但也是我想拥有的一套书中的一本呀。还有这本粗牛皮纸样封皮的是什么书，哦，原来是商务印书馆"民国"二十六年（1937年）六月第一版"耶稣传"（《人之子——一个先知的传》，卢特维喜原著，孙洵候重译）。

啊，一连串的惊喜已经把我打晕了，我觉得实在已经没有力气把身子伏在地面上了，看着手里又是厚厚的一摞书，我没有心思再继续淘下去。实在是太幸福了！这种幸福感让我眩晕，我实在没办法一下子消化掉这种持续的巨大的幸福感。还是不要让我一次中500万吧，中也要让我慢慢地中吧，我实在"害怕"了这种一下子降临得太多的快乐，它让我感觉不实在了起来。

但是，我错了，我实在不应该太这样飘飘然呀，因为很快，良兄就在我刚才淘出《大众文艺》的地方也淘到两本创刊号民国杂志了，哎呀，很快他又在我淘到《十月十五日》的地方淘到一册1954年人民文学版萧军的《八月的乡村》了，哎呀，在我张皇失措的时候他又趁热打铁淘到了一本外国文学出版社1980年12月出版的《胡安·鲁尔福中短篇小说集》。要知道，这本书当初一个朋友借给我时，我多次犹豫着都不想还他了。

可是我仍然是高兴的，为的是我们都是高兴的。我们都是如此的丰收，以至于我们很快就决定晚上要大大地吃它一顿以示庆祝了。我们都争着要埋单，这是多么让人高兴的埋单呀。但是我仍旧不免要批评某些同志的贪心，因为在我们几乎把那些书翻过三遍之后，还有人不舍得住手。在我们准备去庆祝的时候，他还在打他美丽的小算盘，盘算着如何把这一堆书当作废纸从朋友的单位收走。他的计划很好，书收走后，先让朋友们挑一遍，然后再拿到一个朋友的旧书店里去卖。

呵呵，如果你以为这次淘书之旅到此就为止了，那你就大错特错了，对于书虫们来说，这才仅仅是个开始呢。我要怎么消化我的快乐呢？晚上酒足饭饱回到家已经很晚了，但是我丝毫不觉得困，我兴致勃勃地把书一本一本拿出来细细地翻过，分门别类上了架，我甚至还给他们编了书目。但是，天啊，快乐中总也有那么一丝不和谐音，我蓦然发现，我本以为是创刊号的那本《大众文艺》，原来只是一个影印本。我不顾时间已晚，急忙通报给良兄，不久，良兄回复，他那两本也是。

哎呀，空欢喜一场！可是在电话里我们是怎么安慰自己的呢？"不管怎么说，也是1961年的影印本呀，而且只影印了900部。印得又那么好，如果把印有影印说明的那一页撕掉的话，谁会知道它是一个影印本？"

毕业纪念册

在书店看到一本西·伦茨的《德语课》，文汇出版社 2006 年出版，突然想到自己那一本。我是从旧书店买的，五块钱，原价一块二，外国文学出版社 1980 年 1 版 1 次印刷，封面和内页都盖有"福建省文化局资料室"的章，应该是从那里散出来的，不知经过了几手，最后搁浅在我这里。

买这本书是因为余华在一篇文章里提到过它，这篇文章的题目就叫《西·伦茨的〈德语课〉》，文中说"这是一本读过以后不愿意失去它的小说"。这句话让我怦然心动。然而真正使我感兴趣的并不是这些，而是他紧接着说的那几句话，他说："我一直没有将它归还给学校图书馆。这书是八十年代翻译成中文出版的，当时的出版业还处于计划经济时代，绝大多数的书都是只有一版，买到就买到了，买不到就永远没有了。我知道如果我将《德语课》归还的话，我可能会永远失去它。我一直将它留在身边。毕业时必须将所借图书归还，否则就按书价的三倍罚款。我当然选择了罚款，我说书丢了。我将它带回了浙江，后来我定居北京时，又把它带回到了北京。"他提到的那本《德语课》应该就是我手头这个版本。但是这段话却让我想起了发生在我身上的一件事，以至于让我不禁哑然失笑。

在我的书架上也躺着一本书，在它的封面和扉页都盖着同一枚圆形印章，这是我高中图书馆的印章，在扉页还有一个写在印框里的编号"13473"，这应该就是它在我高中那个木质图书楼里的身份证号。

不过这本书的名字不是《德语课》，而是《罪与罚》，陀思妥耶夫斯基的名著，岳麟译，上海译文出版社 1979 年 7 月版。后来我才知道它就是所谓的网格本。

这本书我也是付了两倍的罚款换来的，还好，定价不算贵，1.90元，两倍就是 3.80 元。但对当时的我来说仍然不是一个小数目，因为在门口的旧书摊上，一本《呐喊》也只需要八毛钱。但是我还是毫不犹豫地付了。我的借口是在厕所看书时不小心掉进了茅坑里。当时为什么会想出这么个恶心人的理由，而不是简单地像余华一样说丢了？也许只是想让借口显得更逼真而已。女管理员迟疑地看着我，仿佛替我担心似的，强调说，要付两倍的罚款哟！我点了点头，把准备好的钱递了过去。

其实，我一开始的目标并不是这本《罪与罚》，而是肖洛霍夫的四卷本长篇小说《静静的顿河》，我的野心是把它一本一本借出去，然后一本一本谎称丢失。但是等到我要毕业的时候，想借这本书却怎么也借不到了，每次都是已经借出，以至于后来我怀疑是有人跟我不谋而合，而且已经捷足先登，这让我遗憾不已，最后只得退而求其次。然而幸运的是，读大学时，一次人民文学出版社在校园摆摊，六折销售新书，其中竟然有这套《静静的顿河》，全套定价 75 元，六折之后仅需 45 元，于是欣然购之。

我的读书生涯真正开始也就是在高中，高中三年是我读书读得最快乐的三年，我一个人拥有两本借书证，不停地还书、借书，直到高考前夕仍然不肯撒手。我把我认为重要的经典作家代表性的作品基本上通读了一遍，就是在那时打下了外国文学的底子。所以等到要毕业的时候，当别的同学正忙于制作一本本精美的毕业纪念册时，我也在悄悄谋划着属于自己的那一本独特的"毕业纪念册"。然后就像余华讲的那样，这本盖着学校图书馆印章的《罪与罚》也跟随着我，先是到北京，然后辗转来到厦门，并永远地定格在了我的书架上。

美好的书缘

一

都说电子书会取代纸质书，我总不肯相信。如果说读书只是为了获取知识，那么还有可能。实际上纸质书早就不再单独作为一种知识的载体存在了，特别是对于书痴们来讲，美丽的书本身就是一件艺术品。更何况因书还衍生出了不少更有趣的玩意儿，比如书签、藏书票、毛边本、签名本。真想不出如果有一天，真的只剩电子书了，怎么制作毛边本？作者签名售书时又签在哪里？签在阅读器上吗？想一想就觉得无趣。

更何况纸质书还能牵出一段又一段美好的书缘。

就以发生在我自己身上的故事为例。去年8月，上鼓浪屿玩，在晓风书屋买到一册古剑的《书缘人间——作家题赠本纪事》（山东画报社2010年9月出版），读后非常喜欢。古剑，本名辜健，祖籍泉州，1939年出生于马来西亚，十岁落籍厦门，1961年毕业于华东师大中文系，曾任华侨大学助教，1974年漂泊香港，历任《新报》《东方日报》《华侨日报》副刊编辑，《良友画报》《文学世纪》主编。因为写作及工作的关系，古剑与许多华文作家颇有交往，"作家人情半张纸"，因而也得到不少作家的签名赠书。作者此书正是以其收藏的大量作家题字赠本为引子，去写这些作家，以及他们之间发生的种种"书缘"，读来真是让人神往。

虽然我收藏的作家题赠本不多，但一直很感兴趣。在我看来，这样一本专门写作家题赠本的书，必须有作者的题赠，才称得上完整。但如何得到作者的题赠呢？要说现在得到作家的签名也并不困难，有些作家满天飞，到处签名售书。但那多是畅销书作家或著名作家，对于古剑这样既非畅销也不特别著名的作家来说，恐怕还是有点难度。查百度，意外得知古剑几年前曾来过厦门，可惜当时不知——知也无用，那时书还未出。因为古剑曾落籍厦门，与厦门颇有渊源，猜测以后古剑或许仍有机会来厦。朋友中南宋兄与各地作家交往较多，因而特意交代其如古剑来厦，告知一声，帮着索个签名。不料南宋兄出个"歪招"，说你何不写篇文章，放在博客上，或许能引起他的注意，说不定还能联系上。想想颇有道理，于是就写下了下面这篇文章，用的题目仍是《美好的书缘》。

二

如果嗜书是种病，那么，很明显我的病情加重了。病征之一是，看到自己特别喜欢的书，总是忍不住会多买一本备藏。藏来做什么呢？不知道。只是有这种强烈的冲动。细思，其实也没什么用，两本一模一样的书，总不至于这本翻两天，那本读两页吧。如果说是怕一本翻烂了，找不到新的替代，则在我还从没有这样的经验。我读书是很爱惜书的，不说读完新若未触，至少除了扉页的签名以及内页的批注，不大会留下别的什么痕迹。如果说是怕朋友借去不还，早早备着，这种担心却也大可不必，虽然不是没有这样的事发生，但概率毕竟极低，因为现在朋友之间也是很少借书的。

想来想去，只能说是一种病。

最近犯病是因为一本古剑的《书缘人间》，书的副标题是"作家题赠本纪事"。在鼓浪屿晓风书店买了，过轮渡时就着黄昏的光看了几篇，很喜欢，回家又认真读了几篇，更喜欢，胸中于是充满了抑制不住的激动，人都要飘起来了，迫不及待地想上网再订购一本。

我知道又发病了，所以我忍。

忍了一个晚上，第二天终于还是忍不住又买了一本。新书到手，满心的欢喜，但是一模一样的书，我又能拿它如何，只好委屈其暂时束之高阁，继续读先前买的那本。哦，对了，买两本书还是有区别的，因为有备藏的书在，我可以更加肆无忌惮地在原来的书上乱批乱画了。然而批完画完后，反而感觉还是批画过的更亲切，也更喜欢，因为这本书不再是一本普通的书，它刻上了我的痕迹，沾上了我的汗渍，变成了独特的，只属于我一个人的一本书。而那本崭新的新书呢？它与书店里那些还没有卖出去的新书有什么区别呢？因为连在上面盖个章写个名字我都不舍得呢！

这真是无可奈何的事。我多想也在上面留点属于我独有的痕迹，让它也变成一本独有的书，但是至少截至目前，我还没有想出来要怎么办。所以只好继续委屈它寂寞地躺在书架上。

说起来，我其实是做了一件残忍的事。

回头说这本书，我之所以觉得这本书好，除了因为它是写书，写文人的交往，符合我的口味外，还因为作者古剑的文章写得确实好。如何一个好法，仁者见仁，智者见智，本不好说的。我曾推荐几本书给几个爱书的朋友，推荐时我热情洋溢，但他们却反应冷淡，读完之后说感觉也没有我说的那么好。我于是知道，读书本就是口味问题，好与坏，除了那些众口一词说好的，有什么绝对的标准呢？《追忆逝水年华》《百年孤独》这样的名著还多次被退过稿呢！

我觉得古剑的文章好，主要是觉得其语言简洁、节制，有一说一，有话则长，无话则短，从不乱铺陈。有时我辈觉得大有文章可做之处，他也轻轻一笔带过，初觉可惜，回头细品，反觉余韵悠长，让人不能不服。比如他写董桥，文末说"董桥赠书给我，都题上数语，尤可玩赏，录一二供同好欣赏。"果然就录了两则，两则后立马收住，道"不录了，文人意趣尽在其中，多则无味，正如粤语所云：少食多滋味。"文章至此戛然而止。此语或正可印证我所言其语言的节制。

看来古剑追求的就是这种"少食多滋味"。他评聂华苓，看重的主要也是这一点。他评《三生三世》："剪裁大刀阔斧，删繁就简，跳接留白，显得轻灵鲜活，不求完整，但求突出，落墨不多却人物生动。整部的文字简到不能再简，行文有诗的韵味，没有累赘的交代却处处明白。"他说的是聂华苓，我倒觉得这段话用在他身上也合适。

我是把他这本书当作写作的教材了。

回头再谈这本书的内容，陈子善在序里说得很明白，古剑写这本书可能是受了他写《签名本小考》的影响。以作家题赠本为引子写文人之间的交往，这是个多么好的角度。可惜这样的角度，并非人人可写。陈子善在序文就有区分"签名本"和"题赠本"的不同，题赠本"作者与受赠者之间大都有交往，非师即友"，该书共写到大陆、台湾、香港、海外96位名作家的题赠本，除了古剑，有多少人能做到跟这么多名作家有交往呢？这是让我等一般读书人遗憾的地方，也是让我等羡煞的地方。这自然跟作者编辑的职业有关，因而也让我羡慕起编辑这个职业来，以书结缘、以书续缘，对于读书人来讲，这是何等美好的事。

说是写了96位作家，写出来的却是97个人。这第97个就是作者。按陈子善序里的说法，这本《书缘人间》应是古剑在大陆出的第一本书，难怪以前从未听过这个名字，也从未看过他的书。

黄永玉因"古剑"这个笔名，给古剑画了一个古代剑客，题词"十年磨一剑，霜刃未曾试。今日把示君，谁有不平事？"听来甚为铿锵、慷慨。古剑是个文人，"手起剑落"这种事自然不会去做，但按其说法，心直，倒也不无侠客之气。心直有时难免会伤到人，比如他提到第一次去北京，拜访汪曾祺。临别时汪曾祺说画张画给我，说着起身入房，古剑想也没想就说："已画过给我了，谢谢。"说完就下楼。汪曾祺"不作声，回身送我下楼，一直送到大路边，看我上了车才回去。"多年后古剑暗自后悔，那句话或者伤了汪增祺的好意。其实不止他后悔，我读到这里，也感觉黯然，为汪增祺的"不作声，回身送我下楼"。

其实文字节制，要的就是收敛自己的感情，尽量做到平淡如水，处理得好，自有韵味，处理不好，或者感觉冷淡，或者会觉得乏味。古剑文字崇尚节制，是后天修炼，还是性格使然？

三

可惜文章放到博客上，久久未有动静，遂渐渐死了心，不再奢望。不料转眼到了去年 6 月 26 日，偶然在微博上结识长安吕浣溪，吕兄与古剑先生常有联系，遂从其处得到古剑先生的电子邮箱地址，当日即冒昧发上一信，表达热爱之意，并顺势向其索要签名。

不料当日即得到先生回信：

遂涛先生：

得你来信并读大文，很意外也很高兴。谢谢你。厦门是我少年生活读书的地方，留下美好的印象。此后漂泊至上海（读大学）、泉州（华大教书）、汕头（下农村）、香港、珠海。厦门好像回去过两次。想写些忆念厦门的小文，终于未写，那里的蚵仔煎、花生汤麦乳常在念中。厦门除了当官的舒婷外认识的很少了。想回去走走也没有熟人了。有，也没联系了。

文章写得情真意切就是好文章。你的这篇就是情真。随笔就是要自然。

我的这本小书反应不错，在刊物、报纸、网上看到四五篇谈它的文章，都说喜欢。这是我没想到的。我只是游戏，却契合了一些爱书人的口味，得其欣赏，纯属巧合。一个作者的书有人喜欢，有不认识的评说，总是高兴的。

你的书可快递寄来，我去邮局不便。

祝好

辜健

2012 年 6 月 26 日

读后大喜，当即快递将书寄上。几日后即收到古剑先生题签后寄回的书。没想到会有这样一个契机，迅速实现我的梦想，心中十分的欢喜。现在夜深人静的时候，读书写文累了，站起巡视书架时，我总会忍不住抽出先生题签过的那本《书缘人间》，打开扉页，是先生钢笔竖写遒劲的字体：

今我如金农所云：闭户读书忘岁月，人如流水少知音。忽遂涛兄从家乡寄书来索签名，一本小书得数不相识的知音评述，乐何如之。谢谢知音人！

古剑
2012 年 6 月 29 日于珠海

签名下是"古剑"篆体阳文印，题签右上角还钤了一白兔肖形章，应是指其生肖为兔（1939 年为己卯年），没想到古剑先生还有这样的童心。

因书而结缘，真是一件再美妙不过的事。

青春病

　　当青春行将离去，总有些东西让你记忆犹新。在我短促的高中和大学期间，我饱受了偏头疼和肋部疼痛的侵扰，这让我痛苦不堪的同时，开始体验到想象中死亡来临的危险。在一次无可救药的疼痛之后，我在一首命名为《我看到了死亡的影子》的诗歌里写道，"疼痛在梦里如轻骑兵一样突然出袭"。我将我的头疼归因于无限制的阅读和思考，而肋部的疼痛则是渲染青春的一种色彩。在后来的阅读中我很容易就在其他的地方得到了验证。

　　诗人西川在文章《想象我居住的城市》中写道，"当我结束了我被偏头疼折磨的青春期"。西川将偏头疼用来修饰青春期，可见它带给他的痛苦和印象之深了，这使它成为他青春生命中的一道深深的印痕，并在记忆中轻易就浮出水面。西川在回忆好友海子时则将他的死因的一部分归结为海子临死前出现的"幻听""幻觉"。幻听使他"总觉得有人在他耳边说话，搞得他无法写作"，幻觉则使他"觉得自己的肺全部烂掉了"。西川又将这种幻听和幻觉归因于海子的练气功，但我想这可能只是一个方面而已，最重要的原因可能在于他过度的阅读和写作。诗人骆一禾在谈到海子在短短五年间写下了200多首高水平的抒情诗和七部长诗后，将他这一点比拟为"亚瑟王传奇中最辉煌的取圣杯的年轻骑士"，"这个年轻人专为获取圣杯而骤现，唯他青春的手可拿下圣杯，圣杯在手便骤然死去，一生便告完成。"骆一禾用过分诗意的话评价了海子的一生，不知他有没有想到如此急促的写作会不会严重地损害海子的身体。西川谈到海子"一晚上可以写出几百行诗句",而诗歌的写作除了需要技巧之外,更重要的是激情,是火,也就是一项极其耗费体力和精力的劳动。这相对于叶芝"一天只写六行诗句"或菲利普·拉金"一两年才写一首诗",难道不是一种"自杀式写作"吗?所以我想海子可能不只是幻听,可能还有偏头疼,也不只是幻觉,可能他的肺真的已经烂掉了。那么为什么是肺呢?这呼吸的器官?

诗人陈东东在他的自传性文章《回顾,从 1995 年 3 月》中说得更加明白。他说,"从 1995 年 3 月末梢的一张病榻上回首往昔,我看到胃疾——作为我过去生活中一再出现的突出事件——提示我认清以诗歌写作为命运的来路"。在这里他完全将自己的疾病与诗歌的写作联系起来了。他带有总结意味地说,"似乎兴奋的写作总是找溃疡病出任拍档,而诗篇的诞生一定得付出血的代价。我不知道是否可以从胃疾及其象征入手去阅读、阐释和批评我写下的某些诗篇"。最后他说,"对我来说,它们有时候简直就是胃疾的一部分"。而我认为如果从象征入手的话,事实上胃疾应当是他诗篇写作的一部分。正是这在他的叙述中已经带上强烈宿命色彩的疾病,使他的写作留下了深深的青春烙印。无论如何,在剩下的篇幅中陈东东便不厌其烦地将胃疾和诗歌作为不可分割的整体进行了细致的描述。他的这种认真甚至是偏执在我的印象中是很少见的。

在更多的人那里,我没有读到关于青春病的描写,但是我想,并非青春病事实上不存在,而是大部分人将其作为一种隐私,属于个人的秘密藏进了记忆深处,当年老的时候,便会随着对青春的怀念而面目逐渐清晰起来。

买旧书

现在基本上不买旧书了,一是根本买不到,二是旧书跟新书的价格也差不了多少。不是特意收藏,也实在没有必要再去买旧书。但正因此,反倒格外怀念高中买旧书那段时光,有一种错过的遗憾美。

错过是因为当时不懂书,又没钱,很多书本来可以拿下的却空空留下遗恨。当时从学校出来,沿着护城河,步行不多远,就是公园。公园门口就是一大片旧书摊。是真正的书摊,因为就堆在地上,下面衬着大块的塑料布。书沿着塑料布的四周围着,摊主站在中央,像守护城池的将军。说将军绝对是高看了他们,因为他们绝对没有那么神气,以现在的眼光来看,跟卖水果、烤红薯的小摊贩没有什么两样,但是他们卖的是书,就因为书,他们身上也仿佛沾染了一层异样的光彩。他们也是五花八门的,有的的确把书当成烤红薯了,张罗着、吆喝着,看到你走近了,就起劲地拉拢着,为的是竞争。也有的只是静静地坐着,姜太公钓鱼似的,你问了,他才冷冷地回答一句。也许他是懂书的,不屑跟他们一样,你会这样想。但太冷了,就让你不自在起来,仿佛不是他在等着你买书,而是你在叨扰他的清净。于是你匆匆地离开,这时你就感觉到小摊小贩们逢迎的笑容的好处了。但是面对他们挂在脸上近乎讨好的笑,你偏又高傲起来,冷冷地故意不理,只是弯着腰瞅,瞅到一本感兴趣的,才不顾肮脏地蹲下去,拿起书认真地翻阅。他就也把头凑过去，看到封皮了，就说，啊呀，这本书不错的，好多人买，这是最后一本了。你不理，仍埋着头翻看，然而内心其实并不平静，挣扎着，汹涌着。终于你抬起头，故作冷漠地问，多少钱？他仿佛早就等着你这句话，立马报出一个价钱。你心里吃了一惊，或者并不吃惊，甚至有点暗喜，但是脸上并不显露出来，装出很老练的样子，说，哪里会这么贵！语气是不屑的，眼神却是不舍的。你感觉到自己的装了，脸有点红，因为羞愧，心也在狂跳，因为慌张。但仍然坚持着，只是手不由自主地摩挲着书的封皮，舍不得放下。他看出来了，却不说破，只是说已经很便宜了，都是这个价钱。你仍在抱怨，但声调越来越低，越来越不自信。你翻来覆去翻着那本书，想着要怎么说好，想找出点书的缺点，却说不出。你只会说太贵了，太贵了，能不能便宜一点？他看出了你的没有经验，丝毫不肯让步，或者就让步了，意思是给你一个台阶，说算了算了，不赚你的钱了。语气是消沉的、委屈的，仿佛做出了多大的牺牲，但是你知道他内心是高兴的，但是你不说破，仿佛要的也只是他这个让步。但是更多的时候你还是被迫走到了这一步，你把书扔到了摊上，作势要走，心里却在等着他的挽留。然而他并不阻拦，只是很平静地把书插进书堆里。这时你就泄气了，甚至产生了怨恨，有时就赌了气，去别的书摊转上一圈，把气慢慢消掉，但有时还必须回到学校，回到宿舍，甚至上两节课，课也没有上好，你终于还是决定不跟他一般见识。于是你又回来了，你气鼓鼓的，不抱希望地问，真的不能再便宜？你很明白这时已经不是在讨价还价，而只是想给自己找个台阶下。但是你很快发现这不过是自欺欺人，因为你看到了他眼里饱含着胜利的笑。但是他并没有趁机剥落你的面子，嘴里仍叫着委屈，真的没有赚你的钱。一边说着，一边书已经递了过来，这边钱也就递了过去，仿佛心照不宣似的。然而你毕竟心有不甘，但对他现在的态度却感到满意，于是也不再说什么，仿佛什么都没有发生过。临走，他还很热情地跟你道别。你点点头，于是一切都烟消云散了。

对买书人来说，有时乐趣就在这讨价还价里。然而有时因为赌气，就真的留下了遗憾。比如毛姆的《月亮与六便士》，就因为摊主要一块五毛钱，而我只肯给一块钱，就生生赌气错过了。直到十年后，也就是前不久，我才第一次读了这本书。又比如1973年版的《呐喊》，人民文学出版社出版的《鲁迅全集》单行本，摊主要八毛，我只肯给五毛，因为同一版本的其他集子都卖五毛。摊主不同意。我一赌气就不买了。回到教室，气愤地讲给同桌听。同桌也是一喜欢书的人，他听完，二话没说就往门外跑，不一会儿回来，手里拿的就是那本《呐喊》。把我后悔得要死。

那时的旧书摊真多，像个大的露天超级市场。新生入校，老生第一件事就是把他带到这里见世面，说以后就可以在这里买书了。书的种类也杂，文学、历史、哲学、缝纫、栽花，要什么有什么，五花八门。我曾经看到过很多裸体画册，不懂那叫艺术，应该心无旁骛、一本正经地欣赏。心里有鬼，既想看，又怕被别人知道，就装作看旁边的书，不时扫上一眼，又要注意不被人发现，心里那个紧张，那个羞愧，比偷人家东西还难受。书摊上的书也够旧，很大一部分都是"文革"前或"文革"中的，印象比较深刻的有一本郭沫若的《李白和杜甫》，书摊上到处都是，那时不懂这本书的背景，也就没有兴趣，现在想找一本看看，就很难找得到了。

书摊上的书也不贵，就像上面讲的，1973年版《鲁迅全集》单行本，一本才五毛钱。一套《忏悔录》也不过两块。但是当时一块二可以吃一碗肉丝面，所以对我来说也不算便宜。正因此，买书才特别地谨慎、小心，尽量地克制自己的贪欲。但也正因此，才错过了那么多好书。就比如这套我极喜爱的1973年版《鲁迅全集》单行本，当时如果有心，随便就能收集一套，但是竟然没有收集。

尽管如此"抠门"，我还是有过一次购书的壮举。那一次不知怎么心血来潮，看上了半套《新唐书》，中华书局的版本，10本20元，外搭一本《陈书》。心灵折磨了半天，终于咬牙切齿地拿下。拿回学校，心里欢喜得要死，把它宝贝一样地供着。然而可惜的是，直到现在都没有认真读过，连带到厦门都觉得费事。于是仍旧搁在老家的旧纸箱里，想必上面早已布满灰尘。

然而，说不出来是幸还是不幸，就在我要离开学校时，我所在的那个城市掀起了一场声势浩大的"学习张家港"运动，最直接的后果就是那些旧书摊成了影响市容市貌的"过街老鼠"。经过几次整顿之后，旧书摊就零落了，慢慢地就消失了。只是在原先摆书的地方留出一块很大的空白，就像旧墙壁上的画被揭掉之后留下的白印，让人怎么看怎么刺目，怎么看怎么不舒服。

捐　书

　　一个朋友看过我的书房，问我为什么不捐点书出去。看我反应不积极，就笑我是小气鬼。"真是一毛不拔。"他说。

　　他说得不错。但我并不是没有过捐书的念头，特别是像他说的，书架已经塞满，有些书完全可以淘汰掉的。但是淘汰哪些书呢？虽不敢说架上的都是好书，但都是我精心选购的。有些书是我的至爱，那自然是不舍得捐出去的。有些似乎可以，比如说版本、装帧不满意的；内容不是很喜欢的。但等到真要捐出去时，却又像鸡肋一般有点舍不得了。毕竟版本虽然不好，但并无复本；内容虽然不是特别喜欢，但至少还有资料的价值。如果实在一点价值都没有，那我也不好意思捐出去了。就像捐赠衣物，很多机构都要求至少七成新以上，而我自己有些穿了十几年的衣服还不舍得丢掉，又怎么好意思拿这些穿旧的衣服去献"爱心"呢？

　　其实除了以上原因，我还有听起来更加冠冕堂皇的理由。比如说，书即便捐出去了，真的能发挥它的价值吗？虽说书不像钱、电脑、大米、食油，甚至七成新以上的衣物那么招人喜欢，在捐赠的过程中不明不白地消失，但对于它能不能发挥捐赠者预期的作用，我也总是心存怀疑。我的担心是，在今天这样的教育制度下，即便书能到学校，能到孩子们的手中，他们会看吗？能看吗？学校会准许他们看吗？

　　我的担心不是没有根据的，我可以以我自己的经历来证明。我的老家还不算贫困山区，虽然也称不上富裕，但学校里图书室还是有的。小学的图书室我没见过，之所以知道有，是因为一个要好的同学父亲就是我们那所村办小学的校长，我曾在他家里见到套装的《西游记》，问是哪里来的，才知道学校还有图书室。当然图书室我是没有眼福看到的，估计里面的图书，就像这套《西游记》一样，只能供校长和老师们专享了。我那时还小，民主、权利的意识还没有，并不觉得这有什么不对，甚至认为太对了，我唯一的遗憾就是为什么我爸不是校长。

初中跟小学差不多，虽然也有图书室，但也从来没见过，更狠的是，学校不仅不开放图书室，见到我们读课外书还要没收。我自己就被校长没收过一本《陈真传》。当时是晚自习后准备睡觉前的那个空档，就连这个时刻校长都不肯给我们一点阅读的自由。我自然无话可说，唯有惊恐。要说我也当过帮凶，初中二年级，我因为学习成绩还好，被任命为班长，经常做的一件事，就是课间操时和班主任一起搜同学们的书包，看到课外书就没收。大家似乎也都习惯了，或者自觉有愧，做完操回到教室，看到书没了也不敢吭声。记得一次搜出的是一本反映对越自卫反击战的名著《高山下的花环》，课本上就有节选，但那时不懂，交给班主任，仍旧没收掉了。现在想来都感到惭愧。试想，在那样的气氛之下，即便书能到学校，能到学生们的手中又能怎样？

我还算是爱书的，但小学、初中基本上没有读过什么书，仅有的底子是小学时买过的几十本连环画。我上初中时，正在热播香港电视连续剧《射雕英雄传》，我看得入迷，突然有一天看到一个爱看武侠小说的同学手里捧着一本书，正是《射雕英雄传》，不由大为吃惊。我说不是电视剧吗？怎么还有书？孤陋寡闻可见。但那时也有对付老师的办法，我没有试过，都是看那位嗜武侠小说如命的同学在实地演练，刚开始是在课桌上挖个洞，小说放在桌兜里，一行行移动。后来被识破，就剑走偏锋，将书一页页撕开，一张张地看，即便被查收，损失的也仅是几页而已，不影响大局。我想很多老师肯定对他这一招十分懊恼，因为我知道有些老师，收书的积极性之所以那么高涨，除了迫于中考的压力，更主要的原因还是自己也爱看。

高中时好一点，许是我读的是省重点高中，眼界和胸襟与普通高中有所不同。学校历史悠久，有一个近百年历史的木质图书楼，每周开放一天，供大家自由借书。虽非完全开放式，也已有开架的雏形，书脊顶着玻璃，站在外面就可以看到书名，喜欢哪一本，用手指一指，管理员就可以帮你取下。高中时我因此读了不少书。但到高三，风声就紧了，图书馆虽然仍旧开放，但班主任却收紧了政策。记得有一次，我借完书正要出门，突然看到班主任进来了。我心慌手乱，连忙找个地方把书藏起来，班主任对我盘问半天。我矢口否认，他看我两手空空，才放我过去。

也许真的是因为看课外书太多，第一年高考失利，复读的那个学校是个县重点，图书馆比省重点明显差了许多，首先没有单独的图书楼，只是一个小藏书室；其次偶尔才对学生开放，也只局限于低年级的学生。毕业班的学生自然应以高考为重，否则明显就是不务正业。所以就冲这一点，如果今天非有人说我是那个学校的校友，我是誓死不认的。

大学自然不用多讲，也不是我们捐书的对象。假如以上列举的情形没有变化，那么即便有书又能怎样？有书和没书又有什么本质的区别？因而也就别怪我对捐书持这么悲观的态度。

但也许现在比我那时候已经好了许多，学生们已经可以不用理会升学的压力，自由地阅读课外书了。毕竟我离开中学校园已经十几年了，正在快速发展的中国不可能在这方面没有一点点进步。但不知怎的，我总是乐观不起来，因为我对我的乐观也悲观起来了。不过假如真有那么一天，或许我也会慷慨大方起来，即使只为不被朋友说成是"一毛不拔"的吝啬鬼。

蹭　读

　　我蹭读的历史不长，这跟我们老家书店的格局有关，直到我去北京上大学时，我们那里的书店还在流行闭架。你要买本什么书，还要看售货员的脸色麻烦她给你拿过来，拿给你了，她并不走，直勾勾地站在那里看着你，看得你心里直发毛。这时最好的办法就是赶快掏钱埋单或者把书还给她。假如你偏不识相，还要认认真真地看上两页，那对不起，"你到底买不买"这样不耐烦的话就抛过来了，同时抛过来的还有一脸的鄙夷，好像你是买不起似的。如果你仍然不识相，那一串"机关枪"就嗒嗒射过来了，"你到底买不买？要买快点，不买早说。你以为我们这是什么地方呀？要看书去图书馆去，别在这里影响我们工作……"所以要想在这样的书店蹭书，那是白想。

　　开架书店可就不一样了，除非那些小店。但即使是小店，看到你一直只看不买，店主最多也不过在你身边走来走去，或装作整理书架，或装作掸扫灰尘，偶尔斜你一眼，给你点不安，但总的来说仍然是文明的，人性的。如果不幸遇到了那种没素质的老板，那么你也大可不用再去，因为就他这样的素质估计也进不到什么好书。而在北京图书大厦这样的大型图书超市，你尽管看，不用不安，也不用担心有人给你白眼，甚至你还可以理直气壮地指责他们为什么不能多准备一些椅子。我经常看到周六、周日有些人书店还没有开门就等在门口了，手里还带着面包和水，那架势分明是准备在这里筑营扎寨了。去得早的，还有椅子，晚了，就只能坐在地上。每人手里捧着一本书，读得津津有味，旁若无人，倒是我还要不时注意脚下的腿，唯恐不小心踩到了。

　　不过蹭书也有一点不好，就是不保险，特别是那种比较紧俏的书。有一次，我在学校小书店里蹭，说出来不怕你笑话，我蹭的是韩寒的《三重门》。对这种报纸热炒的书我本来没什么兴趣，但是看有些报纸把韩寒吹得天花乱坠，就不由动了好奇心，想看看这个桀骜不驯的年轻人到底写得怎么样。没想到一看，感觉还不错，虽然称不上什么杰作，但是在他那个年龄群里已经算相当难得了。于是就站在那里一直看，看得双腿麻了好几回。之所以不买，是因为觉得看看也就可以了，没有什么收藏的必要。看到自己也感觉有点不好意思了，就暗暗记了页码，第二天继续过来看，没想到看了三四天，再来看突然没了，怎么找也找不到，于是只好硬着头皮问老板，老板说被人买走了。因为正看在兴头，这个郁闷呀，心想买书的人你干吗不多等两天，等我看完你再买呀。本来抱着挺大一个期望，没想到突然落空了，这一天就过得有点郁郁寡欢。第二天继续去看，希望有新的出现，但是依然是失望，老板不明真相，还安慰我说过几天一定会有新书来。终于新书来了，但是也不好意思再站着看了，也怕再被人买走，于是提前下手了。这倒好，本来是要蹭的，站得腿都肿了好几回，最后还是买了。早知如此，何必当初！因此可见，蹭书对店家也不是没有一点好处。

厕上书

　　欧阳修说其平生作文，多在"三上"，即马上、枕上、厕上。估计现在利用"三上"写文章的不多，利用来读书的倒不会少，只不过"马上"要变成"车上"了，或者公交车或者私家车。我一个朋友就讲，他最喜欢的就是坐在公交车上看书，很多书都是坐在公交车上读完的。不坐车，书反倒不读了。我也有坐在公交车上读书的习惯，但是不像他那么严重。我喜欢随身带书，眼睛空闲时就拿出来瞅瞅，一方面是种乐趣，另一方面仿佛也可以借此打发无聊，同时也不至于因为感觉浪费时间而不安。坐在公车上，眼睛当然就闲下来了——假如没有美女可看的话，明知道坐车看书对眼睛不好，仍然会忍不住掏出来翻看两眼。说翻看而不说看，是因为的确是在翻，看看目录，随便瞅一眼内容，求的是对书有个整体的了解，不敢细看，心中毕竟绷着一根弦，翻完了，就重新收起来，在大脑里过一过。这是有座位坐的时候，没座位坐，一只手还要拉着吊环，我是不大敢掏出书来翻的。我脸皮薄，总怕被人家误认为假积极，结果书没看成，还弄一个大红脸，何必？但是真的见过一些仁兄一手拉吊环一手读书的，一次是一个中学生，一边读还一边念念有词，可能是在背单词。我对他佩服有加。

　　在枕头上读书，可能是大多数读书人的选择。这样的确舒服，特别是隆冬深夜，蜷缩在被窝里，听着窗外呼呼的风声，就着一小片台灯光，那种感觉怎一个爽字了得。夜深人静，读着书的时候我经常盼望着夜就此停止下来，永远就这样下去多好。可惜眼睛总会酸疼，老婆总会嚷着怎么还不睡觉，闹钟总会不失时机地提醒明天早上还要起床上班。厕上的时间很短，小便不可能看，大便一天最多一两次。每次大便前，我第一是找纸，第二就是找书。如果没人催，就非要蹲到大腿酸麻不可，酸麻了，还要伸伸腿，左腿麻了换右腿，右腿麻了换左腿。有了坐式马桶，这个问题似乎解决了，但也总不能老在那里晾屁股闻臭气，于是每每只能读个两三页，很是不过瘾。

其实现在不是非在厕所不能读书的年代，提了裤子出来照样可以继续往下读，那为什么还非要蹲在那里受罪？说不清楚，或者是习惯了，或者是在厕所读书跟在书房坐在椅子上或者在客厅坐在沙发上读书的感觉不一样。但至少有一点是明白的，那就是在厕所读的书跟在厕所外读的书不一样。

在厕所读的书首先文字要短，所以不适合长篇巨著，最合适的就是一些小文章，最好一泡大便下来就能读完一篇，其次要轻松，太费脑力估计要便秘。二者结合起来，最合适的就是一些杂志，比如《万象》，或者一些散文集，比如《董桥散文》。但是对于我来讲，有些书专门就是为厕上准备的。这些书大都是符合了以上两个条件，以至于因为太难得，而不舍得在其他地方浪费掉，举个例子，比如范福潮的这本《书海泛舟记》。

我说这话，完全没有侮辱这些书的意思。相反，我觉得这是对它们最高的褒奖。一本书能让人在上厕所这短短的几分钟内优先想到，那该是多么毋庸置疑的一本好书呀——至少不会是坏书。

一个城市不能没有几家好书店

　　我的朋友小周跟我说他要去光合作用书店买几本原价书，这让我不由大吃一惊。我的意思是网上那么便宜，何必多花钱去买原价书？

　　小周和我都属于这个时代为数不多"硕果仅存"的爱书者。你不知道在我们身边想找个人谈谈书是多么困难。我们叹息着，有种惺惺相惜的感觉。小周说他身边以前有过不少爱读书的人，可是，随着"时光流逝"，人也一个个变得"面目全非"，本来还读书的，现在热衷于官场和股票，只有那些失意的人才会再次回到他身边，发发牢骚诉诉苦，但是绝口不再提读书。身边的人跟他说起话来也总是一副揶揄的口气："呵，你真行，还读书呢！"那感觉像是读书是一件多么怪异的事。

　　小周是个十分豪放的人，书就堆在架上，谁来都可以借，借走往往就不还了。小周并不以为忤，他的名言是书本来就是读的，一本书能多几个人读就多发挥几分功效，何乐而不为？所以一本《文化苦旅》他买了好几本，然而到现在书架上仍然一本没有。但是那些书被借回去，并不都被读了，更多地，借书仅仅变成了某些人的一种仪式，借回去，就完了，既不看，也不还，时间一长，连有没有借过都记不得了。小周曾遇到过这样一件尴尬事，问一位朋友："你是不是借过我一本什么什么书？"朋友很吃惊，说："我怎么记得是我借给你的。"小周于是不再言语。还有一次，他去一个朋友家，看到书架上有几本书，扉页盖着自己的印章，但是看朋友的意思，根本就忘记了还有这么回事，只好翻完默不作声重新放回书架上。

"可是，我看那书他根本就没看过呀！"小周对我痛心疾首地说。可见让他真正伤心的是这个。自从遇到我，他买书的热情再次被燃起，他比我爽快，一次往往要买好几本，掏钱时眉头都不皱，而我总是要在心里面盘算来盘算去，最后结账的时候还要从里面再抽出一本插回书架。我跟着他转遍了厦门的大小书店，但是真正钟情的只有两三家，经常买完书，心满意足的时候就要慨叹，要是这个城市没有这么几家书店那该是多么让人沮丧的一件事呀。

然而自从我们发现网上的书可以打到六七折，甚至半价时，我们就又不由把买书的场所由书店搬进了网络。但是我们闲来仍然喜欢逛书店，即使不买，摸一摸翻一翻也是好的，逛本身就是一种乐趣。然而时间长了，我们不由忧虑起来，看网络发展的这个势头，书店还有存在和发展的空间吗？我们不敢想象。因为据我所知，有些书店是不赚钱的，不仅不赚钱，而且还赔钱，在这种情况下，你怎敢奢望它们能长久存在？

于是我们愤愤不平起来，觉得至少政府要对这样的书店给点补助，或者减免税收，以资鼓励。再不济，也要分给它们一点教材的发行权，但是这应是不得已的下下策，一个书店一旦卖教材，给人的感觉就很不同了。我们对那些把卖书当成卖菜的书店简直是深恶痛绝。

然而说归说，终究无济于事。也许还有一个办法，就是号召大家都不要去网上买书，但是这更不现实，不要说别人，单是我们自己就很难做到。所以现在突然听说小周要去光合作用书店买原价书，我不由就是一惊，我说你这是何必，如果真的要倒，哪里是你买几本书所能改变得了的。小周说，我知道，但至少这样心安理得一点。

聚散之间，藏书灰飞烟灭

多年前，读过达理的一篇小说，名字已经忘了，内容却还记得，讲的是卖书的事。记得看到最后，唏嘘不已。那时我还是学生，还没有几本真正属于我自己的书，但是已经开始为身后事发愁了，最发愁的就是这书。相信有我这种心境的藏书家不在少数，历朝历代都有。藏书在中国，历来是一件极其庄重的事，其意义自不必讲，往小了说，怡养性情，往大了说，传承文化。因而在外在形式上也极其在意，有条件的，就建个藏书楼，没条件的，也要设个书房，实在连书房也没有，书架总要有一个两个吧。家里有几本书，就可以称得上是书香人家了。旧时，就连农村，门楣上也总要请人刻上"耕读传家"几个字，我小的时候还经常看到，可见此风之长。

现在藏书越来越成为少数人的事，但是一般的人，不管家里有没有书，装修房子时也总是要留一间当书房。书房最后往往变成了客房，书架也变成了杂志架，然而说明读书、藏书的遗风总还是有的。爱书人、藏书人买书、搜书时的乐趣自不必讲，现在坊间多有这方面的书，我最关心的还是这些藏书最后的命运。我总认为藏书的命运其实也是藏书者个人命运的一部分，是不能断然割裂的。可惜这方面的书不多，偶尔从一些零散的文章可见一些端倪，但总不能让人满足。所以，突然在书店见到马嘶这本《学人藏书聚散录》，不由一喜，随即毫不犹豫地就买下了。

马嘶所谓学人，多是民国以来的学者、文人，如胡适之流。学者而藏书，似乎是天经地义的事情，再自然不过了，如钱钟书者，虽学富五车而不藏书，毕竟是个别。藏书而变为学者，也是常有的事。两者可谓是相辅相成。看目录，马嘶关心的那些人，也大多都是我所关心的，如胡适、陈寅恪、钱穆、周越然、阿英等，自然更为兴奋。细数这些人，藏书最后的命运不外乎这么几类：一是生前就毁灭散尽，或毁于战火，或毁于"文革"，如周越然的言言斋藏书；二是生前捐赠，如巴金早在1981年就开始将他的三万多册藏书进行捐赠；三是死后遗赠，如唐弢和阿英这两位藏书大家的藏书即是死后由家人捐赠出来；四是死后散失，如著名学者赵萝蕤教授死后其藏书即被发现流失于潘家园地摊。

　　人云爱书人"借书是一痴，还书是一痴"，其实更深刻地讲应该是"聚书是一痴，散书又是一痴"。多少藏书人就是在不断地聚了又散，散了又聚中度过这漫漫一生的，聚散之间，多少藏书都已灰飞烟灭。有时，甚至让人弄不清楚，这些藏书人藏书究竟是对还是不对，比如郑振铎在他的《失书记》中痛心地记道，他多年来历尽艰苦积聚起来的珍本善本书，在"一·二八"和"八一三"战火中毁于一旦，仅毁于"八一三"战火的，古书就有80多箱，近2000种，一万数千册。相信很多书已随此战火彻底在这个世界上绝迹了。周越然的言言斋藏书也是如此，仅在"一·二八"战火中失去的中文书籍即达160余箱。更让人痛心的莫过于同样毁于两次战火的商务印书馆涵芬楼和东方图书馆，仅东方图书馆被烧毁的善本书即达五万余册。试想，如果这些书未被聚集在一起，或者并不至于完全毁灭吧？但是，即便它能逃过战火，它又如何躲得过"文革"这场浩劫呢？再说，怪也只能怪那场战争，那个无能的旧政府，又怎么能怪到藏书家头上呢？

　　读郑振铎《失书记》，感觉真是字字是血。然而藏书人的脾性就是如此，刚刚好了伤疤便忘了痛（其实这痛是永远忘不掉的），一有条件就又开始聚，在1958年郑振铎飞机失事时，他又是一位收藏丰富的藏书家了。1959年其遗藏被家人捐献给国家时，中外图书总数已达两万余种，九万余册了。

收藏丰富的藏书家，为了不至于让辛辛苦苦搜聚起来的藏书分散、散失，最后往往会选择将书捐赠给国家或某些藏书机构，以为如此，藏书就能有个好的归宿。然而，一片"痴心"最后收获的往往是"妄想"。李辉先生就曾著文谈到他在地摊上曾买到从图书馆流落出来的巴金藏书，而阿英捐赠给家乡安徽芜湖图书馆的藏书，据陈平原先生著文讲，至少在他去时还未分类上架，不知今日如何。

　　不过，此书仍有大遗憾存在，主要表现为资料还不够翔实，有些我真正关心的问题并没有得到答案。比如谈胡适，就仅谈了胡适流落在大陆的那 102 箱书，胡适后来在美国及台湾的藏书散书情况就未见提及。又如钱穆，也只写到 1937 年 10 月，钱穆踏上漂泊之途后五万册藏书的流失，至于以后，钱穆在海外几十年的聚书散书情况却不得而知。这难免让人感觉不满足。或者是资料缺乏的缘故吧，那么，期待在不久的将来作者能有一本增补本出来，好满足一下我们这些饥渴的心。

聚散之间，藏书灰飞烟灭

瞧，谁在偷窥我的书房

生平喜书，却不想藏书，怕沉重的书囊阻滞自己流浪的脚步。然每见好书，心必痒痒，一日不买如隔三秋兮，令人闷煞！故而，到大学毕业时书已装满三大箱，并自豪宣告曰：此皆名著，非经两百年考验者无缘入内也。

然而也正是这三大箱的"阿堵物"害得我毕业前夕囊中羞涩，将它们从北京运到厦门直直把我几百大钞剥削殆尽，到了单位却又因宿舍过于狭窄，只好委屈地藏身床下，几乎窒息而死。书房对我简直是痴人说梦，是想也不敢想的。

每每有了灵感，想写文章，就需把书箱从床下拖出，然后一本一本查找，到最后，狭小的宿舍便成了书的海洋，容不得立锥之地，更可恨的是，找到最后，书终于找到，写文章的欲望却已消退，心中便恨恨不已，事后心想，要是有个书房，说不定现在《厦门日报》"书友"版就变成我的专栏了，恨哉！

突然有一天，有一友说可托其男友顺便帮我做个书架。我的眼睛猛地一下贼亮，说真的吗？朋友说这是小菜一碟了。说的我心花怒放，然而转而就又黯然了，即使有个书架又放到什么地方呢？套哈姆雷特的话说：这是一个问题。后来突然想到可以放到床上嘛，床虽小，占去一壁倒也影响不了什么，大不了晚上多从地上爬上床几次就是了。

然而，后来再问朋友，却不见声息。只得自叹罢罢罢，朋友之言不可信，古已有之，只怪自己幼稚，自作多情。但是那个奇想却不忍放弃，心想，大不了不要书架，直接放到床上得了。说干就干，几个小时之后，书竟然全部实现战略大转移，从床下搬到了床上，真是翻身做主人，有一种说不出的痛快感。

书藏在箱子里还看不出有多少，一旦全部堆在床上，真是吓我一跳，一整堵墙全然隐于书后，黑压压的直想扑过来，心中在高兴之余就有点恐怖，这半夜要是砸下来，可能连小命都没有了，所以，又将书从头部移一点到腿部，心想砸就砸我的腿好了，大不了不能走路，要是砸到头不能思考了那就彻底完蛋了。

书房建成后吸引了众多的目光，他们在惊叹之余就是拿个放大镜在书堆里东搜西寻，像捡垃圾的老太婆在垃圾堆里寻宝贝一样，找到自己中意的猎物之后，就傻笑着离去，结果是：一、我发现他们借走的都是小说，这说明他们的欣赏层次需要提高；二、他们一般是有借无还，套句俗话是，我的书像"肉包子打狗——有去无还"。即使偶尔有完璧归赵的，也是书籍破损严重，像是被谁恶意蹂躏了一样。更何况有些不拘小节之雅士，进我房间如入无人之境，搜拿我书如拿无主之物。鉴于以上情况，我不得不忍痛让历史部分倒退，就像英美的革命一样，充满了妥协性和不彻底性，我将全部的小说重新拣回书箱，弃置床底，床上仅留历史、哲学、诗歌、艺术、法律、社会等诸专业书籍，事实证明，此招甚佳，由此也可证明为什么英美的革命虽然不够彻底但却比法俄的资产阶级革命更有效果。

有了半壁书房之后，写文看书便甚觉如意，斜躺在床头竟然接连看完几部以为此生也无缘看完的理论巨著，更要命的是许多旧书得以重读，并且许多藏身于潜意识中的灵思妙想重新浮出水面，逐渐成文。而更要命的是从此赖床不起，每每醒来，第一件事就是随手从书墙上抽块"书砖"，满怀欣悦地读下去。经常是读着读着就注意到门缝外有双眼睛，就对室友笑笑：

"瞧，谁在偷窥我的书房！"

我所经历的图书馆

我知道一些藏书比较多的人，平时是很少去图书馆的，这并不是说他们不喜欢或者不屑去图书馆，而是他们基本上实现了自给自足的小农生活。这并没有什么不好，本来图书馆就是为公众设的，而公众在这里的意思，主要是指那些家庭藏书较少的人。换句话说图书馆解决的是信息匮乏的问题。但是在信息泛滥的今天，如何筛选信息反倒显得更加重要。我就有过这种感觉，有时去图书馆，站在琳琅满目的书架前，望着那成千上万本各色各样的书籍，会一时茫然不知所措，不知到底该读哪一本，也不知道自己想读的那一本在哪里，而这么多这么多的书，何时才能读完，何时才能读到头。想到这里，真让人有一种头皮发麻、万念俱灰的感觉。但是在书房里就不一样，书架上每一本书你都很熟悉，很亲切，都是你精挑细选买回来的。买的过程事实上就是一个信息筛选的过程，因为选择的同时也意味着拒绝，你把喜爱的或者感觉有用的书买回了家，同时也就把不喜欢或感觉对你用处不大的书拒绝在了门外。只有这时，站在书架前，你才有一种底气，有一种因从容而产生的自信。

但是这个前提就是得有书。在书价日益高昂的今天，有书就意味着要有钱，没钱或者不舍得花钱那就只有依靠图书馆了。还好，还有图书馆。我上小学、初中时，可是连图书馆都没有的。学校在农村，设施很简陋，不要说图书馆，图书室也没听说过，要想看书，只能去街头的租书铺一天两毛钱租武侠小说看。上高中时，因为在城市，条件好了很多，学校有一个据说已有上百年历史的木质藏书楼，楼前有小院，院中有丛丛的竹子，看起来很雅致。图书馆每周只开放一天，每次只能借一本书，但是这已经足够了。我们借来书，总是看完就交换着看。一个同学不喜欢看书，就把他的借书证借给我用，我一个人就有了两本借书证。就是用这两本借书证，我把小学、初中欠下的账几乎全补回来了。三年时间我几乎通读了西方著名作家的所有代表作，从而打下了西方文学的底子。那时借书，还没有开架，我们学校比较特殊，用一个大的玻璃书橱将我们跟管理员隔开，书脊都朝外，借书时，就站在玻璃架前面，看中哪本，就用手指指书脊，管理员就帮你拿出来，翻翻，确定了，就办借书手续。现在想想，那时学校的藏书一定也不多，才会想出这样的主意。但是对于当时的我们来说，学校的那些藏书已经足够我们看的了。上大学时，不知是仅仅我们学校这样，还是所有的图书馆都如此，除了阅览室，仍然闭架，甚至比我们高中时更麻烦，要先找卡片，填借书单，然后等着管理员帮你进库去找，半天回来，如果找不到或者已经借出去了，就要重新找卡片，重新填借书单。找得让人头晕，于是很少再在图书馆借书，想看书就去书店。那时书店已经开架，几层楼高的北京图书大厦也已经开始营业，周末就去那里，一去一天。后来好了点，部分书库可以进去，算是开架了，但我们也就要毕业了。在北京，我仅去过北京图书馆（即现在的国家图书馆）一次，和同学去的，目的也并不在借书，而仅仅在于"瞻仰"，这似乎跟我"书痴"的身份不大相称，但是当时我实在想不出有什么书是非要大老远跑到北图来借才能读的。我进去看了看就出来了，除了高大、宽敞，现在我脑海已找不出其他任何印象，倒是图书馆下面的一个书店，因为我在里面买到了当时一直寻觅的罗素的《西方哲学史》，反倒印象更加深刻些。

我上高中时，学校门前不远处有一片旧书摊，没事时喜欢去那里闲逛，我就是从那时开始买书的。书都不贵，一元、两元的，但是对于我这个农村出来的穷学生来讲，仍然算得上是"奢侈品"，所以三年下来，也并没有买下多少本书，主要的还是依靠图书馆。大学时买的多些，到我毕业准备托运时，才发现书架上的那两摞书竟然足足装了三纸箱，托运费就要近两百元。但是实际上仍然不算多。到厦门后，因为住在湖里，靠近湖里图书馆，闲暇时就去那里借书。后来工作调动，到中山公园附近上班，就开始去厦门图书馆借书，这是我跟厦门图书馆结缘的开始。再后来我买了房子，而厦门图书馆新馆恰恰就选在我房子附近，这实在让人庆幸不已。因为，尽管因为有了房子，有了书房，我终于可以放心大胆地买书了，但是因为一贯的谨慎，所以书的数量仍然不多，很多书仍然需要借助图书馆。现在有了这样的地利，借书将是何等的方便，怎能不让人暗自庆幸呢？

我所说的谨慎，是指我有着这样一种买书的怪癖，往往是看过的确很喜欢，觉得值得一看再看，或者虽然没看过但属于经典类的才买，一般的书籍是不舍得往上面费银子的。这些不肯费银子，但是又有浏览的欲望或者借来查查资料的书，就只好借助图书馆。因而我也就不得不成为图书馆的常客了。但是以前跟图书馆的关系极其简单纯粹，也就是借书还书，往往借了就走，来去匆匆，仿佛只有借书还书这么档子事好做。但是等到新馆落成，再去只有两个字可以形容：惊喜。这才知道，除了借书还书原来还有其他事情好做，比如借完书，往往不舍得立即走，要在沙发上坐下，静静地打开一本书，慢慢地看会儿才肯走；或者什么也不看，只是坐在沙发上发呆；或者慢慢踱进中厅的花园，看着花草水池，看着玻璃后面林立的书架，看着埋头读书的人们，然后无端地发笑。这种感觉是如此的美好，简直让人疑心这里不是图书馆，而是天堂。

说天堂也许略显夸张，然而端上两杯咖啡，说是一书吧那是绝对没有夸张的。如果说新馆还有点美中不足的话，或许正在于少了几丝咖啡香。但是即便如此，已经很让人满足了，因而每到此时我总为自己还需要来图书馆借书而感到庆幸，也为那些过着自给自足小农生活的藏书家朋友们感到点点惋惜。事实上，即便我也过上了那样的小农生活，仅仅为了在图书馆的这份美好，我也仍然会时时来的。

不过，这可就跟借书不大相干了。

夜雨斋

夜雨斋是我的书房名，乍一看，或让人误以为是"苦雨斋"，所以有攀附名人之嫌，但是不管了，谁让我那么喜欢夜雨呢？寂静的夜里，突然有雨滴打落下来，带来一点凉意，然后是雨丝、雨帘、雨幕，便感觉世界更静了，雨作为一个屏障彻底地把书房和外在的那个世界隔绝开来。这时，泡上一杯清茶，打开一本书卷，看看书，看看窗外的雨，哪里还有这么舒服的事呢？

书房不大，不过六七平方米而已，但于我愿足矣；藏书不多，不过两三千册，但于我愿足矣。"书非借不能读也"，虽如此说，但仍禁不住诱惑，多多少少总要买一些，慢慢地便积累了这么多。搬家的时候，工人不会说话（也许说的反倒是大实话），看到几箱子的书，咋咋舌，笑说："原来是个书呆子。"我也笑笑，说："可不是吗？"心中并没有不舒服。

但是对我来说，买书主要是为读，而非收藏。所以，我暗暗给自己立下几个规矩，有点节制买书的意思：一、可买可不买的，尽量不买；二、可在图书馆借到的，尽量不买；三、读过一遍之后不会再读的，尽量不买；四、没有读过的，尽量不买。那么哪些书要买呢？一是常翻常用的；二是特别精美，觉得有收藏必要的；三是特别喜欢的。这么说来，我似乎也是在藏书而不仅仅是读书了。但是规矩总是用来破坏的，直到今日，我又遵守了多少呢？

买书的过程也是一个学习和提高的过程，原来视之为宝贝的，过了几年却弃之如敝屣，但心里并不懊丧，这说明审美眼光提高了。所以丢弃的过程也是一个提高的过程。书边买边弃，使书总是维持在两三千册的数量上，对于我来说，是一件值得欣慰的事。此时，环视书架，触目皆是喜爱之书，此时之心情，岂可以"南面百城"相比？

书房虽小，却还雅致。环墙两面书架，是我根据书的尺寸亲自设计的，花费也不多。内外一层，避免的是书无处可找；格宽仅 60 厘米，为的是承重板不致压弯；不装玻璃窗，为的是与书更加亲近；书架稍微外拓，为的是可以放点零零碎碎。书桌正对窗户，窗外视野无碍，一眼可见苍山的翠绿。另两面墙点缀两幅字画，字是倩人请一青年书法家所写，内有"夜雨读书声"句，正与书房名同；画是八大山人的作品，可惜不是真迹，是台北故宫博物院与日本二玄堂合作的仿制品，但尚可观。

此外，还有什么可说呢？读书十余载，终于有了一个书房供自己阅读、写作、憩息，除了满心的愉悦，此外，还有什么好说的呢？

南浔旧梦

　　江南水乡去过几个地方，如乌镇，如角直。总结的经验是最好赶在下雨天，雨不要大，蒙蒙细雨最好，还要挑傍晚或早上，那时最能感受到烟雨江南的那种水乡韵味。可惜到南浔时，天是晴朗的。又是集体活动，只得跟着导游一个景点一个景点地走。

　　但走着听着，心却突然被触动了。

　　南浔的美，根据导游的说法，在于它还保留了当地人生活的原生态。确实，在桥头的栏杆上，不时能看到晾晒着的被褥，那是当地人在此生活的真切印迹。这让人一恍惚，还真疑心是否是在景区里。

　　但是真正打动我的，是南浔古镇残留着的书香遗韵。无论是在小莲庄、嘉业堂，还是张家旧居，总能感觉到一股文化的气息在身边悄然流动，偶尔是一声叹息。时光倒流一百多年，这些都是私人的宅邸，刘家的或张家的，穿过历史的迷障，仿佛能够看到他们正在此吟诗作对，品书论画。但是现在空留几处老宅，供熙熙攘攘的游客鱼贯穿行，时而驻足引颈聆听导游肤浅的讲解。

　　湖州是著名的文化之乡，赵孟頫终老此地，苏东坡曾在此宦游，李清照的夫君赵明诚在赴湖州的任上客死他乡。按说南浔古镇有如此的文化底蕴并不奇怪。但南浔的文化还是有它的独特之处。独特在于南浔文化的兴盛与商业的兴隆密不可分。在南浔，有"四象八牛七十二狗"之说，指的就是清末民初南浔那些依靠丝绸生意发家的富商。这些商人，虽发家于十里洋场的上海，根基却深扎南浔。发家之后，他们不仅在南浔老家建起了今日依然看得到的规模庞大的中西合璧式建筑，而且大多热衷于文化收藏，无论是附庸风雅也好，出于对文化的热爱也好，无形中营造了浓厚的文化氛围，对于传统文化的传承做出了自己的贡献。

以"四象"之首刘墉为例，据传其家产达 2000 万两银子之多，在南浔有"刘家的银子"美誉。但刘墉发家后，并不满足于做"土豪"，虽是商人，却深感列祖列宗缺少文化，故极力教子读书。我们第一站参观的小莲庄就是刘家的私家花园，也是刘家宴请文人墨客之所在。小莲庄风景绝好，可惜来得不是时候，荷叶还萎败着，但可以想见，若是夏日，荷叶田田，必是另一番美景。庄中有个六角亭，分前后两部分，据说一般的客人安排在前厅，如果主人发现客人才高八斗，则另眼相看，请至后厅高坐。这似乎是一种势利，但也是对文化的势利，据此可以看出刘家对文化的重视。

如果说，刘墉痛感前辈无文化，责令四子读书入仕，还带有世俗功利目的的话，那么到他的孙子刘承干这一辈，靠读书博取功名这条路基本上已经封死了，此时其对文化的热爱也就纯粹是热爱了。

刘承干是著名的藏书家，其"糜金十二万，拓地二十亩"，建造了著名的嘉业堂藏书楼。刘承干不仅藏书，还刻书，鲁迅就曾多次买过他刻的书，而且颇有好评，认为其刻的书虽然杂乱无章，"但有些书，则非傻公子如此公者，是不会刻的，所以他还不是毫无益处的人物。"嘉业堂藏书楼今天还在，过小莲庄即是，只是几十万银购置的藏书已悉数散去，仅剩几屋雕版，还可证明其确实是刻过书的。和刘承干相似，"四象"之二张颂贤的后代张葱玉热衷于书画收藏，其曾在上海寓所辟室收藏名画古籍，取名"韫辉斋"，1947 年请郑振铎专门为其编印《韫辉斋藏唐宋以来名画集》。其又是著名书画鉴定大家，21 岁即被故宫博物院聘为鉴定委员会委员。

其二人之所以能如此，与其先辈营造的浓厚文化氛围大有关系，如刘承干，不过秀才出身，但从小即受到诗书艺文的熏陶，及长又有机会常与版本学家缪荃孙、叶德辉辈交往。张葱玉幼年丧父，从小即跟祖父张石铭一起生活，五岁开蒙读书，"家塾中即以书画幛壁"，祖父的"适园"更是收藏甚富。在这样的环境下，不出几个文化大家恐怕也难。可惜，与大多数富二代、富三代一样，张葱玉们虽精于文化欣赏，却拙于守业创业，即如张葱玉，1928 年祖父张石铭去世，张葱玉分得家产 200 万，不到 15 年时间就被他挥霍一光。家藏一本上海书画出版社出的《张葱玉日记·诗稿》，记录的就是这个当时 20 多岁的年轻人在 30 年代末 40 年代初上海的生活，除与文化界人士交游，张的生活内容多是宴饮、赌博。张葱玉嗜赌，曾一夜之间把上海闻名的"大世界"输掉。幸而其还有鉴定之长，新中国成立后应好友郑振铎之邀晋京任文物局文物处副处长，得尽所长，直至去世。

可惜风流总被雨打风吹去，几代人的文化积淀，到今日只剩下一丝书香遗绪，宛如春梦一场。其实，早在 20 世纪初，随着南浔富商在上海滩逐渐立脚，大多即迁居至上海了。即如张家，张氏旧居建成，张石铭只在此居住了几年，即于辛亥革命后携带家眷移居到了上海公共租界，等到留居的母亲桂太夫人去世，这里也就基本成为空居了。

看以前的书籍，总是感叹乡村与城市的关系，那时无论城市如何繁荣，乡村总不显凋敝，而且书香在乡村总是流传有序。南浔不知，在我的老家北方农村，虽然有的人家门楣上仍刻着"耕读传家"，但基本上已形同一句空话。乡村文化几成荒漠，农村人的文化生活，几乎仅剩赌博，让人看了，怎一个叹息了得。

上海访书记

前 记

在一个地方待久了，难免会感到厌倦，日子仿佛停滞了下来，剩下的只有简单的重复。神经也麻木得对一切都熟视无睹，似乎再没有什么能刺激到你。这种日子让人过得绝望。这时就总想出去走走，不管哪里，只要离开这个地方就好。不为风景，只为陌生。

4月下旬，我就是抱着这样一种想法去了上海。4月正是草长莺飞、春暖花开的季节，去上海这个以人文景观为主的城市未免有点大煞风景。然而对于我，去上海，除了因为没有去过，有"还愿"的这层心理存在之外，更主要的是因为福州路。福州路，这个在鲁迅等旧时文人笔下经常出现的充满着浓浓书香的名字，是旧时读书人淘书买书的天堂。据高震川《上海书肆回忆录》，1949年前夕上海共有书店、出版社等600余家，仅专业古书店就有18家之多，如著名的来薰阁、来青阁、富晋书社等，且大多集中在福州路一带。福州路上可谓是书店林立，颇类旧时北京的琉璃厂。尽管后来随着雨打风吹去，日益凋零，但是毕竟有过那么多年深厚的传统，丝丝缕缕的书香仍然强行穿挤过历史的夹缝，在今日遇风重生，别的不讲，仅一个上海古籍书店，就让人心驰神往，遑论其他呢？

我把这次上海之行设计成了一个访书之旅。虽云访书，却并没有明确的目标，只有一个范围，即旧书。新书实在也没必要访，各地的新书店应该大同小异，即便偶尔有些品种寻找不到，也总能在当当或卓越网上找到，而且价格更加便宜。然而访旧书又谈何容易，现在全国各地的旧书业都不景气，以我的老家许昌为例，早年还有很多旧书摊，后来学"张家港"，就把旧书摊当成了影响市容市貌的过街老鼠扫掉了。多年之后重回故乡，想找个旧书摊那简直是难上加难，不由生发感慨。

还好出行前我做了点功课，在互联网上搜了搜，能搜到的上海旧书店也屈指可数。然而总算比厦门好一点了，厦门仅有的一两家旧书店，不仅种类少，而且"奇货可居"，把那几种并不稀见的旧书当成古董来卖了。这倒跟我后来在绍兴遇见的一个妇女有点类似，那个妇女在绍兴著名的老街仓桥直街设了一个书摊子，随便摆着几本旧书旧杂志，一无可观，所以第一天走过我连弯腰的兴趣都没有，第二天再经过，发现多了几本类似欧阳山《三家巷》这样的旧书，还算有了那么一点点看头，于是弯腰翻了一下，随便指着一本问了问价格，我本以为最多也就两三块钱，不料那个妇女并没有立即回答，而是把书翻到了版权页，看了看后说："这是1982年的书，10块。"我简直有点啼笑皆非了，于是又指着问另外一本书，她又迅速翻到版权页，然后告诉我，这本也是1982年的，也10块。在她的眼里，似乎书不是以内容、品相、价值而论的，而仅仅以出版时间的长短，这就完全是把旧书当古董了。面对这样的卖书者，真是让人无话可说。

一、邂逅张爱玲

从虹桥机场下机，按计划是要先乘机场大巴到浦东机场跟朋友会合，然而过去看了看，从虹桥到浦东要30元钱，如果再从浦东乘磁悬浮列车到朋友的住处，则又要 50 元钱，这样仅从机场到朋友的住处一人就要花去 80 元，实在有点舍不得。刚好旁边还有一班从虹桥机场到静安寺的大巴，车费仅需 4 元，于是就跟朋友商定，我们先到静安寺，等其下班后再到某处会合。

静安寺位于南京西路上，坐在车上一晃而过注意到有个路牌是常德路，就想起张爱玲故居就在常德路，但是门牌号却记不清了。下车，先买了份地图，按图索骥，走到常德路和南京西路交叉口，犹豫着是向左还是向右，看地图，常德路也是蛮长的一条。于是拦住一个看起来有点小资的女士（我暗自判断，喜欢张爱玲的人往往都会有点小资情调，找这样的人问路或者她会知道），我本等着她说她也不知，不料她却随手一指："那不是?"我一开始还以为她在敷衍我，哪里有这样巧的事。然而随着她的手指看过去，果然看到"常德公寓"几个字，门牌上是常德路 195 号，门前还镶有张爱玲故居的牌子。果然就是，这真是让人又惊又喜了，甚至不禁暗自揣想，难道真跟张爱玲有缘?

这坐落于静安寺附近热闹街头的房子，当年的名字叫爱丁顿公寓。1939 年，张爱玲与母亲和姑姑住在这幢楼的 51 室，1942 年搬进了 65 室（现在为 60 室），直至 1948 年。根据资料，她曾在这里完成了《倾城之恋》《沉香屑——第一炉香》《沉香屑——第二炉香》《金锁记》等一系列小说。当时主编《紫罗兰》杂志并发表了张爱玲处女小说《沉香屑》的周瘦鹃曾前往拜访过，他写道："我如约带了样本独自去那公寓。乘了电梯直上六层楼，由张女士招待到一间洁而精的小客厅，见了她的姑母。这一个茶会中，并无别客，只有她们姑侄俩和我一人，茶是牛酪红茶，点是甜咸具备的西点，十分精美，连茶杯和点碟也都是十分精美的。"那已经是 1943 年的事了。张爱玲已经和姑姑从 51 室搬到了 65 室，也就是胡兰成在《今生今世》里提到的他初次拜访张的地址，赫德路 192 号 65 室。在这里张爱玲和胡兰成种下爱情，"见了他，她变得很低很低，低到尘埃里，但她心里是欢喜的，从尘埃里开出花来"，并秘密结婚，"胡兰成张爱玲签订终身，结为夫妇，愿使岁月静好，现世安稳"。张爱玲也有一篇妙趣横生的《公寓生活记趣》述说在这间公寓里的喜忧：

"公寓是最合理想的逃世的地方。厌倦了大都会的人们往往记挂着和平幽静的乡村，心心念念盼望着有一天能够告老归田，养蜂种菜，享点清福，殊不知在乡下多买半斤腊肉便要引起许多闲言闲语，而在公寓房子的最上层你就是站在窗前换衣服也不妨事！"

"自从煤贵了之后，热水器早成了纯粹的装饰品……梅雨时节，门前积水最深。街道上完全干了。我们还得花钱雇黄包车渡过那白茫茫的护城河……屋顶花园里常常有孩子们溜冰，咕滋咕滋锉过来又锉过去，听得我们一粒粒牙齿在牙仁里发酸如同青石榴的子，剔一剔便会掉下来"。

但是我并没有贸然闯进去参观参观的打算，在一篇文章里我曾经看到，自张爱玲在大陆重新红火起来之后，经常有慕名而来的张迷打扰现住居民的清梦，使其大为不快。我注意到一楼入口门玻璃上仍贴有"私人住宅，谢绝参观"的字样。于是自觉驻足。我毕竟还没有迷狂到吃了鸡蛋非要看母鸡的地步，更何况这间公寓恐怕早已面目全非了。且，以张的孤僻，假如她还有一丝清神盘绕在此的话，想必也是不乐意被读者这样贸然打扰的。

也许是为了满足一下张迷们过剩的好奇，楼下开有一间"千彩书坊"，主要卖张爱玲以及关于张爱玲的著作。门口橱窗上正张贴着大幅《小团圆》的广告，意思是说买《小团圆》，可以盖张爱玲故居纪念章。进得门去，店并不大，但还精致，兼营咖啡，书香和咖啡香混在一起，很浓烈。有一个专门卖张爱玲作品的专柜，但是也并不十分齐全，至少我知道的某些书籍就未见陈列。因为《小团圆》我已经买过，甚至还托人专门买了一本台湾版的，实在没有必要因为纪念章就再买一本，于是问买别的书可否盖纪念章。答曰也是可以的。于是买了一本陈子善编著，上海书店出版社出版的《重读张爱玲》。然后请收银的先生在书的扉页认认真真钤盖上纪念章。盖完了，心里很满足——到底还是未能免俗。

二、街边小书摊

出千彩书坊，沿南京西路一直往东走，过南京东路，走到底就是外滩。在去南京东路的路上，冷不防见路边的幽暗处有一个小书摊，书摊摆在一个自行车后座上，摊放在一个箱子里。但是，奇怪的是，卖的并不是在厦门习见的那种盗版流行书籍，而是原版外文书（是否为盗版，不知），显眼的是一本最近刚出版的奥巴马传记。看卖书的妇女，并不像懂英文的样子，脸上的表情倒仿佛面对的是一堆白菜和萝卜。其实白菜或书对她又有什么不同呢，不过都是营生的工具而已。这让我想起了北京那些动不动把欧洲艺术电影挂在嘴边的卖盗版影碟的农民工。

我随便问了几本书的价格，并不贵，但是因为对英文并不谙熟，也没有那么大的耐心去阅读，所以最终也并未买。但是在路上，我却忍不住暗自感叹上海和厦门这表现在书摊上的小小差异，后来想，或者是南京西路、东路这一带老外和外企白领较多的缘故，才催生了她们这些应该是专门以老外和外企白领为主要销售对象的书摊吧。说来好笑，后来我在绍兴倒是亲见了一个店名就叫"外文书店"的书店，然而进去，让人大失所望，架子上空空如也，仅有的几本书也是教小孩子学英语的低幼读物，还有几本却可以列入大学课外参考书的行列。其名不副实得反倒还不如这个小小的书摊。

在上海，我还见到过几个街边书摊，都是在甜爱路口，一个甚至称不上书摊，算是小摊吧，除了书还有一些真真假假的小古董。一个老人铺了一块布在路边地上，上面随便放了几件旧印章、袁大头之类的东西，还有几本已经发黄到干脆欲裂的线装书，书名是"名将军传"之类。然而并不是真正意义上的线装书，字很小，铅印，并且书也不全。问他多少钱一本，他也有点卖"古董"的意思，报了个价，我觉得不值，并且对这书也没有太大兴趣，就不再

听雨夜读

说话，走了。另一个书摊倒有点意思，虽是路边的书摊，却像是固定的，书架子用钢筋焊固在路边的一栋房子上，颇让人联想到塞纳河畔那些固定的旧书摊。可惜这个书摊卖的大都是时新的报章杂志，就没有多大的看头了。

三、追寻鲁迅的足迹

1927 年 1 月鲁迅离开厦门前往广州，可惜在广州也并未待太久，六个月之后就又携许广平奔赴上海，直至去世。鲁迅的最后十年就都在上海度过了。作为一个热爱鲁迅的人，不能不把追寻鲁迅的足迹作为自己上海之行的重要内容。我们先去的是鲁迅墓，鲁迅墓位于原虹口公园，也就是今鲁迅公园内，坐地铁乘 8 路线到虹口足球场站下车即到。但是没有想到鲁迅公园在今天已变成了一个老年人的娱乐活动中心，我们去的时候是上午，已九点多钟，然而公园里熙来攘往的仍都是老年人，有跳舞的、唱戏的、下棋的，不一而足，直到十点多钟方渐渐静下来。这尚不是周末。

鲁迅墓位于鲁迅公园的一隅，也许因为有点偏僻，我们来回走了好几趟，问了几个人才找到。不过，这样也好，至少鲁迅的墓前安静一些。鲁迅是否也很乐于看到今天的老人们这么富足、快乐呢？鲁迅墓前有一个鲁迅的坐像，有点正襟危坐、高高在上的样子，或许这就是周作人当年之所以在给曹聚仁的信中对这个雕像有所微词的缘故吧。整体来看，鲁迅的墓是朴素、简洁而大方的，又不失其庄重。特别是墓室两旁那对称的两棵广玉兰及由许广平和周海婴亲手所植的两棵桧柏，更给这墓增加了几分肃穆和庄严。

就在鲁迅公园，还有一个 1956 年迁入，1999 年扩建开放的上海鲁迅纪念馆。馆分两层，二楼为鲁迅生平陈列馆，让人意外的是馆内还设有一内山书店，书店内全都是鲁迅以及关于鲁迅的著作，倒也齐全，称得上是琳琅满目。内山书店何以会在这里？问了，才知，这里并不是内山书店原址，原址在山阴路 2 号。因原址已辟为纪念馆，并不卖书，故在这里设了一个内山书店，卖些鲁迅的著作和纪念品。书店不大，所以不多的几个客人就把店给挤满了，有一个自称是鲁迅的粉丝的中年男人正在跟人大侃鲁迅，他似乎是本地人，语气里颇有点痛心疾首，说："如果我们生活在这里的人都不读鲁迅，那是我们的耻辱。"说得几个游客频频点首。虽说都是新书，但我依然在这里买了两本书以资纪念，一本是影印本的《华盖集续编》，10元，一本是房向东著的《鲁迅和他"骂"过的人》，福州人民出版社1996年1版，2002年重印。后面这本书我以前曾买过一本，觉得颇有资料价值，且房的持论也还公允。但不幸尚未读完，就被一个本不怎么读书的朋友借去，再也未还。这本书现在似未再重印，另出了一个增补本，名字改为《鲁迅和他的论敌》，由上海书店出版社重新出版，但价格也随之翻了一番，变为58元了。买完单，照例由内山书店钤纪念章，以明出身。

出鲁迅纪念馆，沿花园路向东，经甜爱路，就到了山阴路，沿山阴路南行，不久就到132弄，这就是有标识为"大陆新村9号"的鲁迅故居。鲁迅到上海后，曾先后住在虬江路景云里和山阴路大陆新村9号，大陆新村9号是他在上海的最后一个寓所。9号位于弄堂最里面一栋，三层，独院，院子不大，种有花草和树。屋子基本上保持原貌，再现了鲁迅当年生活的场景。按现在的眼光来看，鲁迅住的算相当不错了，虽非独幢，也算得上是别墅。据导游讲，当时鲁迅租这套房子，月租45元，以他的收入计，并不算太多。房子的设备也相当先进，仅卫生间的抽水马桶和浴缸，就让我们惊讶了，虽然抽水马桶在当时的上海早已不算什么大不了的东西，但是没有亲眼见过，总觉得隔膜。

鲁迅故居也有书籍卖，可惜和内山书店相比，并没有更吸引人的著作，且问他们可有鲁迅故居的纪念章盖，他们也说没有，再问，说是坏了，尚未修，于是就未买。

后来在旅途中，又陆续购置了不少关于鲁迅的书籍，比如在多伦路名人街名著书店买到1973年人民文学版的《坟》，1978年四川人民版的川岛的《和鲁迅相处的日子》。在苏州观前街苏州书城

听雨夜读

半价买到的《集外集拾遗》，还在杭州体育路沈记古旧书店买到1951 年版的《准风月谈》等。从而使这趟旅途，更像一个名副其实的追寻鲁迅之旅。

四、名著书店

之所以单独把名著书店提溜出来说事，实在是因为这是我在上海遇到的第一家真正的旧书店。名著书店就位于著名的多伦路文化名人街。沿山阴路南行，过内山书店旧址，不远处就是。这条街因为 20 世纪三四十年代鲁迅、茅盾、郭沫若、叶圣陶等文学巨匠以及丁玲、柔石等左联作家的文学活动，造就了其在文学史上"现代文学重镇"的文学地位。再加上沿街风格各异的孔（祥熙）公馆、白（崇禧）公馆、汤（恩伯）公馆，又使其成为海派建筑的"露天博物馆"，从而具有多方面的重要地位。多伦路在今天依然文化气息浓厚，咖啡馆、书画铺、古玩店遍地林立，触目皆是。夹杂在这些古玩店中间的名著书店可就有点不起眼了，书店不大，十几平方米的样子，但是密密麻麻全部塞满了书，大多是七八十年代出版的，文学名著居多，价格也还公道，不大一会儿就捡了十几本，看看实在不好拿，只好依依不舍又还回去几本，剩下的有 1981 年青海人民版初次印刷、品相十品的《初刻拍案惊奇》（上、下）、《二刻拍案惊奇》（上、下），1981 年上海古籍版初次印刷的吴志达先生的《唐人传奇》以及鲁迅先生的《坟》和川岛的《和鲁迅相处的日子》，7 本共 67 元，称得上便宜。因为先前问过老板娘能不能再便宜，老板娘说买得多可以便宜的，就跟老板讨价，讨了半天，便宜了 2 元，说再便宜，就赔钱了。讨价本就是取个乐子，于是不再讨，付了钱，拿出相机，问老板，能否拍张照片。老板笑说，自然可以。并且转身从里面掏出一本杂志来，说上面也有他书店的照片和文章，看可否供我参考。杂志已经破旧，里面果然有书店的照片，照片中老板正在整书。杂志里还夹着一张剪报，老板摊开，也是一篇写这个书店的文章。看着老板开心的样子，我心头一热，不由夸口道："我回去也要写一篇访书记，如果发表，就也给你寄来。"老板笑道，好好。看着老板高兴的样子，我此时不由心想，可惜埋单早了点，如果此时埋单，讲起价来，老板或者会更爽快一点。

说笑了。

五、福州路

前后共去了两次福州路，第一次从多伦路一直走到南京东路，河马实在走不动了，于是叫她带着儿子在南京东路上等我，我去逛福州路。我沿着河南中路向南，过两个路口，就是福州路。站在福州路和河南中路路口，我迟疑了，究竟该向东拐还是向西拐？向东拐，走到底，就是外滩，向西拐，前面是人民广场。想想时间已不早，今日就暂时先向外滩方向走吧，这一走，事后才知选择错误，因为走到底，尽管不时见到文具店，书店却一个也未看到。后来才知道，向人民广场方向走，不多远就是书店。可惜我一直走到外滩才明白这一点。我是越走越疑惑，走到底，一个书店也没见到，天色却暗了。来之前，我就听去过的朋友讲，福州路上的书店关门早，我一开始还不大肯相信，想再早，也总得九点多吧。他却说不是，五六点钟就关门了。我想，真是岂有此理。不料，今日却得到了印证。我从外滩往回走，走到河南中路时，天色已经黑了，店里的灯光已亮了起来。我继续往人民广场方向走，结果书店看倒是看到了，却一个个黑咕隆咚，铁将军把门了。有开着的几家书店，也多是卖新书的，如气势磅礴的上海书城，雅致的大众书局。大众书局我进去巡视了一圈，无心买书，很快就出来了。倒是一个门口标示打折的"画廊书店"，玻璃门上的广告颇为引人："装修清仓，6元一斤。"进去却也未见到什么好书，一套全新的《三松堂全集》倒是不错，可惜实在不知道该如何带着它游逛苏杭，于是只好作罢。

决定第二天早点去，但是也不能太早，因为根据上海古籍书店门玻璃上的"公告"，它要到 9 点半才开门。我们于是决定第二天上午先去看上海博物馆，看完直接杀过去。不料看完博物馆已是下午四时许，想到书店晚上 7 点就要关门，不由大急，于是匆匆往福州路赶。还好，上海博物馆出来，过一个地下通道，就是福州路。因为时间紧张，我无心再逛其他书店，直奔上海古籍书店。还好，这次有开门，悬着的心于是落下。古籍书店共四层，底下两层卖新书，我略过直奔三楼，三楼卖的都是折扣书，虽然便宜，但一点不旧，似乎也不大属于我访书的范围，于是心不在焉地浏览着，但是接连看到几本我一直欲得而未得的书，如上海译文版福克纳的《我弥留之际》，原价 19 元，此处仅卖 4 元，接近二折，实在让人兴奋。其他书也颇便宜，接连寻到福克纳另外几种著作：《去吧，摩西》（8 元）、《八月之光》（8 元）、《坟墓的闯入者》（5.5 元），又见一本村上春树的《挪威的森林》，这本书 15 年前我读高中时就读过，印象十分深刻，因读的时候书已残，没有封皮，故不知书名，后来读大学，碰到那股《挪威的森林》热，重新读了一遍，才知道当年读的原来就是《挪威的森林》，心中不由自傲，觉得领先于潮流了。高中时那本书是舍友花 5 毛钱在旧书摊上淘到的，我当时出 1 元钱让他出让，他不肯，后来书热，虽喜欢却并未买一本收藏，有时颇觉是一件憾事。看这本书现在仅售 5.5 元，于是忍不住买一本收藏。还买了一本上海译文社"20 世纪外国文学丛书"伍尔夫的《达洛卫夫人到灯塔去》，也仅售 5.5 元。算下来 6 本书仅36.5 元，平均每本仅 6 元，忍不住内心大叫便宜。还见到其他更多的好书，可惜实在没办法带，只好割舍。

但是在高兴的同时，心中仍不住嘀咕，怎么不见旧书呢？线装书和民国书可是一点影子都没有。后来问收银的女士，才知道上面还有一层。找到楼梯，一看，对着楼梯有个匾额，上书"上海旧书店"五个大字。这才知道这次才算找对地方了。沿楼梯上去，不料上面却冷冷清清，基本上看不到什么顾客，跟三楼的熙熙攘攘形成一个鲜明的对比。楼上空间没有三楼大，但是因为人少反倒显得很空旷，不大的空间被书架隔成了一个个半开放式的小间，形成一个个独立的小店，又各有店名，比如"修文斋""书缘斋"之类，分属于不同的老板。因为顾客少，一出现就难免引起注意，走在店老板的视线里，感觉很有些不舒服。特别是我本意也并未打算买，因为我知道线装书、民国书都不是我能问津的。我的目的并不在买，而在于开开眼界、过过眼瘾。当然如果凑巧碰到一本价格合适的，倒也可以买一本玩玩，但那就要看"书缘"了。也许的确有点书缘，我浏览了一圈，竟然在楼梯侧的一个书架上见到一本"民国"二十九年版的胡适《四十自述》。书的品相保存得颇好。我因为喜欢胡适，就拿起来看了看，首先翻到封底，看看标价如何——这里的旧书都在封底有个铅笔写的价格，比如旁边的那几本鲁迅的民国版著作，就标价是 300 多元——不料一看，只标了个 40 元。我心中有些狂喜，暗想，这个价格我倒是可以接受，且，家里也没有《四十自述》，一直以来也颇想找本看看，就算不为收藏只为阅读，也是可以的。于是就问店老板，这本书多少钱？我问，其实也只是想确认一下而已，同时我还在幻想着能否再讲一下价格（事后这一点让我后悔不已）。店老板正在打电话，他用手示意我价格就写在封底。假如此时我就把封底给他看一下，然后扔下 40 元离去，或者这本书也就到手了（当然也不一定，埋单时他总是要确认一下价格的），但是我却一直等到他打完电话。结果等到他打完，我把书拿给他，他的脸色却变了，说，这本书绝对不可能只标 40 元，可能是 400 元，后面那个零看不清楚了。我有点急了，说，你看嘛，明明标的就是 40 元。我这时不再想着跟他讨价还价了，只企盼着他能按照书上标的价格卖给我。结果他摇摇头，表示不认同我的看法。他说，他也不是老板，这样，他给老板打个电话问一问。我也只好任他打。他打完一通电话后，跟我讲，不是 40 元，老板说卖150 元，你看你还要不要？此时我处于极尴尬的处境，要吧，心里实在有点不甘，不要吧，又很舍不得。我因此对他们的行为有点气愤了，于是决定赌气不买，理由是，反正我也不搞收藏。那"老

听雨夜读

板"（现在知道他不是老板了）看我沉默不语，又说，其实150元也很便宜了。我做最后一丝挣扎，说又不是初版本，怎么会要这么贵？他听了笑了，说，如果是初版本，哪里会这么便宜，不上千块钱才怪呢。其实我内心也认同他的看法，但到底吞不下这口气，就说算了。"老板"倒还好风度，一边送我一边表示歉意，连说不好意思。

但是我再没有继续在楼上逛下去的心情，于是匆匆下楼，继续在三楼的折扣书架前逡巡，但到底因为刚才的事影响了心情，匆匆结完书款就离开了，其他书店也未再去。

但是等我坐上列车离开上海时，随着列车越行越远，心中的遗憾却越来越强烈，甚至后悔没有当机立断，花150元钱把那本《四十自述》买下来，心中懊悔不已。这种感觉在我到苏州、杭州时，仍然不时浮现，甚至几乎一冲动，打电话给上海的朋友，让他帮我去买下来。直到想到他不爱看书，且不懂买书时才不得已地把这个念头放下。这种感觉真是糟糕极了。

结　语

三天的行程，对于上海这个国际大都市来讲，仍嫌过于匆忙了。许多本想去的书店，因为时间和路途安排的原因，都没能去看看，比如徐雁曾在《雁斋书事录》里提到过的，陈子善带他去的专卖民国旧书的瑞金二路410弄3号的新文化服务社以及四川北路1688号的上海旧书店福德店、中华路1351号的综合书店等等。也许在这些书店里，我能稍微弥补一下我在其他书店里留下的遗憾。但是，这种不完美也未尝不是一件幸事，至少它让我明白，我的下次上海之旅不会乏味到无事可干。

苏州访书记

从上海坐动车组，不到两个小时，就到了苏州。在上海上车时，还是蒙蒙细雨，苏州下车时，已是瓢泼似的大雨。幸而有伞，但是因为有宝宝，一把伞，三个人遮雨，仍不免狼狈。车站出口处挤满了候车的人群，出租车按秩序一辆一辆地驶进，又慢慢驶出，看那架势，轮到我们恐怕已是猴年马月，心中不由着急。看到不远处有三轮车在拉客，不顾三七二十一就上去招呼。

"到平江路青年旅舍多少钱？"

"30元。"

"怎么这么贵？又不是很远。"

"不贵了。"

听车夫的口气，知道想让他再让点价简直是妄想，明知道可能被宰了，在这个时刻也只能认了，更何况在我犹豫的间隙，还有其他人上来询问呢。于是上车，挡雨的塑料帘子把我们围了个结结实实，然后老老实实地跟着车夫走。一走才知道我们乘的这辆三轮车是脚踩的，一开始心急，并没有细看，总认为是机动的，这时才感觉车夫这30元钱也并不好挣。我在被风吹开的帘缝里，分明看到车夫弓着背，在雨中很吃力地蹬着——尽管他身上也有雨衣。

走了不远，躲开了纷杂的车群，渐渐进入了市区，视野里漂亮了。雨雾中的苏州城一袭的瓦蓝，显得古香古色，触目所见，几乎没有高于五层的建筑，并且全都是传统的青砖灰瓦式样。连路旁的公交车站也是雕梁画栋，格外的有味道。我们这时几乎要庆幸选择了这慢腾腾的脚踏三轮车了，也只有它的这种慢，才能让我们更深刻地品味这个城市的沉淀下来的静的味道。

车子左拐右拐，不知经过了多少环绕着小桥流水的小巷，终于在我们的目的地停了下来。办完手续安顿下来之后，我对河马说："我要出去一下。"

"去哪里？"她问。

"看一家书店。"

那家书店是我在来时的路上瞄上的，我悄悄记住了它的位置。书店离住处并不远，所以我才这么心急火燎地要去看看。更何况，这时徒步走在雨中苏州的古巷，该是如何惬意的一件事呀。

书店在纽家巷9号，店名叫"文育山房旧书店"。名字起得很雅，但书店并不大。小小的一个开间，用书架隔成了里外两间，里面我探头看了看，似乎是店主人休息的地方，有一个老人在里面。在里外间的通口处，坐着一个中年的略显粗糙的男人。店里只有一两个顾客，但是立刻就把店给占满了。店尽管小，但书却都是旧书，甚至还有一柜石印本的线装书，问了价格，那个中年男子颇为迷茫地向里间看了看，然后说了一句什么，老人就出来了，拿出一个账本模样的簿子，一页一页地翻着，然后告诉了我价格，我再问另一本，他就重新再翻。我好奇，问他讨过来看，记的都是书价。尽管是石印本，但价格不菲，便宜的也要几百块钱一套，贵的要上几千元。书名都是什么，我现在记不大清楚了，似乎有几种史书，几套类似士礼居丛书这样的丛书。我当时有拍照，可惜后来相机在绍兴丢了，照片都在相机里，也就一并失去了。另外两柜都是80年代的旧书，似乎大多是从"苏州织锦厂"流散出来的，书的扉页盖着该厂工会图书馆的印章。尽管好书不多，价格却便宜，多是三元、五元。我挑了两本作为纪念，一本是1980年6月中国社会科学出版社出版的茅盾著《脱险杂记》。该书记述的是太平洋战争爆发香港沦陷后，茅盾及其他两千多名文化人怎样在东江游击队的保护下从香港逃到桂林的经历。关于这段历史，我在其他地方看到过，但是记录得都不够详细。茅盾此书我早有耳闻，却一直未曾见到，不料在此相遇，也是一种缘分。书品相一般，但价仅6元，实在算不得贵。另外一种是1981年5月上海古籍出版社1版1印，罗贯中、冯梦龙著《平妖传》，亦即俗称的《三遂平妖传》。该书尽管已近30年过去，除了岁月留下的点点黄斑，几乎无任何瑕疵，品相极佳。封底盖有一枚"苏州古旧书店门售"蓝色印章，想来最初是从这里售出去的。该书30年来一直身陷苏州城，怎会料到有一日会身徙异乡呢？这种遐想也是异地访书的乐趣之一。

挑完书，出门，老人和那个中年男子也把店门关了，两人共撑一把雨伞，慢慢地在雨巷中远去，我看了，竟然莫名地有点感动。后来几天，每次经过书店门口，总要往书店方向看一看，但每次都关着门。这时我倒庆幸那日及时赶去书店了。试想，如果当时晚一点去，或者不去，恐怕就只能跟这个书店擦肩而过，空留几许遗憾了。

因为这个书店，使我对苏州充满了好感，至少，我想，应该在这里能访到更多的好书吧。但是后来的情况却出乎了我的意料。第二天去苏州著名的步行街观前街，观前街上有一家规模较大的苏州书城，书城以新书为主，只在三楼有一个小小的特价书市，书都是库存的新书，一无可观，勉强挑了一本1995年版鲁迅《集外集拾遗》作为留念。看地图，再走不远，在人民路和乐桥北交叉口处即是著名的苏州古旧书店。关于苏州古旧书店，听闻已多，甚是让人向往。苏州著名藏书家王稼句曾在一篇文章里谈到他在苏州古旧书店买到上百本民国初版本毛边书的事，而且，平均下来一本仅10元钱。南京著名藏书家薛冰在《大江南北淘书记》里也记到，他的淘书经历算来也是从苏州古旧书店开始的，他不仅在这里买到了不少石印本、雕版本线装书，还在这里见到过一部有梁启超批语的《松坡军中遗墨》。可惜我们赶到，已经下班关门，只好失望而归。我们再次去苏州古旧书店，已是离开苏州的那天上午。赶到时，谢天谢地，欢迎光临。我径直上了三楼古旧书店，可惜书店早已失去了薛冰所讲的古旧书琳琅满目的场景，近二三十年的旧书也仅仅占满书柜的几个格子，且几乎一无可观。线装书基本上没有，民国版的书倒有二三十种，但都宝贝似的放在上了锁的玻璃柜里，似乎只可供瞻仰。需要看书，还要叫店员过来开柜，呈上。书的种类也很单调，有几种鲁迅的著作，但都是鲁迅逝世后，鲁迅委员会编辑出版的，价格也并不低。看了一会儿，就没了兴致，只好打量那些新近出版的特价书。特价书中倒有些书还不错，比如 2008 年才出版的人民文学版贾平凹作品集，仅售半价。看来看去，挑了两种作为留念，一种是三联 1992 年版姜德明编《北京乎》（上下），一种是百花文艺 2005 年影印版夏丏尊《平屋杂文》，皆半价。

在网上，还查到在十梓街与望星桥堍交叉口有一家琴川旧书店，可惜冒雨找了几个来回，也未曾找到。只在那个位置见到一家芥子书店，书店不大，卖的多是基督教方面的书，据店员讲，因为老板信仰基督教。随便看了看，就出来了。网上还查到，观前街大成坊和人民路文庙周六都有书市，可惜在那几天，都不是周六，也就没有见到，颇有点可惜。

苏州周围的古镇，我们只去了甪直。从风景片里看，甪直相当漂亮，可惜实地看了，并不觉得怎样，甚至因为期望值太多，还很感到失望。甪直不大，但因为名气的缘故，游客很多，显得很热闹，这与我们想象中的江南水乡的静谧形成了极大的反差。也因为游客多，商业气息很浓厚，给人的感觉，仿佛风景只是个圈套，为的就是引诱你进来，然后掏光你的荷包。当然，也许这只是一种错觉。

给我印象最深的不是甪直的水乡风景——说实在话，论风景，似乎它尚不如我们下榻的旅舍门口的风景——而是甪直街上的一家书店，更准确点说，是一家博物馆，全称是"甪直冯斌作文博物馆"。据说这样的作文博物馆，在中国尚属独一家，而我实在佩服馆主个人开办博物馆的勇气。在我看来，似乎只有马未都这样的收藏大家才有能力开办个人博物馆，现在才知原来如我们这样的小民，只要有心，也未尝不可。据接待我们的中年店员讲，博物馆成立于 2004 年 3 月，馆内收藏有近五百多本各个时代的中小学语文课本，最早的是光绪年间的《南洋公学蒙学课本》《最新初等小学国文教科书》等，还收藏有苏州市近五百张中小学生毕业证书，最早的也在光绪、宣统年间。馆主冯斌又极喜欢曾在甪直教书的叶圣陶先生的作品，馆内收藏有叶圣陶民国时期著作四五十种，仅《倪焕之》一书，就收藏有各种版本16种。博物馆共两层，空间并不十分大，但装饰得很雅致。在一楼门口设有书摊，其中就有馆主冯斌编著的《叶圣陶书影》。所收诸书皆为冯氏自藏，书影的封皮大多盖有"甪直冯斌藏书"印章。藏书按年代顺序排列，附有文字简介及得书经过等，读来甚为有味。原价购置一本，扉页有冯氏签名，中年店员又征得我的同意，认真地钤上两枚纪念印章，一枚是丰子恺配画的"甪直纪念"，一枚是"冯斌作文博物馆"。二楼是学堂、茶馆设计，临窗而坐，仿佛进入了民国，街上的喧嚣一下子远去了，终于享受了一刻水乡难得的静谧。

北京访书散记

10 月份去了趟北京，大学同学聚会，没想到，似乎只是一眨眼的工夫，就已经十年过去了。时间是何等的匆匆呀，真让人不由感慨着想起朱自清先生的那篇名文了。北京对于我来说，是熟悉而又陌生的，我在这里读了四年书，毕业后也回来过，但每次回来总有些茫然，感觉这个北京似乎不再是我记忆中的那个北京了。记忆中的北京是什么样子呢？却也有点记不清了，就连回母校，从地铁站里出来，我都找不到去学校的那条小路了，因为在不该有房子的地方，全部矗立起了高大的楼房。我被同学嘲笑着，但是嘲笑完，他们不也开始叹息，说北京这些年变化确实太大了吗？

书虫，不管去哪里，不管是去干什么，首先想到的总是书，书，书。这次去北京，长长的十几天，除了参加同学聚会、陪第一次来京的妻儿逛风景名胜之外，我总是不失时机地四处访书。说是访书，其实也并没有明确的目标，只是有明确的目的地而已，比如潘家园、琉璃厂。访书的成绩呢？也实在无甚可观，只能说对于我自己，有点纪念性的意义罢了。

一、鲁博书屋

我把第一站定在了鲁迅博物馆。上海的鲁迅纪念馆我已经去过，绍兴的鲁迅故居前年也专门去参观了，更不用说厦门大学集美楼二楼那个鲁迅曾经住过的展览室。但是可怜的，我在北京待了四年，竟然没有去过北京的鲁迅博物馆。查地图，就在阜成门内大街，距离我们学校并不远，不知当年怎么就没有想到去看一下？

我们到北京的时候，正是 10 月 4 日，旅游高峰期还没有过去，我们不敢去太著名的景点，想躲过那汹涌的人潮。4 号那天先去了动物园，想着这里总不至于有那么多人吧，不料仍然没有躲过。5 号就去了鲁迅博物馆，这次选对了，除了我们，几乎没有其他的游客，整个鲁迅博物馆静悄悄的，让我们一时怀疑，是否正在国庆黄金周的北京。

很幸运，一楼正在展出日本佐喜真美术馆收藏的凯绥·珂勒惠支版画。了解鲁迅的人对凯绥·珂勒惠支肯定不会陌生，1936 年 5 月，就在鲁迅逝世前四个月，上海"三闲书屋"还出版了由鲁迅亲自编定的《凯绥·珂勒惠支版画选集》。画集的选画、排序、添夹衬纸、设计封面、撰写序目，甚至联系印刷、托人装订，都是由鲁迅先生亲自完成的，由此可见他对这位德国女版画家作品的喜爱和重视。在该书的《序目》里，鲁迅先生如此评介她："在女性艺术家之中，震动了艺术界的，现代几乎无出于凯绥·珂勒惠支之上——或者赞美，或者攻击，或者又对攻击给她以辩护。"这话听来似乎同样适用于当时的鲁迅。鲁迅还说："只要一翻这集子，就知道她以深广的慈母之爱，对一切被侮辱和损害者悲哀，抗议，愤怒，斗争，所取的题材大抵是困苦，饥饿，流离，疾病，死亡，然而也有呼号，挣扎，联合和奋斗。"于此不难看出鲁迅先生何以对她的作品如此喜爱，而展出的作品也正印证了鲁迅先生的话。

《凯绥·珂勒惠支版画选集》，当时囿于条件的限制，只收录了版画 21 幅，应该都是鲁迅先生自己的珍藏。这次佐喜真美术馆展出的藏品，可就要丰富得多，仅其制作的专门用作纪念品的明信片，一套就有 15 张。《凯绥·珂勒惠支版画选集》现在自然不容易见到，更不用说购买了，买几张印有凯绥·珂勒惠支版画的精美明信片倒也是一种不错的选择。我于是就选了五张特别喜欢的，其中有一张是石版凯绥·珂勒惠支自画像，像是铅笔素描，表情沉郁、哀伤，悲天悯人，像极了她作品的调子。

鲁迅博物馆的主展厅是鲁迅的生平展，两层，一层和地下一层，有大量的实物展出。我最感兴趣的是挂满了两面墙的版画木版，受鲁迅的影响，我也喜欢版画，但从未见过真正的木版。但看内容，木版应该是后来复制的，因为里面居然有比亚兹莱为《亚瑟王之死》作的一幅插图，讲的是圭尼维尔王后如何成为修女的故事。三联书店1988年版叶灵凤《读书随笔三集》曾用它来作封面插图，所以印象深刻。此外还有陈丹青在《笑谈大先生》中念念不忘的那幅张致平《负伤的头》。对于这幅作品，想必见过的没有不留下深刻的印象的。

从地下一层沿楼梯重新回到地面，出门就是鲁迅西三条故居。引起我注意的是楼梯墙上悬挂的一系列赵延年为鲁迅作品刻的版画。赵延年先生的作品，我也一直喜欢，特别是其《阿Q正传》《狂人日记》系列，用笔简洁、有力，黑白对比强烈，给人一种阴森森的鬼世界的感觉。可惜他的版画集一直没有看到喜欢的版本，直到从北京回到厦门，才在网上买到一本福建教育出版社新出的《画说鲁迅：赵延年鲁迅作品木刻集》，铜版纸印刷，收录齐全，算是差强人意。

关于西三条故居，不用多说，《鲁迅日记》中对购买该居有颇多记载，比如1923年10月30日："晴。午后杨仲和、李慎斋来，同至阜成门内三条胡同看屋子，因买定第廿一号门牌旧屋六间，议价八百，当点装修并丈量讫，付定泉十元。"当时八百元也就是鲁迅两三个月的工资，这一点想必可让今天的北京人羡煞。西三条的房子明显比八道湾的房子小很多。和八道湾不同，西三条的房子还按照鲁迅先生的设计重新翻建过，费时四个月。1924年5月25日鲁迅方正式迁入，但也只住了两年多一点，就南下了，从此再未住过，除了中间短期的省亲。但对于普通读者来说，西三条最著名的应是鲁迅的书房"老虎尾巴"以及写在《秋夜》里的那两棵枣树。房门紧闭是进不去了，但后园还去得，可惜那两棵枣树早已不在，倒是当年用来浇花的苦水井以及鲁迅手植的两株丁香还在。而且也只有在后园，才能真正明了何以鲁迅把他的书房称之为"老虎尾巴"，因为实实在在是突出了一部分。

出鲁迅故居，对门就是鲁博书屋，书屋不大，但书不少，且多是关于鲁迅的，更让人惊喜的是，还有不少毛边本和签名本。对于毛边本，我一直充满着好奇，还曾专门借过南通沈文冲编的《毛边书情调》读过，可惜从未有机会得到一本。但是拿来认真看了，反倒犹豫起来，因为其"毛头毛脑"的，与旁边那些切割整齐的书比起来，确实有点"粗糙"，难怪会有人明确表示与毛边书无缘。我有没有必要为附庸风雅而浪费银子呢？犹豫了半天最终还是理智战胜了情感，放弃了。选了半天，最终却只选了一本"读库"笔记本《吴冠中：我负丹青》留作纪念。出门后不禁哑然失笑。然而回去后，却越想越不甘心，过了几日终于又专门再去了一趟，这次不仅买了两本毛边本（一本是安徽大学出版社 2011 年 3 月版钟叔河笺释、丰子恺插图，周作人著《儿童杂事诗》，一本是内蒙古人民 2010 年 11 月版王树田著《聚书琐记》），还帮文友何况兄买到一册签名本沈昌文《八十溯往》。

其实第二次去，还有一个心愿。第一次去时，店员董大姐曾给我看了一部今印线装本《鲁迅书法珍品集》，一函两册，印得很好，只是价格对于我来说未免有点高，要 480 元，于是未要。回来后却朝思暮想，特别是去过琉璃厂，看到一些今印线装书动辄数千元，而印的质量并不比《鲁迅书法珍品集》好，才信服董大姐那句"比起其他线装书这部书并不算贵"的说法，于是想再去认真看看，如果确实好，就咬牙买下了。不料到了，书却已经卖光。董大姐看我遗憾的样子，建议道："不如你留下联系方式，书到了我立刻联系你。"想想也只能如此。过了两日，正在酒酣之时，突然接到董大姐电话，告知书已到。嘴里虽然答应着，但是正在兴头，也就未顾得上去。待到第二天，却已经要离京了。回到厦门，仍然想着那部书，狠狠心不看了，直接让董大姐帮着邮寄一套过来。过了几日，书果然到了，撕开包装，心怦怦直跳，待看到书完好无损，且美丽异常时，心下大慰。连夜展读，想到区区 400 多元钱，与此书相比，实在不算什么，更加庆幸自己后来的果断。此可谓北京访书之后续乎！

二、《开卷》

　　北京访书的后续其实并非只有《鲁迅书法珍品集》一种，《开卷》算另一种，且更有趣味。很早就知道南京凤凰台酒店有一种内部刊物，名叫《开卷》，在读书人中间颇有口碑。该刊创刊至今已逾十年，在民刊中算坚持得久的了。除办刊外，执行主编董宁文还主编过一系列与《开卷》有关的书，比如"开卷文丛""凤凰读书文丛"以及"我的……（如笔名、书房、闲章、书缘等）"系列。董宁文还将刊在每期《开卷》卷末的"开有益斋闲话"专栏汇编在一起，形成一个颇有意思的《开卷闲话》系列，至今已出版至第六编矣。

　　因为《开卷》是内部刊物，并不售卖，所以竟然一直无从看到。听说去南京凤凰台酒店可以索取，可惜我竟然一直没有机会去南京，让南京的友人代索吧，总不好意思，因为他并不是爱书的人，想必无法理解我的这种"狂热"。但是读《开卷闲话五编》，注意到一个信息，即在北京也有两家凤凰集团下的酒店，在那里同样可以索取到《开卷》。查了一下地图，其中一家竟然距离我下榻的地方颇近，就在广安门桥附近。到京后，从北京西站坐公交车，路经广安门桥，特意留意了一下，不料竟然就看到了那家酒店，大喜过望。当天晚上，我就蠢蠢欲动，想早点完成这个心愿，不是河马劝阻，加上一天奔波太过疲累，而时日还长，我早就去了。然而熬到第二天终于还是忍不住了，找到酒店，问明确实有《开卷》，心跳了一下，但接待我的保安又说，已经好久没看到了，我的心立马又沉了一下。我赶忙说明自己是大老远从厦门来的，来京一趟不容易，希望他能帮着找一找，过期的也可以。他还算热心，翻箱倒柜地帮我找了，然而仍然没有，连过期的也没有。

　　我仍然不肯死心，央着他帮着问一下。他犹豫了一下，转头问一个穿西服坐在沙发上的男人："咱们酒店《开卷》还有吗?"他的京腔很重，"卷"加了儿化音。

"没有，"那人断然说，仿佛不如此不足以打消我的希望，接着又补充了一句，"早就停了。"

"停了？"我吃了一惊，怎么可能？我心想，前不久董宁文的《开卷闲话六编》才出版，怎么可能停了呢？

但是他说话的语气又让人不能不信，说起来又有什么不可能的呢？不要说内刊，即便是公开的刊物，说停就停的也多得是。更何况《开卷》已坚持了十多年，能坚持到今日已经很不容易了，而且还是一本关于读书的刊物。但是内心深处我仍有点怀疑，但也不好再说什么，只得怏怏而退。出来短信告知何况兄，他也大为吃惊，不相信《开卷》会停刊。"如果真这样，那就太可惜了。"他在短信里说。

北京之行因《开卷》之事给我蒙上了一层阴影，让我有一段时间快乐不起来。然而说来凑巧，回到厦门后没几天，竟然无意中闯入董宁文先生的微博，其微博刚开张不久，粉丝还不多，微博也仅有几条，但最新的一条微博却让我惊喜万分，其曰："《开卷》今年九、十两期刚刚印出，有兴趣且以前没有看过的朋友可寄赠这两期供试阅。第九期主要篇目有《同一世界里的两个世界》（闻章）、《雁山红豆事辑》（杨靖华）、《虚怀若谷的戴文葆先生》（弘征）、《香港书事七则》（朱航满）等。第十期有陈虹、樊发稼、李伟、绡红、吴振武等先生的文章。"看完急忙回复："求赠。"并将在京求《开卷》不遇之事告知了他。不久得到其回音，要了我的地址，答应第二日即寄，不久果然收到其亲自寄赠的六期《开卷》，此可谓"失之东隅，得之桑榆"乎？

三、潘家园与琉璃厂

除了鲁迅博物馆，还有个地方也是我在大学时早就听说却未曾去过的，那就是潘家园。关于潘家园的传说，这些年真是听了一箩筐，更是让我悔青了肠子，恨没有早一点去见识，说不定也能捡个漏什么的。不过前年去北京出差，倒补了这个缺憾，离京前专门抽空去了一次。那日恰是 11 月 1 日，之所以记得这么清楚，是因为那日下雪了。

北京正常是要在元旦前后下第一场雪的，那年竟然提前了足足两个月，不能不让人惊异并印象深刻，对于已多年未见下雪的我，更是惊喜不已，甚至想当然地认为那场雪就是专门为我下的，因为晚上我就要坐飞机回厦门了。

来京准备的衣物很少，前两日出门还只需穿一件短袖，早晚也只需多加件外套，那日把包里所有的衣服都穿了，仍觉得冷，但仍就那样出门了。冒着大雪终于找到了潘家园，进去转了半日，却大失所望，只见到卖陶陶罐罐、字画古玩的，书的影子却丝毫也没有见到。对古董我虽然也有兴趣，但毕竟不懂，看那成堆叫卖的架势，首先就把我吓住了，所以问也不敢问，随便看了看，便离开了。后来才得知书市是只有周六周日才有的。

得了经验，这次专挑周六去，去了，果然就看到了，靠市场的里侧，一条短短的背巷，两侧就摆满了书摊，摊前就站满了负手看书的顾客。这样的场景我实在再熟悉不过了，读高中时，校门口不远就有这样一片书摊，不过，那时的书摊比今日潘家园的书摊还要大一点。潘家园的书摊规模如此之小，实在有点出乎我的意料。不过既来之，则安之，立刻也加入挑书的行列。一路看过去，好书并不多，大多是大路货色，民国书、线装书基本上是妄想，即便有，价格之昂贵也足以让人退避三舍。不过这怪不得书摊，怪我们来得太晚。我们到时已是十点钟，据说，真正的好书早在凌晨四五点钟就被第一批淘书客淘走了，六七点钟第二批淘书客又把剩下的扫荡了一遍，等到九点钟之后，基本上也就别指望能淘到什么好书了。逛书摊的人似乎也都明白这一点，所以真正看书的不多，买画册的倒不少。也难怪，说是书摊，画册倒占了多半壁江山。我不懂画，自然不会特意去买这玩意儿，而且画册巨沉，带回厦门也颇有难度。但既然大家都在买，也就不能不跟着翻翻看，画册质量确实不错，有些还是原装进口，本以为价格不会太贵，不料一问，竟然也不便宜，比如一本黄永玉的画集，开价竟然就是定价，虽然立刻放弃了，但事后想想，那个价格也不算太离谱。

巡视一圈，挑中一本 1978 年版荣宝斋出品范曾绘《鲁迅小说插图集》、一本品相完好 1973 年版鲁迅《两地书》以及其他几种杂书。

关于范曾的鲁迅小说插图，曾多处见他谈过，说这系列插图是他在病床上画就的，当时他自以为得的是绝症，时日已经不多，因而就把这系列插图当作一生的艺术总结来做，不料精神过分专注，病倒很快痊愈了，出门时他就带着这堆画稿。当时我即对这系列插图充满了好奇，不料今日竟能于此得到。1973年版鲁迅作品集，我已经收集殆齐，只差这本《两地书》及另外两三种，问售价，仅要五元，不用还价，立刻递钱收书。另外几种是杨成武的《忆长征》《彭德怀自述》，1973年版鲁迅《花边文学》、鲁迅《为了忘却的记念》中记述过的"左联五烈士"之一殷夫的《殷夫诗选》以及列宁的妻子克鲁普斯卡娅的《列宁回忆录》，这几种都很便宜，品相也好，前两种加在一起共五元，后三种共十元。

比较一下其他各处的书价即知这里的书真的便宜，在鲁迅博物馆，"百衲本"1973年版鲁迅作品集全套竟然要750元，品相也并不好，其中还有很多是馆藏本，书脊上仍贴着图书馆已经将要烂掉的标签。而在我们随后去的琉璃厂中国书店，随便类似《花边文学》这样的一本书，都要标价三四十元，让我连逛的兴趣简直都要没有了。中国书店的贵我是早有经验的，读大学时，曾经去逛过几次，每次几乎都要空手而归，印象中买过两本，一本是漓江版艾略特的《四个四重奏》，因为当时迷恋艾略特的诗，也喜欢那个版本，所以买了，记得售价是八元，现在当然不算贵，但当时是90年代末，我还是一个穷学生，自然不会觉得便宜。但是来了北京，总还想去逛，有点类似"好了伤疤忘了痛"的感觉，仍抱了一种不切实际的幻想，仿佛情况会有所好转，或者可以捡点漏儿，特别是还想再去看看那里的线装书。然而去看了，仍然是失望，普通的旧书贵了不说，也并没有什么让人看了觉得非买不可的书。线装书更不用讲了，连今印本的，也贵得吓死人。五六十年代印的几套，动辄数万数十万，不知凭什么定的这个价格，古籍吗？笑话。因为买不起，自然连翻都没敢怎么翻，生怕遇到店员的冷遇。我这么说并非空穴来风，王福田在《聚书琐记》中就提到过他在中国书店的遭遇，他让店员拿书，店员迟迟不拿，再问，说这些书很贵的，都是准备给外宾的。那意思是说你就省省吧，不用看了，反正你也买不起。一副瞧不起自家人的嘴脸让他顿时气噎。

更奇怪的是，在中国书店竟然连拍照也不让，不知何故？莫名其妙。

四、故宫、时尚廊及其他

总第 104 期《厦门图书馆声》登姜宏先生文《购书纪念印章小记》，讲其出差或旅游到外地，喜欢在一些纪念地购书，为的其实主要是那枚纪念印章。想来爱书人应该大都有此"病"。我现在去外地，新书店是基本不去的，除非是设计上极有特色的独立书店，去的一是旧书店，二就是在旅游景点，也就是姜文中所称的"纪念地"，买一些与此地相关的书籍，然后盖上纪念地的纪念印章，至此心满意足，大功告成。

故宫我以前已经去过，但这次为了陪妻儿，又陪着进去逛了一下。故宫多纪念品店，纪念品之一即书，都是紫禁城出版社出的又漂亮又贵的书，书的内容也基本上都与故宫有关，可惜太大部头的，贵而又不好带，只能舍弃，然后可选的就不多了。最终选定一本金性尧著《清代宫廷政变》，属于"大家史说"丛书之一，该丛书另有金性尧《清代笔祸》一种，可惜架上未见到，否则买回来正可与黄裳的《笔祸史谈丛》对照着看。金性尧，笔名文载道，青年时代即主编《鲁迅风》《萧萧》《文史》等杂志，蜚声文坛。著作有《风土小记》《伸脚录》等。我闻其名久矣，可惜从未读过他的书，不想竟然以这种方式与他邂逅。照例，埋单后，让店员在书上钤印留念，不料稍一犹豫，未来得及阻拦，店员竟然把印钤在了书的扉页，而且印文设计简单、粗陋，印泥低劣，让人看了很不舒服。后来在"时尚廊"，店员就要聪明得多，知道把印钤在封底衬纸上，虽然印泥也一样低劣。

时尚廊是我这次进京，寻访的唯一一家新书店。之所以要去时尚廊，是因为听说里面有台版书、外文书卖，我自然不是专要去买台版书、外文书的，但是去看看总是好的。而且据说，老板即厦门晓风书屋的老板许志强。我不认识他，但是因为晓风书屋的缘故，听了仍感亲切。

一开始我误以为时尚廊是在"798"，后来与一位从厦门到北京发展的朋友吃饭，从她嘴里得知，时尚廊就在国贸附近，她以前常去的。国贸离天安门不远，一日逛完王府井后，就搭车去了。先到国贸站，然后按朋友的指引去找有大屏幕的世贸天阶，因为时尚廊所在的时尚大厦即在其旁。本以为很容易找，不料问了多人，走了好多冤枉路才最终找到。世贸天阶的大屏幕确实让人震撼，不仅在于其大，还在于其并非直立竖放，而是做成了廊顶，像天花板一样。时尚大厦感觉似乎有点冷清，格局很奇怪，一楼几乎见不到什么店面，但或许是我进入的角度的问题。时尚廊即在二楼，推门进，门口很狭窄，正对门就是收银台，然而愈往里空间愈宽大，最里面是个咖啡厅，据说也可以吃饭的。因为时间紧，我自然无暇坐下来喝咖啡，匆匆地浏览着架上的书，中间的那一架，文史书居多，果然在有些简体字版旁就放着一本同样内容的繁体字版，让人看了感觉微妙。两旁的墙上，多是艺术、设计方面的书及杂志，外文的不少，只是看不懂，看了也等于白看。闲逛了片刻，决定买本书留念，选来选去，突然想到当日乃辛卯年双十日，即辛亥革命一百周年纪念日，于是当即选定一本祝勇的《辛亥年》以作纪念。试问，此外还有比这本书更适合在那天买来作纪念的吗？

书很不错，祝勇以辛亥年为横断面，钩沉历史细节、线索，试图从辛亥革命貌似的偶然中看出必然来。以一年作为线索来叙述历史，这明显是受黄仁宇《万历十五年》的影响。虽然写作方式并非独创，但以此种方式来分析辛亥革命，祝勇还算第一人。书中收有不少稀见的历史照片，印刷精良，我曾在故宫看到一本晚清珍贵照片集，当时即想买，可惜价格太贵，现在看来，这本书里的一些照片或许即取自那里，这倒是无意中部分弥补了我那个缺憾。

住处离陶然亭公园不远，因为石评梅、高君宇的缘故，也曾特意花五元钱进去逛了逛，出于惯性思维，瞻仰了二人的墓碑之余，不由暗想，如果能在此处设个书摊，专门卖有关二人的著作，想来也不会完全没有生意吧？

不算"黄迷"

中午在外吃饭，刷微博，惊悉黄裳先生已逝。回到单位，不放心，又上网查看，终于确认，心中一阵索然。

说实话，我算不上真正的黄迷，至少自己并不认为是，之所以不是，是因为还没有迷到失去理智、崇拜的地步。或许知识分子都难以真正崇拜他人吧，因为崇拜要求的是信，而知识分子多的是疑，是批判。抱着这种态度就难以真正地崇拜他人啦。

举一个例子可知，止庵批评黄裳"立言一贯左，文字喜抒情"，黄裳不服，但在旁观者如我看来，虽不一定"一贯"，但某些立论确有左的成分。不过谁又敢说自己思想中没有一点左的东西呢？如果真没有，那倒可怜了。更何况黄裳先生是经历过民国战乱，思想上一直追求进步的。

虽非真正的黄迷，黄裳先生的书我却先后买过不少，粗略算一下，至少不下一二十种。最早看到的似乎是《旧戏新谈》和《笔祸史谈丛》，已是北京出版社的版本，属于"大家小书"丛书。书的版式我不大喜欢，但这两本的内容倒很喜欢，特别是《笔祸史谈丛》，可能跟谈书有关。我喜欢黄著，认真想想，其实主要也是喜欢看黄裳谈书。黄裳的游记散文也好，好就好在从容不迫，而且多历史掌故，多文人旧事，其实也脱离不了书。安徽教育出版社出过一套"黄裳作品系列"，我先买的就是谈书的两种：《榆下说书》和《银鱼集》。这套书共八册，一开始我并未想买齐——由此也可看出我并非真正的黄迷——但后来陆陆续续还是购齐了，出于什么心理，自己也说不清楚。但是最经常翻读的还是谈书那两种，虽然其他几册也有不少谈书的文章。

黄裳谈书，大多是谈旧书，也就是线装书。线装书我不懂，实物见到的也少，但仍看得津津有味，颇有过屠门而大嚼的感觉。黄裳其人自然更无缘相识，不过我本就不是吃了鸡蛋非要见母鸡的人，而且看过不少文章，谈到访问黄裳先生的印象，都是木讷少言，这既让我庆幸，不用再奢求见老先生一面，也让我讶异，木讷少言的人当年是如何做记者的？不过也许正因其木讷少言，所以才能下笔万言而不休吧，或者正相反，正因为肚中的话都写成文章了，反倒无话可讲？

我虽然说自己不是真正的黄迷，实际上后来多少还是有点迷了。这从两件事可以看出。一是曾在厦门思无邪旧书店见到一册齐鲁书社版《清代版刻一隅》，犹豫半天，未购，事后后悔不已，再想买，已不可寻，幸而后来复旦大学出版社出了增订本，但仍觉遗憾。另一次也是在思无邪，见到一套两册《来燕榭读书记》，即黄裳先生的题跋集，繁体竖排，翻了良久，终于还是放下，不久后再想买，也已不可觅，又是后悔良久，幸而后来也出了增订本的《来燕榭书跋》，才算略有弥补。从这两件事，我已自知迷黄已深，虽有警觉，却也无可奈何。

但一套700多元的《劫余古艳来燕榭书跋手迹辑录》还是不敢过问，只敢买一册替代性质的《惊鸿集》过过眼瘾，说来还是算不得真正的黄迷。

来燕榭的近著也买得不多，本以为兴趣已经转淡，不料今日得知消息，第一件事就是上网，将一直欲买而未买的《来燕榭文存》和《来燕榭文存二编》买了下来。这也算是我悼念先生的一种方式吧。

两本《四十自述》

　　胡适一生热衷于劝人写自传，这在《四十自述》的"自序"里有很好地表达。可惜临到自己头上，仍然难免"半部"之讥。据胡适自己讲，原定要分三个阶段写的，然而写完第一段的六章之后，就因为种种原因打断了。这一断就再也没有下文。还好，多年之后，在美国的唐德刚帮他作了一部《胡适口述自传》，算是部分弥补了这个缺憾。

　　我喜欢胡适，家里关于胡适的书少说也有十几部。然而这部《四十自述》却一直未能买到。一开始并不十分在意，一是自觉已有《胡适口述自传》，想当然认为已包含了《四十自述》的内容，二是在被胡适称为"比胡适还了解胡适"的李敖的大著《胡适评传》第一册（也是唯一的一册）里，引用了大量《四十自述》的内容，据此已可略窥豹之一斑。然而日子越久，购置一本《四十自述》的愿望却越强烈。更何况无意中发现《胡适口述自传》编译说明里早已明言："本稿原定与胡氏的《四十自述》英文译本，合二为一。故凡《四十自述》中已有的故事，本稿均未重复。"就更觉得有买一本的必要了。

　　去年4月间，我去上海，特意访了福州路上海古籍书店，不意就在四楼的一个书架上见到一本"民国"二十九年版胡适《四十自述》。书的品相颇好。翻到封底，上面用铅笔写着一个淡淡的数字，40，我猜想这应该就是书价了。心中不由一阵激动，心想，真是踏破铁鞋无觅处，得来全不费功夫。以今天新书的书价比，这个价格也算是便宜的了。但是心中总不确定，也有一丝想继续讨价还价的意思，就问正在打电话的老板这本书多少钱。老板无暇回答，用手指指书的封底，继续他的电话。如果我此时就按书底写的数字扔下40元就去也就罢了，我却非要等他打完电话，结果他翻到封底，大吃了一惊，说这本书绝对不可能只标40元，应该是400元。他这么一说我就急了，说，你看嘛，明明标的就是40元。他摇摇头，表示不认同我的看法，说，这样吧，我也不是老板，我帮你问问看。我无奈，只得任他问，问的结果是"老板"也认为40元是写错了。"150元吧。"他重复着老板的话，"其实150元也已经很便宜了。"我自然未买，因为太贵，也因为赌气。但是离开上海后，却越想越后悔，总觉得不应该赌气，150元就150元吧，还是应该买的。就算是作为到上海的一种纪念也是值得的。

这件事我曾在《上海访书记》里详细写过。前几天，一个不知名的长葛老乡给我写了封信，说读了我的《上海访书记》后，拟去书店把那本民国版的《四十自述》买来送我。我自然谢绝了，原因是我已经有一本"民国版"《四十自述》了。

这就不能不继续从那次上海之行说起。本来，故事应该至此就结束了，然而回来之后，却总是挂念。后来就上孔夫子旧书网搜，不料一日却被我搜到一本，版次为"民国"二十八年（1939年）版，比上海那一本还早一年，品相描述为九五品，而售价仅为58元，加上邮费也不过60多元而已。心中自然又是一阵狂喜。于是立刻下订单，付款。不久书就收到了。打开之后，心却凉了半截，因为尽管已经半个多世纪过去，这本书却新的让人惊异，几乎看不出时光留下的痕迹。它太新了，以至让我怀疑它的真假。我拿给几个朋友看了，朋友都拿不准，然而一致的意见是，太新了，应该不会是真的。

一气之下，我要求退货。但是最终还是留了下来。一来是嫌退来退去麻烦，二来觉得这仍是个谜。按说《四十自述》不是热门书，单个作伪实在无多大的必要，且成本更高。如果是大量出版，却并未见到类似的书。该书留下来，也权当一个纪念或教训吧。

听雨夜读

然而自此我"收藏"书的心却淡了。读书读到后来变成藏书，说来也是一件挺滑稽的事。这件事倒提醒我还是把心转回阅读上吧，毕竟书出版出来主要还是供阅读的，仅买不读，也就成了"书仓"了。"好书满架待细读"，还是不要让他们等待太长时间了吧。

异端眼中的异端

　　当加尔文当选人类 1000 年风云人物 100 位之第 40 时，可能没有几个人记得塞尔维特和卡斯特利奥。而如果不是在几百年后出于良知茨威格以他的如椽之笔记下那段黑暗历史的话，可能已经没有人知道这两个名字。更没有人会想到这两个不起眼的科学家、学者，竟然以"异端的身份"与加尔文展开了不屈不挠的战斗。

　　而又有谁知道，加尔文自己就是一个异端，一个除了马丁·路德外最大的异端——作为一个伟大的宗教改革家。当我在书店看到吉林人民出版社 2000 年 7 月版张晓辉译本《异端的权利》时，思绪不由开始飘走。我还在读大学时就已读过三联书店赵台安、赵振尧译本。当时令我吃惊的是一个刚刚攫取权力的异端，竟然接下来就开始以异端的罪名去迫害异己，而茨威格开始呼吁"异端的权利"。

　　我想这个权利不只是对塞尔维特和卡利特里奥而言，同样地也适用加尔文。当加尔文以一个亡命者的身份逃到日内瓦时我想茨威格对他也是同情的，所以在这本饱含悲愤和激情的书中茨威格依然对加尔文做出了客观和公正的评价。然而不幸的是加尔文一旦掌握了权力便成功地实现了从"受害者"到"迫害者"角色的转变。

　　事实上这种转变——如果我们仔细想一下的话——是很自然地发生的。首先从加尔文的身份说起。他是一个异端，一个亡命者，换句话说是一个为了自己的宗教理想而被迫逃命的人。那么，这种宗教狂热必然的导致一种偏执。当他处于受害者的位置时这种偏执是他受害的缘由，是他保持被人尊敬的一个要素。然而一旦位置发生了转变，这种偏执便成了他施害的源泉。

当法里尔要求加尔文接受日内瓦宗教领袖的位置时——加尔文后来透露——他长时间地、固执地拒绝了。这是个伟大的时刻，对于双方来言都是。然而加尔文一旦决定要建立日内瓦的新秩序，历史便开始了戏剧性的变化，"他不再将自己的意志印在一本书上"，而是"要将它强加于一城一邦了"，并且加尔文"并不满足于半心半意地接受教义，他坚持要人民无保留地服从，哪怕是一个标点符号也罢"。事实上，加尔文开始了他的专制——不管他是出于什么目的，高尚的或者卑劣的。

当罗兰夫人在断头台前喊出"自由，多少人假汝之名行事"，事实上已揭露出事情的本质。然而这样的故事仍在不停地上演，有意地或无意的。加尔文错就错在以自己的思考取代了大家的思考，以其偏执取代了宽容。

从受害者到迫害者，似乎仅仅是角色的转变，事实上是一种强者理论的体现。强者统治着话语霸权，同样地也就控制着人们的心灵及信仰，当萨万纳罗拉失势后以叛教者和异端的罪名被处死，你能说这只是对"真理"的维护，而不是世俗势力间的一种报复？

所幸加尔文相对于旧教教会和旧教国家而言，还算是善良的，但是罗素一针见血地指出："新教牧师（至少在起初）也和旧教神学家一样偏狂执拗，但是他们的势力较小，所以为害也较少。"正因为如此，在面对哥白尼的"日心说"时加尔文和旧教徒一样地叫嚣道："有谁胆敢将哥白尼的威信凌驾在圣灵的威信之上？"

而我们除了悲哀，和对塞尔维特、卡斯特里奥深深的敬意外，还有什么可言?!

思想对艺术的颠覆

——《杜尚访谈录》读后

买杜尚完全是一个误会。我本来是要买凡·高的，但是转遍整个书店，没有。这让我很失望，然后就看到了杜尚。后来的很长时间里我在想我是不是把杜尚当成塞尚了？杜尚之所以吸引我，是因为书的装帧、纸张、插图，以及封面上那张英俊的面孔。杜尚是英俊和优雅的，这让我不由发出惊叹，正如我翻开杰克·凯鲁亚克的面孔一样。记得诗人伊沙曾经发过感叹：为什么顾城那一代诗人都称得上美男子，而到他们这一代诗人却都是歪瓜裂枣。这种感叹此刻同样在我的心底产生。

对于杜尚我以前缺乏最起码的了解，如果说还知道一点的话，就是他是一个现代派画家。看过书后才知道这仅有的关于他的知识也是错误的。他说他是摒弃艺术的。如果说他曾经是个画家，那也是在他刚出道时。而且那时他也不过是为了逃避兵役，即使在学校里他也算是今天的"差生"，因为他很少上课。到后来他基本上不再作画，并非几年，而是几十年。在这几十年里，他下棋，并偷偷地搞一些莫名其妙的东西。如果不是他的名气的话，可能他的这些所谓的"惊人心魄"的东西将永无天日。但是几十年后，杜尚被善意地重新进行解释，并开始被尊称为大师。这在他也许并不以为然，他似乎不注重这些，他淡淡地说："我喜欢活着，呼吸，甚于喜欢工作。""我最好的作品是我的生活。"

他的确算得上艺术史上的一个异数，而且重要的是区别于其他异数，他并没有疯狂，他始终是优雅的。但是他是一个"顽童"，他喜欢嘲笑甚于一切，他喜欢破坏。他进入艺术圈也许并非是艺术人士之福，因为后者现在变成了他嘲笑的对象。他嘲笑艺术的狭隘性，讽刺"视觉的美"；他嘲笑艺术的美，所以他要尽量地去制造丑，他在蒙娜丽莎的脸上画上胡须，他拿便池去参展；他摒弃艺术作品上的意义，所以他的作品只有有趣与无趣之分，没有意义。总之，他恣意地将艺术界搅成了一锅粥。有些人皱皱眉头，而有些人则惊奇地发现了新天地。但是大家说：他终生没有一个敌人。

我没有认真地学过美术，所以无从对杜尚做出评价。不过即使我学过我就能对杜尚做出评价吗？我所学的只能是杜尚所嘲讽的，而不可能是其他。我认为要从艺术的角度对杜尚进行评价是没有意义的，事实上他最重要的贡献也并非是艺术的，而是思想的。杜尚终其一生不过是打着艺术的幌子以其思想对艺术进行着颠覆而已。

在这一点上他和凯奇类似，凯奇在他著名的音乐作品《四分三十三秒》中只是让演奏者在台上坐四分三十三秒，而完全不演奏，以此让听众去注意生活本身的声音。我很怀疑凯奇这能算是音乐作品吗？他实际上也是一位思想家，他的作品本身并没有意义，意义在于通过作品让人们去反思。杜尚实际上做的是同样的工作。

翻译者王瑞芸在附录里对杜尚和达达主义作了区分，他认为虽然达达和杜尚在形式上很相似，但他们有根本的不同，"达达运动很大程度主要是一群人的情绪反映，而不是他们人格的反映"，"所以达达的革命是不彻底的"。这有一定的道理，而造成它有道理的原因在于达达还是在追求艺术的，而杜尚实际上已经彻底摒弃了艺术。所以他们的这种不同是很自然的，而且这样的评价对达达也是不公平的。但是我们在享受了他们破坏的快感之后还不能不考虑艺术以后应当往何处去，在这一点上事实上达达和杜尚都没有给出令人满意的答案。而杜尚完全就是拒绝给出答案，因为他既然摒弃了艺术，艺术也就与他无关了，他现在关心的是生活，他不企求来世，所以他可以说无所求。这给我们的感觉就像是做好的蛋糕被别人评论得一无是处，但是等我们将蛋糕毁掉以后却被告知到底该如何做蛋糕跟他无关。

也许还是达达认识得更透彻一点，他说："在早些时候的巴黎，只有 17 个人懂得杜尚做得很少的几件现成品。现在有 1700 万人懂得了杜尚的现成品。等到那么一天，当所有的存在的东西都被认为是现成品的时候，就没有现成品存在了。然后创意就会被作为艺术品，艺术家战栗着用手把它们做出来。"

看，艺术也像历史一样开始了它的循环。

成长中的自觉意识

——读钱穆先生《八十忆双亲师友杂忆》

朱学勤先生文言，他"时常想起鲁迅，想起胡适，想起钱穆，不太想得起梁实秋，林语堂，周作人"。此言甚得我心。鲁迅、胡适自不必讲，他专门提到钱穆，我觉得有大用意在。而因为某种原因，钱穆一直无缘出现在大陆普通读者的视野，这使我们对他颇觉隔膜，而他作为"21世纪最后一位国学大师"，也让一般的读者对他"敬而远之"，但是自然如朱学勤先生所言，"学者需钱穆的学术专著，一般读者仅钱穆回忆录即可获益匪浅"。此言不假。

朱先生所说的钱穆回忆录即是这本《八十忆双亲师友杂忆》，该书成于1982年双十节，钱穆时年88岁，以如此之高龄，而仍能写出这样一部长编，实在难能可贵，更让人钦佩的是，其思路之清晰，记忆之精确，简直让人叹为观止。

对于这本书，相识甚早，然而一直没有下定决心去买，实在不知何故，而之所以注意到这本书，正是因为先前无意中读到钱先生《中国史学名著》，这本带有普及性的读物在我看来尤其适合像我这样普通的读者去读，文字浅易而不失其优美，内容简洁而不失其丰富，简直让人不忍释手，于是随后又购得其《中国文学论丛》，仍是让人欣喜若狂。

然而不知何故却一直犹豫着要不要买钱穆的这本传记，或许是怕作者流于一般的传记作者，夸夸其谈于其玄妙的理论，而失去了普通人生的趣味性，再加上语言为半白文言，更加深了这种印象。

其实这完全是一种错觉，读朱学勤文，其文特别提到这本书，让我最终下定决心去买。谁知买回即不忍释手，简直读得是废寝忘食。

虽然书名号"师友杂忆"，但是仍然是贯穿了自己的历史，而我尤喜读者为其成名前之一段。在我看来，这一段对于一般的读者也有莫大的启发意义，他不仅揭示了钱穆何以成为钱穆的原因，也可供我们自身进行比照。

钱穆曾云：知人论事。我以为这句话可以作为一个准则参照执行。不管人们对钱穆的思想如何评价，从本书看到的钱穆来讲，则足以使我对他满怀敬意，从而理解其为一般读者所不易理解处，即使乖谬，也自无妨。

钱穆最让我感触的是其强烈的自觉意识，而就是这种自觉意识使其"聪慧"也只能退居次要位置。这是他成功的关键所在，而我们现在有几个少年能有其如此强烈的自觉意识呢？

兹抄录若干片段如下：

其十岁入果育小学，其伯圭师告其，中国历史素来讲天下合久必分，分久必合，则如何当如欧洲英法诸国，合了即不再分，治了即不再乱。钱穆闻之，"如巨雷轰顶，全心震撼"，"从此七十四年来，脑中所疑，心中所计，全属此一问题。余之用心，亦全在此一问题上"。

伯圭师又告其，其现今皇帝不是中国人，使其"大惊讶"，从而"自幼即抱民族观念"，"同情革命民主"。

又是小学，读一书，"书中网罗西欧英法诸邦不经学校自修苦学而卒为名学者数十人"，"余自中学毕业后，未入大学，而有志苦学不倦，则受此书之影响为大"。

升入小学高级班，受老师激发，乃重读《水浒传》，"全书反复几六七过，竟体熟烂。此后读其他小说，皆谓远逊，不再读"。

同是小学高级班，一日众生揶揄钱穆曰：汝作文乃能学欧阳修。其师庄语曰：汝等莫轻作戏谑，此生他日有进，当能学韩愈。钱

"骤闻震撼，自此遂心存韩愈其人。入中学后，一意诵韩集"。

其十三岁入常州府中学堂，其见敬山太老师，"已值晚年，而用力精勤不息有如此"，"鼓动余此后向学之心，可谓无法计量"。

又是中学，偶读谭嗣同《仁学》，乃剪长辫。"翌年，辛亥革命，人人不留长辫，而余则已先一年去之"。

转读钟英中学后，"余是时读曾文正《求阙斋记》，常念当求己阙。如袁绍多疑少断，自念余亦多活动，少果决。因此每晨起，必预立一意，竟日不违。日必如此，亦资练习"。此处特举一例，暑假过旧校，与旧同学约谈，自立意可长谈，但"不当留宿"，夜谈至自修时间过，同学坚留，终不肯，时忽风雨骤来，而其意仍不变，出校门，过旷野，伞不能撑，灯亦熄，雨亦厉，而终不改志。

其十八岁中学毕业，入小学教书，读日人书，"论人生不寿，乃一大罪恶"。又读陆放翁晚年诗，于是"大奋发"，"念不高寿，乃余此生一大耻辱，大惩罚"，"即痛于日常生活上求规律化，如静坐，如郊野散步等，皆一一规定"，"又开始写日记，逐日所读书皆记上，不许一日辍。"结婚之日也必于理发时默成诗两首，"始释然自慰"。

……

以上只是照录少许，如是者几不可胜数。于是想起我当年求学时，读作家书，每人只择其代表作一两本读之，曰，由此可知其大意，其文风，其手法，其思想之倾向和境界。其余不复读。颇为自许。又高中时读一书，对比中西人之生活习惯，云中国人喜拖沓，无效率。乃发愤，于是读书走路，力求其快，慢慢成为习惯，等到后来发现其不科学处时亦无法改。

又记日记，自小学始，至今不辍，也颇为自许。觉得自己颇有自觉之意识，但是与钱穆相比，其差距何止十万八千里。

人生苦短，如若想有所成就，更是难上加难。古人云，预则立，不预则废。而所谓预，在少年时代即表现为自觉的意识，如有，如强，则离成功自然不远矣。可惜知道的人多，而真正实行的人少。盖其难也。

读钱穆书，并非一定要学其治学，学其成为一硕儒，重要的是学

成长中的自觉意识

习他那种精神，那种自觉和自省的意识，如此，则人生不废矣。由此也知我们与名家的差距了。

　　总而言之，读读此书定当是有益无害。而掩卷慨叹，何日能得此良师益友从而学之。

罗素何以成为罗素

对罗素的认识缘于其著作《西方哲学史》，如果我没记错的话，我是在高中时见到这本书的。对于一个对哲学有浓厚兴趣的人来说，这本书对我的吸引力可想而知。然而在我的印象中似乎这本书是本"禁书"，因为我在大学图书馆里只见到了一次，并且只有上册，等到我再想去借下册时怎么也借不到了，而且后来连上册再想借也借不到了。这件事使作者伯特兰·罗素在我的心目中也具有了某种神秘的色彩。直到后来我即将毕业时才在北京图书馆里的一个书店里将这套书买到。

然而真正诱使我去买《罗素自传》的却是一篇小小的文章，在那篇文章中有一句话深深地触动了我，他说：因为羞于问去厕所的路，所以害羞的罗素在去参加剑桥大学入学奖学金考试时，每天考试之前要步行到车站去解手。这跟我心目中的罗素大相径庭，那么真实的、生活中的罗素到底是什么样子呢？我很难想象。并且最重要的是，罗素，作为一个伟大的哲学家和数学家，他到底是怎么成为罗素的呢？

这个问题有点类似于摩罗所提出的"巨人何以成为巨人"这个问题。但是它却实实在在是我们阅读伟人传记时必须加以注意的问题。正如摩罗在文章中总结的：任何一个伟大的人都是凭着他的族群并代表着他的族群成为伟大的。在阅读《罗素自传》时我试图证明这一点，尽管他们所描述的巨人所从事的事业不尽相同，但我们可以看到共同的东西，而这些东西可能正是我们所缺乏的。

实话说，这本只有第一卷的自传并不厚，如果再抛开附录的众多的书信的话，则薄得可怜。而即使在这薄薄的100多页里，我也更多地注意到的是他结婚以前的那20多年。因为对于一个人来说，只有这20多年才是真正具有决定性的，它在很大程度上昭示了他人生以后的轨迹，并且能最大限度地显现他思想发展的过程。

我们首先抛开罗素天赋的因素，尽管这是一个不能回避的带有相当决定性的因素。我们只用一件事就可证明这一点。在书中罗素写到，他在11岁的时候就开始跟着哥哥学习欧几里得几何学，而学习的情景"就像初恋一样令人陶醉"。对于一般人来说很难懂的第五命题罗素却"并不觉得它有什么困难"。正因为如此，他"第一次开始认识到自己也能有某种智力"，并且当他发现自己是一个有智力的人之后，就决定如果可能的话，就要在学术上有一番作为。他写道："我整个青年时代，不能让别的事妨碍我实现这个抱负。"而事实上他也做到了。

然而毕竟先天性的因素并不在我们的控制之内，所以我们更多地要在外界寻找他之所以成为罗素的原因。首先是他的环境。我们不能不说家境的优越可能是他成材的一个重要条件。但是我想说的是这里的家境优越绝不单单指经济上的，更包括文化上的。而后者可能对于罗素来说，更具有决定性意义。尽管在罗素能记事的时候他的双亲已经相继去世，但是这并不意味着他们就不会在他的身上留下他们的影子。罗素凭借父母的日记、书信以及他人的闲谈，在心目中为父母树立了这样的印象：母亲是"一个精力充沛、生气勃勃、聪敏、庄重、有独创才能和无所畏惧的人"。而父亲则"冷静深思、好学不倦、清高脱俗、心情抑郁和一本正经"。罗素对父母的理解和热情足以使他们在死后对他继续施加影响。并且以后我们将会看到，父母和祖母对宗教的不同态度在幼小的罗素的心中产生了多大的冲突，并使他在十几岁的年龄时就开始思考宗教及宇宙观这样的问题，并用自己独特的方式记录下来，形成他最早的哲学思想。

然而即便是让罗素经常感到不舒服的祖母，事后罗素回想起来，也"越来越意识到，她在塑造我的人生观上所起的重要作用。她的无所畏惧，她的公益精神，她对习俗的蔑视以及她不盲从大多数人的意见似乎一直对我有所助益。"并且最重要的是罗素意识到"我认为值得我去效仿。"

和这些相比较，对罗素影响更大的可能是良好的科学环境。还在他幼年时和他一样害羞的罗洛叔叔便"总对我谈科学上的事情"。罗素写道："他的谈话大大地鼓舞起我对科学的兴趣。"而且即便是他最年轻的阿加莎姑姑，也在他六七岁时拉着他的手教他英国宪政史。"这的确使我非常感兴趣。"罗素后来回忆道。而我却对此不能不表示惊讶。

因为家庭的原因，使罗素在很小的时候便接受了很好的教育，他在回忆录里写道："现在我知道，教我们的有教养的女教师受过正规的福禄贝尔式的训练，而这在当时是令人惊异地先进。"这是他不到五岁时在幼稚园的一位老师，这个老师教会了他惊奇。在这种教育下罗素17岁便参加了剑桥大学的入学奖学金考试。也是在这里我看到了前面那篇文章中所提到的那段逸闻。罗素在评价他的叔叔罗洛时写道："（他）毕生因为病态的害羞而深受其害。"但这句话的前半部分同样适用于他，幸运的是罗素所选择从事的事业不需要其害羞为他付出太多的代价。关于罗素害羞的另一个更为极端的例子是他害羞的哲学家朋友麦克塔格特去拜访他，多年以后罗素这样写道："他太害羞以致不敢进来，而我也太害羞，没有让他进来。"我不知道这到底是害羞还是英国人绅士式的多礼，很难想象。但是这并不影响他的天才。他说他到二年级时已发现自己已经认识了大学中所有最聪明的人了，这让他感到失望的同时也增加了自信。在这里他通过和最优秀的人交往，在无论知识还是智识上都获得了长足的进步，以至于最后他评论道："剑桥对我的一生十分重要，它使我结识了许多朋友，给我思想交流的经验"。然而罗素又说："其真正的学院教育对我毫不重要。"在另外一个地方他又重申道："作为大学生，我相信那些指导教师是大学中完全不需要的一部分，我没有从讲课中得到什么好处。"罗素说的最"恶毒"的话恐怕尚不止于此，他后来又写道：

罗素何以成为罗素

"以后我花费许多年逐步去掉我在大学时养成的思想习惯。"但是他并不能因此而不感谢他的老师。

第一个发现罗素才能的人可能是怀特海，他不仅是他的老师也是他的朋友，尽管罗素仅获得了小额奖学金，但是怀特海告诉大家要"注意"他。怀特海还做了一件在我们看来可能不那么地道的事情，罗素说他事后得知，在奖学金考试中，还有一人得分比他高，但怀特海认为两人中罗素更有才干，因此他在考官会议前把分数烧掉，并介绍罗素优于其他考生。事实证明怀特海的眼光是正确的。在罗素38岁时他们共同完成了《数学原理》。

在罗素饱含激情地追叙他的富于智慧的朋友时，他也不忘对剑桥的老师和院长们以"鞭挞"。他写道："剑桥的老师们对我享受剑桥生活没有什么好处，院长简直就是萨克雷《势利小人》一书中的人物。"然而就是这样一位遭受他蔑视的院长，也知道在罗素获得数学优等考试一等第七名后给他发一封亲笔祝贺信，在这封祝贺信里他写道："……我们知道你的数学才能，可我们也知道你并没有全力以赴地钻研数学，而是把大部分心思用在其他可能更为重大的科目上。……现在我们对你只有愉快的祝贺，而不必担心你以前的数学成绩不佳。"尽管罗素可能对此信表示不屑，但这封信所表示出的温情还是让人感动。

罗素何以成为罗素，我除了指出他本身的天赋外，只能说他周身的环境，一切都在促使着他向天才的境界迈进。而罗素，这个在我看来4岁时最漂亮的男孩，其本身的努力也无愧于此。

阿加莎的拼图游戏

　　国庆节出游，坐火车，两天一夜，准备行李，最费思量的就是路上看的书。选来选去，最终还是捡了两本阿加莎·克里斯蒂的侦探小说放进了行囊。这是经验总结，再也没有比阿婆的侦探小说更适合漫长的旅途了。

　　我的用意是去时一本，回来一本，不料一趟就把两本全看完了。这不能怪我，只能怪阿加莎·克里斯蒂的小说太吸引人，一旦打开，就让人欲罢不能，不找出真凶决不肯善罢甘休。我是阿婆的拥趸，追根溯源可直到中学时代。那时无意中读到一本《罗杰疑案》，视它为天书，多年之后还记得故事情节。这本小说的厉害之处，在于凶手竟然就是作为叙述者的"我"。这个结尾真是让人意外到瞠目结舌的地步。有这样写侦探小说的吗？有吗?!

　　后来才知道这本最初出版于1926年的《罗杰疑案》正是作者的成名作。知道这本书的作者是大名鼎鼎的阿加莎·克里斯蒂后，我曾立志收齐她的全部作品，但在收了近30部后被迫放弃了，谁让她那么能写呢，她一生共写了80部侦探小说和故事集，还有19部剧作，另外还以玛丽·维斯特麦考特的笔名出版了六部小说，据说作品数量之丰仅次于莎士比亚。而且她是绝对的畅销书作家，著作被译成百余种文字，总销量超过20亿册。

　　阿加莎·克里斯蒂最大的成功是，她创造了两个不朽的侦探形象，一个是爱运用他那"小小的灰色脑细胞"的小个子比利时人波洛，一个是感觉敏锐、从不轻易相信人性的老处女马普尔小姐。恰好我带的这两本书两人各做了一次主角，《三幕悲剧》仍由波洛出马，而发生在乡下的《藏书室女尸之谜》，则就有劳熟悉乡下生活的马普尔小姐出面了。在《三幕悲剧》中，一开始就是一场酒会，各色人物纷纷出场亮相，然后凶杀案猝然发生——这是阿婆的惯用手法，在她的侦探小说里，凶杀案总是发生在一个相对封闭的场合，以便将凶手固定在一个有限的人群里。这可以说是她的特色，也可以说是她的局限。但是阿婆总是能找到一种新颖的写法，以使这部小说与她的其他小说区别开来。在《三幕悲剧》中，阿婆意外地让波洛退居到了次要的地位，案件的调查工作则由另外两名对侦破案件有着浓厚兴趣的人来承担。当然波洛绝对不是无足轻重的，调查得来的信息碎片，仍要通过他而不是别人的灰色脑细胞来整理，并且结果仍会让人大吃一惊。

我有时感觉阿加莎·克里斯蒂就是在玩拼图游戏，小说提供给读者的是一个个信息的碎片，波洛或者马普尔小姐做的工作只是把这些碎片放到他们应该放的位置，然后整幅图画就出来了，这个过程他们名之为"推理"。读侦探小说的最大乐趣就在于可以跟书中的侦探们一起推理破案，如果幸而猜中，自然不免得意，猜不中，也无须遗憾，反而更加佩服作者构思的精巧。阿婆小说的结尾总是"语不惊人死不休"，真正的凶手永远在你的视线之外。但是读了二三十部之后，也渐渐总结出一点规律，只要把注意力集中到那些看起来最不可能是凶手的人身上，猜中一两个凶手也就非难事了。但是推理呢？

没有推理，只有瞎猜。

闲时无聊读董桥

说来可笑，我读大学时不自量力，抱着哲学、历史用了几天功，书没读通，倒落下个偏头疼的病根。后遗症之一就是一读稍嫌艰涩、深奥点的书，就头疼欲裂，仿佛头上戴了个紧箍咒。于是自知此生没有做学问大家的福气，也就死了那条心，专读一些不那么费脑，看起来很轻松的书——比如董桥。

说起董桥，简直让人又爱又恨。爱的是他的精致，恨的也是他的精致。读惯粗糙文字的人，猛地一读他的文字，会有一种惊艳的感觉。董桥说"我扎扎实实用功了几十年，我正正直直生活了几十年，我计计较较衡量了每一个字，我没有辜负签上我的名字的每一篇文字"，这话并不是夸张，古剑就亲耳听董桥说过，他的每篇文章都至少修改过六七遍。但是他的文字也未免太精致了一点，就像过甜的点心，吃多了总难免会腻味。董桥有一本书，书名就叫"文字是肉做的"，还没展读，先就腻了。还好他没说是用肥肉做的。

所以他的书我总是读读放放，既没办法一口气读完，但也无法完全割舍。董桥的文章之所以吸引我，除了文字的精致，还在于它内容上的雅致。董桥自称是老派遗少，恋的是怀旧这一口，笔墨所及皆是旧书、旧画、旧玩意，弥漫其间的却是旧人情。落笔于物，着墨却在人，这是董桥的高明之处。笔致摇曳多姿，旧情朦朦胧胧，这又是董桥惯用的旧伎俩。我虽不懂旧书旧画，却爱呼吸它们散发出的灰尘味道，更何况出入其间的，往往还有文化名人的倩影——比如广西师大出版社新出的这本《青玉案》，从一些文章题目即可看出，比如"王世襄的狮子在我家""杨绛先生来了信"。董桥又极讲究书的装帧，每本书都精美得像件艺术品，可堪摩挲把玩。这本大陆版《青玉案》我认为已足够精美了，32开仿布纹精装，草绿色封面素淡得只有几个字，内页文字疏朗有致，24幅插图印刷精美，可是挑剔的董迷们仍然对它大加抨击，谁让他们作为参照的是几成经典的香港牛津版？牛津版的《青玉案》我没见过，但见过同一系列的《绝色》，一见之下即知他们为什么语间那么多不屑了。

《青玉案》是作为广西师大出版社"董桥文存"的一种问世的，与其一同问世的还有《记得》。在书前"总序"里，董桥谈到电子书，说"都说电子书快代替纸本书了，我不信"。我也不信！董桥的书即是一例，电子书制作技术再进步估计也难以做出纸质书一册在手的那种温馨感觉。董桥又说"我情愿一页一页读完一千部纸本书也不情愿指挥鼠标滑来滑去浏览一万本电子数据"，"荧屏上扫出一页页电子书我也试过，冰冷冷没有纸感没有纸香没有纸声，扫得出大学问扫不出小情趣"。这句话算是道出了董桥的本质！那些质疑董桥学问的人，并不真正懂得董桥，董桥虽然也向往钱锺书那样的大学问，但更心仪的却是小情趣。

董桥写过一篇文章，题目叫"中年是下午茶"，中年是不是下午茶我不知道，但对于我来讲，董桥的文章却是下午茶的茶点，要的不是充饥，而是一种美丽的点缀。靠在阳台的摇椅上，就着午后懒懒的暖阳，啜一口清茶，读一篇董桥，也未尝不是一件十分惬意的事。

激烈的认真

　　读叶兆言的《陈旧人物》，感受最深的还是五四那代人怎么就那么厉害，就像叶兆言在写到钱玄同时感叹的："回顾五四时代的人物，总忍不住感叹，怎么都那么厉害，通古博今，要什么有什么。"就连赌气，都能赌出那么大的成绩出来。叶兆言说当年刘半农之所以留法，就是气愤于《新青年》那帮人对他的"轻视"，因为他的"浅"连他的稿子都不肯用，于是捞了个"法国国家文学博士"的头衔回来。然而他是真出了成绩，在语音学的研究上，他恐怕是中国当仁不让的第一人。新诗人出身的闻一多研究古典文献，很大程度上也只是想让那些认为"仅仅会几句外文和劳什子新文学都是没有学问的表现"的老派教授明白："新派出身的人研究古典文献，不仅可能，而且会做得更出色。"果然，后来他对神话的研究，对《诗经》和"楚辞"的研究，对唐诗尤其是杜甫的研究，都达到了前人所未有的境界。朱自清先生对其评价很高，认为在古典文学研究领域，年龄相仿的专家学者少有能与其匹敌者。

　　但是研究这些名人，感触最深的还是他们的认真，不仅指做学问，还包括做人，有时甚至认真到让我们感到可笑的地步。比如朱自清先生，他待人一贯认真，对什么人都毕恭毕敬，甚至他刚上小学的小女儿给他送件衣服，接衣服时，他都会当着众人的面很认真地对女儿说"谢谢"。这恐怕不是一般人能做到的。

　　然而假如他们没有对人对事对学问的这般认真，怕也难有如此的成就。不过，如果这样的认真我们尚可接受，那么类似李叔同、蒋百里这样的，甚至可以用激烈来形容的认真，就不是我们所能想象的了。

李叔同在做老师的时候，一个同学偷了别人的东西，作为学监的夏丏尊很着急，向李叔同请教对策。李的答案是，学监先向学生认错，因为学生偷东西，是老师没有教育好。然后宣布偷东西的学生出来认错，如果学生不认错，老师将自杀谢罪。君子无戏言，话说得这么重，学生一定会出来认错。夏丏尊问万一学生不站出来认错怎么办，李叔同非常认真地说："那就应该自杀，怎么可以欺骗学生。"夏丏尊想到自己上有老，下有小，犹豫了一天，还是算了。

幸好如此，否则中国现代文学史说不定就少了一位重量级的人物，也就少了几分精彩。但也说不定，比如蒋百里。蒋百里是民国时期公认的军事天才，在日本士官学校读书时，以步兵科第一名毕业，天皇亲自赐刀作为奖励。在德国留学期间，德国军事学家《战略论》的作者卢麦将军，曾拍着蒋百里的肩膀说："拿破仑说过，东方将出现一位伟大的将军，这句话也许就应在你身上了。"然而就是这样一个天才式的人物，却几乎死在自己的认真上。29 岁时，蒋百里做了保定军官学校校长，就职演说中，他说，如果自己不称职，"当自杀以明责任"。半年后，蒋百里沉痛地向学生们宣布，因为北洋军阀的控制，无法实现建军报国的大志，看来不是学生没有努力，而是自己没能尽到校长的职责。于是说完，拔出手枪，对着自己的胸膛就是一枪。

看到这里，真是让我们这些苟且存活的人胆战心惊。不过，还好，当时的整个氛围都是认真的，如果放在"后现代主义"盛行的今天，这样的认真恐怕很快就会被解构成一场闹剧，从而难免让人感到灰心和无聊。

来自心灵的疼痛

—— 读曹征路的小说

一天深夜，一个朋友突然打来电话，为的就是告诉我有一篇小说一定要读一读。这件事让我很激动，倒不是因为这篇小说，而是在这样一个时代，居然还有人为了一篇小说半夜三更给我打电话。就算为了这件事本身，我也有责任把这篇小说找来看看，这篇小说就是《那儿》，作者曹征路。

曹征路何许人也？恕我耳背，竟然没有听说过。然而小说一口气读下来，却使我对他产生了极大的兴趣。从小说中得出的印象，这应当是一个30多岁的青年作家，不仅是因为小说中的"我"是一个年轻的报社记者，一个和"小舅"属于两个不同时代的新人类，而且是因为小说的语言和表现手法很"现代"。但是，我没有想到，网上搜索的结果却让我大吃一惊：曹征路，男，江苏阜宁人，1949年生于上海。这么说，曹征路已经是近60岁的人啦。60岁的人竟然还有这样的创造力，真让人惊骇。

这之后我又在网上看了他的《赶尸匠的子孙》，从朋友那里借到了他的小说集《那儿》（小说月报"新大陆丛书"之一，百花文艺出版社2005年7月出版），这里面收集了他全部发表于2000年之后的重要中篇小说，如《请好人举手》《那儿》《有个圈套叫成功》等。21世纪的头几年成了"老作家"曹征路的丰收年。

在网上，有人把曹征路的小说定位为"新左翼文学"，或者所谓的"普罗文学"，然而这也许只是评论家们为了研究的方便硬性贴上的标签，我从不相信一个优秀的作家会自己给自己套上概念的枷锁。因为除了批评家们据以划分概念的《那儿》之外，曹的小说涉及的社会面实际上极其广阔，如农村（《战友田大嘴的好官生涯》和《今夜流行疲惫美》）、高校（《大学诗》和《南方麻雀》）、官场（《贪污指南》）等等，在我看来，曹征路的小说更像"问题小说"，他只是以一个作家的良知和强烈的社会责任感对一个又一个社会问题进行拷问。他的拷问不只关涉人性，更关涉制度和民生。

阅读曹征路的小说，让人感触最深的是他的小说带给人的那种疼痛感，这种疼痛感不像《刑罚的历史》那样来自肉体，而是来自心灵。这种疼痛感也使其小说在我们这个不痛不痒的文学时代显得格外醒目和突兀，从而显得极为重要。之所以疼痛，一方面是他写到了我们这个时代的痛，如国企改革之痛（不是《生死抉择》中的那种阵痛，而是国家利益、集体利益在改革中的流失，工人们在改革中遭受的"背叛"之痛）、高校发展之痛（《大学诗》中为竞争博士点的闹剧，《南方麻雀》中权力对高校的污染）、农村民生之痛（制度的弊病导致的政府对农民的"掠夺"）、知识分子定位之痛（《今夜流行疲惫美》和《有个圈套叫成功》中知识分子的"帮闲"角色）等；另一方面是他小说中笼罩着的浓郁的悲剧色彩。鲁迅先生说所谓的悲剧就是把有价值的东西毁灭给人看，正因为有价值，所以毁灭的时候我们才会感到深深的刺痛。曹征路似乎深得其中三昧。在他的小说中，悲剧无处不在，如《那儿》中的小舅，这个带有理想主义色彩的英雄，当他发现自己已经无法代表工人，而且客观上已经"背叛"了工人阶级的时候，他选择了用空气锤把自己的头颅砸下来。如《大学诗》中的老马，这个在竞争博士点的闹剧中唯一保持清醒的人，当他发现自己无意中掉入了一场"阴谋"中时，他决绝地用剃刀剃掉了自己的卵蛋。而《战友田大嘴的好官生涯》中的好官田大嘴在他生命中的最后一刻还为了百姓好好地燃烧了一把。

当然，除了悲剧，与之对应的在曹征路的小说中还充满了滑稽和闹剧，如《赶尸匠的子孙》中老实八脚的任义本来只是想把自己的养母土葬，最后却变成了一个靠偷卖尸体起家的"乡镇企业家"，又如《贪污指南》中的肖建国，在双规期间不仅不老实交代自己的贪污行为，反倒指导起了办案人员如何办案。又如《大学诗》中的竞争博士点，完完全全就是一出闹剧。但是这些闹剧在让人因为荒诞而发笑的同时却又让人感到了苦涩，反倒更加重了整个故事的悲剧色彩。

我不敢说曹征路的小说能走多远，但至少在这个时代它必将有属于自己的地位，并将刺痛我们日益麻木的心灵，从而显现出现实主义文学的巨大魅力和价值。

农村人的政治寓言

——读阎连科小说《瑶沟人的梦》

那年我18岁，我在洛阳火车站当搬运工，就在年底的时候，父亲的一张电报把我召回了瑶沟，回到家我才知道原来是支书给队长透露说准备让我当大队秘书……

这就是阎连科中篇小说《瑶沟人的梦》的开始，它被我以另一种叙述方式予以了表达。随后的故事便围绕着能否以及如何争取到秘书这个职位展开。当我们看到对他们来说如此重要的一个职位，不过是打打水，扫扫地，发送一下文件的"伺候人的活"时，我们会不会哑然失笑？而同时我们的心底是否会掠过一丝丝苦涩？

这里其实讲的是一个关于农村人的政治寓言。在一个小小秘书的背后，隐藏的是对权力和利益的追逐。书中写得很明白，当秘书最终的目的是为了当支书，而当支书又是为了"浇地时要让咱队浇完再把水给让出去"。故事在这里分两条线进行，一条是队长和"我"；另外一条是星光和红社。在这两条线明暗展开的同时，我们看到了这种"政治意识"的普遍性。

同样，为了追逐这种所谓的集体利益，集体意志甚至不惜压迫个人意志，所以"我"才会在本来不想做秘书的情况下被迫屈服，并

听雨夜读

且在这种集体意志的强大压力下渐渐地认同了这种主张,坚定了必须当秘书的决心。为了"我"能当上秘书,队长、六叔以及全村的人都在自觉地做着牺牲,然而他们真的只是为了"我"吗?当"连科"失去了秘书的职位而得到了做正式工人的机会时,他首先感到了不安,他说:"我当工人走了,村人会骂我吗?"

尽管队长作了否定的回答,但是这样的回答并不能让人安心。在这里我们看到了个体的悲哀。阎连科深深地意会到了这种悲哀,但是他无法言说,也无法拒绝。

作为一个同样出生在中原农村的孩子,我深深地体味到了阎连科身上的这种焦虑和悲哀,我们因清醒而倍感痛苦。这种痛苦因眼见父辈们对权力的崇拜和渴望而加剧,当父亲因"我"要当一个大队秘书而感激涕零,并说"……咱阎家总算出了领导,对得起先祖列宗"时,我不知道他的心是怎样在流血。

我们无力苛责农村人对权力的这份崇拜和渴望,如果不是权力那么显而易见地支配着他们的生活,他们会表现出这么令人心酸的举动吗?

然而等我们取得了权力之后呢?我们是否会注意到民主和公平?还是不断地重复着这辛酸的历史?在这里我看到了农村民主现代化的重要性。然而,很显然,这是困难的,在我读完曹锦清先生《黄河边的中国》时我更加体味到这一点。

我们能靠什么?靠自己吗?连17岁的玉玲都在为一个秘书的职位备受精神的折磨,我们能期望什么?然而在这里,我发现一个亮点,"我"为什么宁愿继续去洛阳打工也不愿意当这个秘书呢?在这里我看到了农村民主现代化意识的萌芽。而这种萌芽,绝对不仅仅是源于"我"是村里唯一的高中生,恐怕还源于我走出了这片狭小的天地。那么随着今天农村出外打工的人越来越多,那么是否说明我们的历史将要改写呢?

这终究是一部关于农村人的政治寓言,在这个寓言里充满了似乎不可想象的荒诞,然而在这荒诞背后却是农民生活艰辛的影子,阎连科深深地意识到了这一点,所以在他的笔下,一切滑稽才被消解,变得凝重而苦涩。

农村人的政治寓言

文体家的阴影

　　我算不上真正的董（桥）迷，以我的理解，真正的董迷应是那种即便腰包干瘪，买起上百元的牛津版眉头都不皱一下的人。我不行，买一本都心疼得掉肉。但是对董桥我确实也有兴趣，港版的买不起，大陆版的拉拉杂杂也买了好几本，关于董桥的文章也写了两小篇——当然不全是好话。

　　我对董桥的整体感觉是，精致，但过于精致，就像精美的点心，虽然可口，但不宜多吃，多吃就腻味了。将之比拟为鸡肋，"食之无味，弃之可惜"。自觉评论得应算公允。

　　董桥自然不会同意我的评论，最近重读《这一代的事》，才知多年前董桥就写过一篇《书房即事》，作为对这种批评的回应。原话是："六朝诗文绘画皆不自然，却凄美之至；芙蓉出水虽自然，终非艺术，人工雕琢方为艺术；最高境界当是人工中见出自然，如法国妞儿貌似不装扮其实刻意装扮也。"又批评："时下新生代锐意不读书，一心想自然，无奈办不到何！"说得也是。但这种辩解并不能让人转变对其作品的感觉。董桥说"最高境界当是人工中见出自然"，或者他也尚未能达到这样的境界。

　　以上都是闲话。此文想说的是前几日读书，突然想到有人评论胡适的文章，说淡虽然淡了点，但毕竟有他的面目在里面，让你一读，即知这是胡适的文章，所以胡适可以称得上是"文体家"。读文而知作者即为文体家，如果真如此，则董桥也可以称得上是文体家了。

如此说，以前还小瞧了他！

文章而有体，在于精神，在于气韵，也在于用笔的习惯。熟悉了作者的调子，就难免受其影响。受影响并不要紧，怕的只是"画虎不成反类犬"，即使像，也是别人的面目，总算不上光彩的事。想起自己写董桥评论的经历，每次下笔，不由自主总想往董桥的调调上跑，知道跑不好，才勉强扯回。

近读杨小洲《夜雨书窗》，才知还有他例。杨小洲的笔下，真是一派董桥的旖旎风光！在《活该你迷她》一文开首，他即写道："二○○八年初这几场好雪最是诗魂清绝，冰封了江南秀色不算，寒山孤旅的远景正合几分宋人笔意，所谓'烟水灵空'之趣，是董桥文字里旧情婉约的境界，红梅消瘦，清丽惹人。乘这样的兴致从京城坐夜车抵楚地湖南一赏风雪满天的冷峻，雪夜围炉，盈掌一册袖珍小书《今朝风日好》佐伴一壶春意，端的风光无限。董桥文字从来总在声色迷离之间，情怀空谷秋霜绝俗，有自得其乐的清贵高雅……"

可怜见的，我这不读书的"新生代"有些地方竟然看不懂。

周泽雄曾写过一文《半仙笔法》，说"读中国文人的漂亮文章，有时，我会不明白他在说什么，同时觉得作者特眩"。杨小洲此文无疑应入此列。但周文举的例子却是董桥，引董桥文《河滨》结尾："是过去的事情了；是历史；是古尔登在两位老太太房子阁楼上发现的一堆尘封的《河滨杂志》。可是，灰尘封不住历史；历史是比勒尔（Augustine Birrell）说的'一大堆垃圾'（The great dust-heap called 'history'）。每年除夕，送走的也该不是垃圾才好：是曳地的长裙，隐入小巷尽头的花草丛中。"单看此段，确实有点摸不着头脑，但至少每句话还是明白的。

终于知道相对有些文章，董桥的文章确还是好的。也知道读"文体家"的文章时，要更加的警惕，否则就要掉进"文体家"们的阴影里。

文到至处是真情

读吴念真《这些人，那些事》的过程中，不听使唤地，总是鼻子一酸，眼眶一红，眼泪就流出来了。流到后来我自己都难为情了，我一直努力想把自己塑造成为一个硬汉，然而到后来，发现内心仍是那么柔弱。

这样的经历在我身上并不常见。经常是，看着一些刻意煽情的东西，我倒笑了，感觉是那么的造作、可笑。可是在吴念真的笔下，并无这些刻意煽情的东西，我却实实在在地被打动了。感动经常来得那么猝不及防。往往一个动作，一句话，甚至一个眼神，就将我打动，等醒悟过来，脸上已是一片泪花。

比如写母亲，吴念真写道："在他结婚那天，母亲非要杀猪公，行跪拜一百次大礼，还要搭台请乐队她自己亲自登台唱歌，因为她说当年在最绝望的时候，她曾经抱着我跪在床头哭着跟众神许愿，说如果这孩子可以平安长大，结婚那天她要跪拜天地以谢神恩……"又写道："像我这样的妈妈，如果也可以培养出一个大学毕业的孩子的话……我跪在路边跟四方神佛许愿说，他结婚那天，我一定要快乐地唱歌给大家听！于是在那一天妈妈穿着一辈子没穿过几次的旗袍和高跟鞋，坚持跪拜一百下以致最后几乎连站都站不起来……在简单的舞台上，以颤抖的声音唱着《旧皮箱的流浪儿》……"写到这里，我的眼泪不由又夺眶而出。

虽然催人泪下，我却不觉得吴念真是在煽情，或许是因为他写得真实。《这些人，那些事》是一本回忆性的散文集，有他自己的故事，也有别人的故事。根据吴念真在《自序》里的话，这些都是他平时讲给别人的故事，一遍又一遍，感动着别人也感动着自己，听过的朋友总是劝他说："写下来吧，当你有一天什么都不记得的时候，至少还有人会帮你记得这些人、那些事。"他也曾想过把它写下来，可总因各种事耽搁，直到有一天新闻界的好友张瑞昌找到他。说明这些故事在吴念真那里早已成型，并经过岁月的窖藏，不断发酵，只等着某一天喷薄而出。

　　吴念真作为一个曾经连续三年荣获联合报小说奖、五次荣获金马奖最佳编剧奖的名作家、名编剧，叙事、结构的能力确实一流。无论是他自己的故事，还是别人的故事，都讲得风生水起，而到最后，总能在情感上给你重重的一击，让前面的那些铺垫、那些淡淡的叙述一下子突然隐去，唯剩下感情的力量，仿佛其他的都不重要，重要的只有情感。吴念真曾经在 TVBS 主持"台湾念真情"节目三年，重要的似乎也是真情。在他的这本书中，感情最沉郁的是写弟弟的那篇《遗书》，因为情感上是那么矛盾，矛盾到让我们连眼泪都不知道该如何流。构思最巧妙的是写与昔日爱人相遇的《重逢》，带有点欧·亨利式的结尾却不掩情感上的力量，甚至加重了这种力量——这应该是《读者》这种杂志最喜欢的调调。写得最滑稽可笑的是《老山高丽足五两》，当恶作剧的矿工们发现阿溪的母亲是被他们的脚皮"高丽参"救活之后，不仅没有说破，而且谦卑地对阿溪说："阿溪，多准备一桌素菜吧，这一桌就算我们兄弟给你阿娘添寿的。"甚至自此以后"脚皮桌"成为规矩，打动我的是这些穷苦人的善良。最有戏剧性的是写一女二夫的《美满》，我简直有点怀疑这篇是不是吴念真编造出来的，因为其戏剧性简直可以直接当作一个电影剧本来演了，然而贯穿其中的仍是《悲情城市》那样沉郁的情感调子。

　　不管是写什么，我坚持认为，有真情是最重要的，情感应是文章的灵魂，如果只有华丽的辞藻、优美的行文，而无真挚的情感灌注其中，则势必难掩其苍白和贫乏，也就难以称得上是好文。吴念真的这本书或者可以给那些不知如何写好文章的人做一个很好的教材。

张爱玲的书评

张爱玲是才女，这是毋庸置疑的。她成名早，有人质疑，她就说出了她的名言，"出名要趁早"。这句话现在被一些少年作家当作了座右铭。想想的确也是无可指责的，既然她说"早到的成功容易让人快乐"。因为种种原因，她后来似乎淡出了大陆读者的视界，直到80年代才重新复苏。而这很大程度上归功于夏志清教授在《中国现代小说史》中对她的推崇，所以张爱玲视夏志清为知己。

我读到张爱玲的时候已是上个世纪末，正在读大学。但是在读她的书前似乎也并不了解这些情况。先是买了一本《张爱玲自绘插图小说经典——红玫瑰与白玫瑰》，经济日报出版社出版。读完之后大为惊服，就想再看她其余的作品。那时学校书店里有一套安徽文艺出版社出版的四卷本《张爱玲文集》，去看了，45元钱，竟然也不舍得。犹豫了很久，终于还是没买。但是心中颇以为是块心病，毕业以后，在书店再次见到，仍然未决。终于有一天，在一个书店以近七折的价格购回，心中之喜自不待言。

没想到两年后，张爱玲重新走俏，甚至连她的无情情人胡兰成也跟着沾了光，几本书卖得火热，让我也几乎一激动买上一本。在这个时候哈尔滨出版社推出了皇皇14册《张爱玲典藏全集》，封面装帧异常华丽，而价格并不贵，让人不由动心。我是一个理性的人，因为大部分作品已经有了，加上前不久又刚刚买了她的遗作《同学少年都不贱》，故并无多大的兴趣。其实说是没有兴趣，还是不舍得花钱，如果钱宽裕的话想来也并不在乎与以前买的文集是否重复。但是我对这套书中的《红楼梦魇》却极有兴趣。这本书本是先从图书馆里借来的，看着好看，就有了占有的欲望。图书馆里的书自然是不敢偷的，更何况偷了也要以预付的押金作为代价。就去各个书店里看了，让人愤怒的是，全集里本本都有，就是这本《红楼梦魇》脱销。连着打了多个电话，一样的结果，让人不由愤懑，想，厦门人怎么一晃全变成"红迷"了？

买不到《红楼梦魇》也成了一块心病，每次再去书店，就必先去全集处看看，依然没有，让人失望。那些剩余的书在我眼中就变得多余而刺眼了。没想到前两天去书店，竟然无意中而得到了，令我一时激动准备买两本存着，一本看，一本珍藏，让河马直斥我"神经"！因为用的是购书券，剩下的钱就搭上了另一本《张爱玲1952年以后作品（散文卷四）》。

因为后者薄，而且属于读起来不那么累人的散文，所以回家之后就先躺在床头读这本书，张爱玲的文字照例是聪明的，富有才气的，所以读的时候就不由心旷神怡，乐不可支了，甚至对河马说出了这样的话："如果你有张爱玲这样的才华，我就养着你，什么都不让你干！"河马就说："如果我有张爱玲那样的才华，我就不要你了！"这句话也并不让我郁闷。

书里精彩的太多，所以很难拿来一一与大家分享，最让我感到有趣的应当是这篇，《关于〈笑声泪痕〉》。看名字似乎属于书评一类。但是它是一篇特殊的书评，是对那盗用她名字出书的人的机智的嘲讽。文字很短，甚至连这么短的文字张爱玲可能都觉得长了，因为对这样的冒牌货本来是没有必要浪费这么多笔墨的。在开头张爱玲首先表明了态度，对于批评自己文字或者冒充自己名字的东西，她一般都"懒得看"，"倒不是怕看，是真的不感兴趣"。而对于有人冒名出书，则"仿佛值得自矜"，因为这"总是你的名字有号召力"。但是对于这本书，张爱玲则表示"根本不是这么回事"，因为从书末附的类似跋的文字可以看出"原作者也是受害人"。所以才有必要拿出来讲一讲。

张爱玲先推测了这本书可能产生的原因，又从小说的文字推出了作者的身份和籍贯，然后就是内容情节的简单复述。这些都是惯常要做的工作。奇的在后面。

情节复述完了，张爱玲不批评作者文字的糟糕和情节的拙劣，工作自我批评道："活该！谁叫你眼高手低，至于写不出东西来，让人家写出这样的东西算你的，也就有人相信，香港报上还登过书评。"张爱玲自然知道书评对一本书的作用，更何况是她这样有号召力和吸引力的名作家，所以在文末她不得不提醒大家"可千万不要给引起好奇心来，去买本来看看"，因为"薄薄一本，每章前后空白特多。奇文共欣赏，都已奉告，别无细节"。意思是说我都把你该知道想知道的都告诉你了，就不用再花费金钱精力买来看了。

原来张爱玲之所以不厌其烦地复述情节，为的就是这样！而千辛万苦写这么一篇书评，为的也不过是劝读者千万不要上当，这书不仅不是我写的，而且内容也不过如此，我已代你看过了，不用再看！呵，千古书评，无出其右！

但是这也难怪了现下有那么多人等着名人的批评！但是像这本书的作者这样倒霉的恐怕还属少数，因为她碰到的毕竟是"天生才华难自弃"的张爱玲！

写书评写到这种程度，夫复何求！

奇书奇论

奇书指的是《西游记》，奇论指的是"阴谋论"。

读过《西游记》的人大多会有个疑问，为什么大闹天宫时神勇无比的齐天大圣孙悟空在取经路上却变得那么孬孙，经常连他手下败将的坐骑都打不过。有两个解释，一是作品本身不够严谨，情节设计上有漏洞。如果不愿意承认这一点，那就只能相信另有解释。

"阴谋论"就是其中的一种解释。这种理论初读起来，简直可称得上是惊天地、泣鬼神，十足的骇人听闻！不信，试听一二：孙悟空是太上老君和"东天教主"（在小说中幻化为须菩提祖师和乌巢禅师）精心培养出来的捣乱分子，为的是篡夺玉皇大帝的皇位（穆鸿逸著《妖眼看西游》）；取经是如来佛的阴谋，为的是扩大佛教势力；孙悟空不是石头生的，是如来佛阴谋的一部分；唐僧不是金蝉子，黄眉怪才是真正的金蝉子；陈光蕊不是唐僧的亲生父亲，刘洪才是；如来佛对太上老君使了美人计，罗刹女是太上老君的小情人，红孩儿是太上老君的私生子；如来、观音挟持了托塔李天王的两个儿子，所以李天王带领天兵天将围剿悟空时才不肯出力（英熊北游著《天庭内幕》、吴闲云著《煮酒探西游》）。

够无厘头吧？光无厘头还不行，推论要让人信服才是关键。实事求是地讲，有些地方逻辑上还真能达到自满。比如说罗刹女何以是太上老君的小情人，阴谋论者就从罗刹女的武功（功夫差如何能有这等好差事，肯定有人罩着）、武器（罗刹女的芭蕉扇从哪里来的，和太上老君的芭蕉扇是什么关系，是不是太上老君给的）、罗刹女对牛魔王的态度（知道牛魔王包二奶还对他那么热情，肯定内心有愧）、火焰山的成因（跟太上老君有关）等方面一一做了分析，听上去还真是那么回事。

但是也有很多地方明显是牵强附会，比如说吴闲云分析何以刘洪才是唐僧的生父，理由之一是作为宰相之女，殷温娇没必要通过抛绣球的方式招亲，因而推断她此时已怀孕，急着找人顶黑锅（英熊北游分析是爱情受阻，要用这种方式把绣球抛给她的小厮情人）。却不知古代通俗小说里多有这样的情节设计，《说唐》里王世充的妹妹，贵为公主，不也是抛绣球抛中单雄信的吗？我们奇怪的不应是这种招亲方式，而是她们的手怎么都那么准。理由之二是从时间上推算，陈光蕊死时殷温娇最多怀孕 18 天，不可能知道自己怀孕，除非早已怀上。吴闲云是怎么推算的呢？书中写到，陈光蕊等"晓行夜宿，不觉已到洪江渡口"，据此认定这是一天。这真是天大的笑话，因为同是该回，殷丞相带御林军六万，也是"晓行夜宿"，不觉已到江州。难道从长安到江州也只用了一天吗？由此可知这种推算方式的荒谬。

即使同样的材料，不同的人，论断也不同，"太上老君阴谋说"和"如来佛祖阴谋说"就不用说了，即便同为"如来佛祖阴谋说"，英熊北游与吴闲云在具体论断上也多有不同，比如英熊北游认为猪八戒是玉皇大帝派到取经队伍中的卧底，沙和尚是如来的内线，四圣试禅心其目的是考验和警告唐僧，结果把唐僧折磨成了阳痿；吴闲云则认为猪八戒是玉皇大帝派来刺杀孙悟空的杀手，沙和尚搞了玉帝的老婆王母娘娘，四圣试禅心是为了给黎山老母们为自己搞一夜情制造机会。这简直是闭着眼睛瞎掰了。

事实上，小说中的漏洞越多，给人的猜想空间就越大，这就像数学中的数组排列。不肯承认这些漏洞纯属技术问题，要么不懂小说，要么只能说是"别有用心"。比如在《妖眼看西游》的最后一章，穆鸿逸就通过分析论证，认为《西游记》不过是一本"缝补痕迹宛然"的"拼缀书"，则书有漏洞就更应该很自然了，那么还有何阴谋可言呢？对这种前后的矛盾我只能理解为"哗众取宠"的需要。但是相对于那些满足于外围作战的研究者们，阴谋论者至少深入了作品本身，并且，顺着他们的视线，真的能看出小说在情节设计上的更多漏洞，这未尝不是一种贡献。

走近嘉庚建筑

　　厦门大学我曾多次去过，每次都对厦大校园的美丽赞叹不已，当然让我赞叹的也有厦大的建筑——只是认识很肤浅，仅限于浮光掠影式的观感而已。读了庄景辉教授的《厦门大学嘉庚建筑》，我才感觉开始真正对这些建筑有所认识了。

　　也许是因为作者并非建筑专家而是一个人文学者，他更多的是从史的角度入手，一部建筑史其实也就是一部厦大建校史，从中更可看出陈嘉庚先生的伟大人格。我很认同作者在书中的几个论断，比如在谈到陈嘉庚"节省实用"的建筑思想时，作者写道"但也不得不承认，归根结底，'财力'才是首要的考量"，（第110页）并不盲目为陈嘉庚唱赞歌，而是实事求是地道出陈嘉庚当时的窘境，这一点是很难得的。在谈到嘉庚建筑"穿西装戴斗笠"的建筑风貌时，作者又辩解道："为什么非要说她是一种矛盾、一种冲突而不是一种融合、一种共生呢？"作者能跳出狭隘的传统观念，确实需要一定的眼光和胸怀。

　　通读过全书后，我认为嘉庚建筑（姑且不论这个提法是否有问题）能够成为一种风貌建筑，一方面是陈嘉庚个人审美的产物，另一方面也是妥协的产物。说是陈嘉庚个人审美的产物，主要是指陈嘉庚的个人审美在建筑的形成过程中的作用，仅举一例即可说明，书中第43页提到，群贤、集美、同安三楼一开始并不是后来建成的样子，在屋顶用绿琉璃瓦按照中国古代建筑的式样来粉饰，是陈嘉庚先

听雨夜读

生在三楼已经开工建筑过程中专门从新加坡来信指示修改的，为此还对地基进行了重新加固。说嘉庚建筑是妥协的产物，主要是指资金方面的妥协，前举"节省实用"例即可明之。其实一开始陈嘉庚不接受美国建筑师墨菲的设计，也并非完全是因为设计得不好，也许最主要的原因还是资金不足和赶工期。虽然陈嘉庚是著名的橡胶大王，但在厦大建校过程中资金困难从始至终困扰着他。须知，陈嘉庚一开始就明言："此大学基本金八百万元，陈嘉庚负担四百万，其余则由南洋华侨捐助。"但是根据陈嘉庚先生的自传，他在南洋的三次募捐都失败了，最终还是他独自在支持。而在1926年后，由于世界经济衰退，陈嘉庚先生自己的生意也进入困境，连年亏损。但在这样困苦的情况下，他仍能坚持独立办校，确实让人感动。即使1937年被迫将学校无条件交给政府，也仍是为厦大的前途考虑。

陈嘉庚先生让人敬佩的第二点是，他在建校设计上的深谋远虑和具体操作过程中的务实。深谋远虑主要表现在为厦大选址上，从一开始，陈嘉庚就考虑到将来厦大要办成"生额万众"的高等学府，"百年树人基业伟大更不待言，故校界划定须费远虑"。（第32页）但在具体建筑过程中，考虑到资金的困难，陈嘉庚先生倒表现得格外务实，比如之所以不肯效"洋人之建法"将房子建得"极坚固可耐百世不坏"，是因为陈嘉庚坚信随着时代的发展，校舍一定会被更新的更科学的建筑形式所代替，因此能用三五十年就可以了。这不能不说也是一种远虑。在设计图书馆时，他在给林文庆校长的信中嘱托"现拟建之图书室，须按他日可作别项用。盖厦大如十年之后，须有正式之图书室，……目下不过渐作权用，五六年之后，移入正式楼，则此屋应作别用也。"（第107页）这既是远虑也是务实了。

陈嘉庚让人敬重的还有一点，他在南洋募捐时，往往以用捐款人的名字给建筑命名作为吸引，但仍归失败。难怪他在自传中慨叹："自开办已四年，余捐输开办等费百余万元，未有标余姓名一字。"（见《南侨回忆录》岳麓书社1998年8月版第18页）确实，陈嘉庚亲手监造的群贤楼群、建南楼群、芙蓉楼群等未有一楼以他自己的名字命名，倒是他募捐到的，以他的女婿李光前捐款建造的建南楼群、芙蓉楼群，在命名上都与李光前有关，甚至成义、成智二楼直接以李光前的两个儿子的名字命名。直到 2001 年 4 月厦大建校八十周年时，才在后辈人的手里出现了以他的名字命名的嘉庚楼群，这时距他离世已经整整 40 年了。你说面对这样的伟人，我又怎能不衷心敬佩呢？

　　也许陈嘉庚根本不需要这样一座以他的名字命名的大楼，他的姓名，包括他的生命早已跟厦大融为一体，不可分割了，厦大即是他，他就是厦大，不管他走了多久，他永远是厦大人心中的校主。

《读书》十年"起居注"

　　《读书》杂志自 1979 年 4 月创刊，迄今已逾 30 年矣。相信自命为知识分子的，没有不知道《读书》的。我虽不敢自称为知识分子，但附庸风雅，《读书》也曾断断续续买过不少，可惜我读的时候，已经是 1997 年之后，正是以"艰涩"被人诟病的汪晖主编时期，所以买来，真正能读完的不多。

　　《读书》的黄金时期，应该正是扬之水任编辑的那十年，即 1986 年至 1996 年。按老编辑吴彬的说法，80 年代中期，"刊物已经相对成熟，面貌、性格、文章的风格也基本确立，拥有了一支比较稳固的高质量作者队伍"，"然而至此时，《读书》作者群的主要力量还是以老学者、老文化人为主，但也差不多从此时开始，这一状况开始变化"，"被人津津乐道的'80 年代'是从 1985 年开始明显浮出水面"。到 90 年代中期，《读书》的面貌开始发生改变，"此时大家都正在尽力调整心态，《读书》试图换个角度重新去掂量和思考历史及现状"。1996 年，扬之水调离《读书》，沈昌文亦于同年退休，似乎预言着一个《读书》时代的结束。因而这本记录了《读书》黄金十年的日记甫出，就引起众多读书人的关注，不是没有道理的。

　　在后记里，扬之水将她这本日记称之为"《读书》十年起居注"，既是一种谦辞，也是一种客观的描述。鲁迅在《马上日记·豫序》里区分了两种日记，一种是写给读者看的，一种是留给自己"备忘"的。扬之水的日记明显属于后者，虽然在 1989 年 6 月 26 日的日记里她曾写道:"也许若干年后,我会写下关于《读书》的回忆录。"但在后记中她郑重声明:"不管人们是否相信,坦白说,我在记日记的时候并没有怀着日后发表的念头。"她的这种郑重似乎是为了表明日记的客观。而且为了保留日记的原貌,虽有删节,但"整理过程中,只有减法,绝无加法;极个别的字句之外,极少改动。"减掉的也是她自认与主题关系不大的关于读书生活的记录,因而我们可以将这本日记当成一本实录。

谢泳在《中国现代文学史研究法》里专门提到日记的文献作用:"在保存文献方面,日记有它特定的价值。因为日记一般不是为研究专录,所以它的文献价值通常具有第一手材料性质。"扬之水这本《<读书>十年》的价值首先也就表现在文献价值上。我相信即便是《读书》的作者,对《读书》的编辑、产生过程应该也是陌生的,更不用说普通读者。因而这本细到连吃什么菜都一一记录在案的"起居注"必定首先可以满足他们的好奇心。看了日记,我们必定也会像日记中记述的那些听说《读书》主要是四个姑娘干出来的人一样,"不胜惊讶"。

1987年5月17日记:"老沈一清早来送稿子,并以本期几篇稿子为题,向我大谈《读书》的办刊宗旨,反复强调:它是一份供中高级知识分子躺在床上阅读,并能从中有所获益的高级消遣品。"从这里我们或者可以知道,为何在沈昌文主政时《读书》的文风还是活泼的,但也可以看出,《读书》毕竟无法与政治摆脱干系。1987年1月2日记:"今天办公室的主要话题就是学生闹事问题。……摆在眼前的一个棘手的问题就是:已上第二期头条的梁治平的《自由二题》要不要下?几个头头在商量。"1月3日已决定下:"见到沈昌文,他告诉我:《自由二题》到底还是撤下来了。"

该书的文献价值,还体现在对一些学人,特别是老文化人的记录上。因为工作关系,扬之水必须要跟许多文化人接触,按她自己的话说是,"在《读书》认识的作者都是顶尖人物。这对于我来说是'师从众师'了"。对于老师,她自然恭敬有加,对老师的言行也是尽量详加记录。加上她文笔了得,即便是只言片语,往往也能透出笔下人物的精神来。其中最著者当称徐梵澄，即鲁迅笔下曾多次赞称有尼采风的徐诗荃。关于这位先生，扬之水曾专门抽出相关日记，与陆灏合编一书《梵澄先生》，以为纪念。其他年长的如冯亦代、金克木、王世襄，年轻的如周国平、赵越胜、王焱，也多有记载，读来如见其人，直可作其人其作的注脚。比如1987年5月16日记："杨丽华说，她发现周国平有一个特点：和朋友们在一起的时候，从来不谈学问。王焱对此解道：他是那种内省的，重主观体验的哲学家（姑且以'家'名之），并认为这种主观体验是无法言说，也不能言说的。"据说今日的文学"家"们在一起也是不屑谈文学的，是否也是同样的原因呢？1988年2月25日记："午间周国平来。前几日听王焱说起他今日检查出了冠心病，弄得心情很颓丧，以至于整个人生观都改变了；从此以后，当不抽烟，不喝酒，不交女朋友。这倒真不像是周国平了。"1988年3月1日记："周（国平）尝称赵（越胜）是一团意识，确乎如此。他酷爱音乐，家中唱片无算，哲学意识便源自音乐感受，而音乐感受又渗入的是哲学意识。他绝对忍受不了没有艺术的生活，因而工业文明（技术时代）的前景就显得格外可怕。"日前刚读过赵越胜的《燃灯者》，读此对其有更深一层理解。

然而写得最饱满的自然还是扬之水笔下的自己。扬之水，本名赵丽雅，曾用名赵永晖，古名物学家，中国社会科学院文学所研究员，著有《诗经名物新证》《终朝采蓝——古名物寻微》等书。扬是"奇女子"，卖过西瓜，开过卡车，身子虽小爬华山却不让群雄，年纪虽轻却古文根底深厚，写毛笔小楷可入能品（张中行语），读书又勤又快，一目直可二十行。难怪见过她的人都要赞赏不已了。沈昌文曾称其为"执拗的书迷"，为治其病，故意送其恶俗小说若干，以使其倒胃口，"也许因此你就断了到我这里找书的念头"。（1987年9月16日日记）可惜只能是妄想，既然称之为"执拗"的书迷，则决不会那么轻易放弃。张中行曾专门著文《赵丽雅》（收在《负暄三话》中），写其嗜书且"执拗"。关于嗜书，"每月入款，工资加稿酬，百分之七八十买书"。关于执拗："我却有时越俎代庖，想多管点闲事，劝她可以少买点。理由是：一，有些书用处不大，买了，要给它找藏身之地，不合算；二，有些书太贵，伤筋动骨，为它费力，发愁，更不合算；三，聚，也许是一乐，最终还有散的问题，越多越不好处理。这最后一个理由，她正在盛年，自然不会想到。至于前两个，我认为她是应该想想甚至采纳的，可是，仍是由于热度太高，她像是连想也没想。"因为嗜书，整本日记，几乎日日有购书读书记录，其读书之勤和快，连张中行先生也只能甘拜下风。王泗原先生合起来80多万字的两本书《古语文释例》和《楚辞校释》，她竟能一日读完，真是神人。

沈昌文曾给《读书》编辑部诸人下过一个三字断语，扬之水得到的是"勤永晖"，张中行也曾赞其"为人多能，且想到即干，在女子中为少见……"也许就是这个勤字，使其能够从一个初中生成为《读书》的编辑，并最终成为一名著作丰富的古名物专家。其1987年10月31日记"深恨自己才疏学浅，三十有三方悟学，正不知此生可有悟道之日否。"真不知扬之水今日翻到这页日记，会有何感想？

"不去会死" 还是 "不会去死"

很奇怪，我一直把这本书的书名错看成"不会去死"，而且也没有觉得哪里不妥，甚至这个经过我篡改的书名还深深打动了我：是啊，怕什么，即便是骑自行车环游世界，也没有想象中那么可怕，不会去死！

我之所以会错看得这么理所当然，事后反思，很可能跟我的怕死有关。我真的很怕死，特别是想到自己还很年轻，还有很多事情没有尝试过……"就这么死了，太可惜了吧？"我经常不由自主地会这样想。这样想的时候往往是准备冒险的时候。很久很久以前，我就梦想着有朝一日能环游世界，梦想着骑自行车去拉萨。可是随着身体里年轮一年年的增长，梦想依然仅仅是梦想。看着别人的梦想渐渐变成现实，痛苦撕咬着我的内心，我真的是羡慕、嫉妒、恨呀！而我之所以迟迟迈不出那实质性的一步，就是因为怕死，一个念头总是挥之不去："万一死在路上呢？"

现在好了，石田裕辅告诉我："不会去死！"我感到内心立刻强大了许多，梦想又开始在脑海里飞舞。几天前刚刚看过的电影《转山》又开始让我心潮澎湃、热泪盈眶。可是等我拿到书，看到一半的时候，才突然发现原来这本书的名字叫"不去会死"！哎呀，你不知道我当时的失望，怎么会起这样一个滥俗的名字呢？而且石田裕辅在书中也没有说不去就会死呀，他只是说不去他会更后悔，"后悔"和"会死"还是差别很大的嘛。

不过它这样说也没什么大错（除了滥情了点），石田裕辅一开始就很老实地坦白，他并非没有经过内心的痛苦挣扎，去，还是不去，这是个问题。但是经过权衡之后，他认为不去会更后悔，那么就去了。我说过，很多困难其实是想象出来的，在已经到了出发点阿拉斯加之后，强大的心理压力还是一度让石田裕辅无力迈出第一步，直到他上了路，感受到"清爽的微风轻抚肌肤"时，才由衷地赞叹"还是骑自行车最棒"，这时他的九万五千公里环球旅程才算真正开始。

　　可是，"不会去死"呢？仔细想想，这句话似乎也并不妥，因为旅途虽然愉快，危险毕竟也无处不在。石田在途中遇到的"诚司大哥"就埋在了西藏深山的大雪里，石田在秘鲁也遇到了抢匪，不仅抢走了他的几乎全部家当，贞操都差一点不保，在土耳其则差一点被当作库尔德游击队员被政府军击毙。更糟糕的是，被抢的经历在石田的心中留下了阴影，让他经常处于警惕、恐惧之中，这种心境，还怎么享受美景和快乐呢？

　　但是毕竟快乐还是主要的。石田从北美的阿拉斯加一直骑到南美的乌斯怀亚，从北欧的丹麦一直骑到非洲的南非，又从土耳其跨过欧亚大陆一直骑完丝绸之路，石田竟然骑了七年半才走完全程。这七年半的生活要是写起来该是如何纷繁绚丽呀，可是石田竟然仅仅写了这么一本小书，而且都是片段性质的，既没有攻略，也没有经验介绍。这是一本什么书嘛！想拿来作为导游图解的你可能会大失所望，但是我欣赏的恰恰就是他这一点，石田明白无法用一本小书容纳他所有的经历，于是就把重点放在了对生命的感悟上，一场"观光"之旅因此变成了一场精神的修炼之途。书中对寂寞、友情、生命的思考确实给人启发多多，比如诚司大哥的死让石田意识到生命的重要，不能因为自己的鲁莽而让父母和朋友承受哀痛，这也就让他在以后的旅途中更加谨慎小心。这一点恐怕对所有有志于冒险的朋友都有所启示吧！

关于"骗术"种种

现在骗子多，经常会收到中奖或者要求汇款的短信，莫名其妙手机也会响一声挂掉，留给你一个谜一样的背影，等着你回拨过去。因为知道这些骗局，所以一概置之不理，但是经常被骚扰，也难免不爽，比如说半夜突然被电话吵醒。一个同事有一个经典的段子，半夜接到骗子电话，第一句话就是："拜托，骗人也挑个时候好不好？"听了不由喷饭。

但是总还庆幸没有被骗过——其实也并非完全没有。刚上大学时，经常听说有人被骗，心中好奇，想知道骗子到底长什么样。真是想什么来什么，那年暑假返校时就让我碰到了。正在火车站候车室等车，突然有两个人站到我面前。我正在看书，只感觉一片乌云压来，抬头一看，是两个学生模样的人，一个看起来精明点，另一个很木讷。精明的看我很疑惑，忙拿出一个学生证给我看，原来是南开大学的学生，我立刻肃然起敬，因为刚上大学，我对大学生格外有亲切感，更何况还是南开的。我立刻跟他套近乎，问他谁谁谁知道吗？谁谁谁是我同村的，也在南开。精明点的立刻一脸茫然，想了片刻，解释说这个……那个……我很容易就相信了，那么多学生不认识也实在很正常。精明点的告诉我他们暑期跟老师去南方搞社会调研，在火车站走散了，想借点钱买火车票回学校。"到了学校一定立刻还你。"他急着向我保证。怕我不信，还非要拉我出去给他老师打个电话证明一下。我不想去，倒不是说我已相信了他的话，实在是怕麻烦。但他不由分说，还是拉我去了。电话里确实有人自称是他老师，说的话也跟这人说的一样，但这些对我并不重要。重要的是那个木讷的人，他一声不吭，充满了惶恐，使我甚至可怜了他。我说我身上只有五十块钱（其实行李包里还有几千块钱，但那是学费，我还没有傻到把学费也借给他的地步），那个精明点的立刻说五十也行。我的钱刚掏出来，他就迫不及待地抢过去了——这个动作让我很不爽，甚至开始有点后悔，想再问他要回来，但犹豫了一下，还是算了。拿到钱，他还没完，一定要我给他们写个地址，好把钱还给我。我不想写，只当是送给他们了，我并不期望他们能还我。但是他一直坚持，于是写了，写完倒是燃起一份希望，我想看看他们到底会不会还给我。

结果当然很失望。

其实这还不是我的第一次上当受骗经历，还是那个暑假，在回家的时候，也是在车站等车，不过是汽车站，突然有两个农村妇女模样的人，说要买汽车票回家，缺一块八毛钱，看我能否帮助她们。一块八毛钱算什么，我立刻就答应了，特别是看到她们，不由让我想起自己的母亲。然而口袋里最小的面额也是五块的，我犹豫了一下，很幼稚地对她们说，我没有零钱，这样吧，你们买完票把剩下的钱还给我。其实我当时这样做，也有试验的成分，想看看一个人如此善待她们，即便真是骗子，有没有可能被这种真诚打动。现在想来真是幼稚、可笑。她们显得有点吃惊，可能是从未想过会有这样的事，相互看了看，然后笑了，说你等着，千万不要走开。我没有走开，然而直到我要上车时，也未见她们买完车票回来。

这是我的经历。虽然听来可笑，但所幸被骗的数额都不大，而且有了这两次被骗的经历，倒增强了我抗诈骗的能力。现在看来，这种经历还是有益的，因为我的一个邻居明显就没有我这么"走运"。有一天他突然打电话给我，问我警察会不会在电话里做笔录？我说在电话里怎么做？做完笔录还得让你过目，签字摁指印确认，电话里怎么摁指印？问他什么事，不肯说。后来碰到他老婆，才知道原来他被骗了。有个人打电话给他，自称是省公安厅的，说他的账户被犯罪分子利用来洗钱，他也有犯罪嫌疑，为了摆脱他的犯罪嫌疑，保护他账户

听雨夜读

里的资金安全，"省厅的同志"给他在电话里做了份笔录，给他转了好几个电话，让他到附近柜员机上按照指示操作。这是个老掉牙的骗术了，报纸上也登过很多次类似的案例，我这个邻居又是个极其谨慎小心的人，不知他怎么就会上这个当。也可能是太小心了，一听说他有犯罪嫌疑就被吓傻了，据他老婆讲抱着电话两个多小时没敢放下，直到把账户里的三万多块钱全划给了骗子。结果是他老婆跟他大吵了一架，彻底剥夺了他掌管家里存款的权力。

类似这样的例子还有很多，有一天我在派出所，就亲眼看到一个老太太哭天喊地进来，后面跟着满脸晦气的儿子，一问，原来老太太积蓄了一辈子的存款，刚刚换了几个新出土的"金元宝"。这样的骗术报纸上也已多次报道，早不是新闻，不知为何这个退休前还是教师的老太太怎么就没看到。连阔如在出版于 20 世纪 30 年代的《江湖丛谈》（今有 2010 年 8 月中华书局版）里，曾感叹道："报界的人们得了这条被骗新闻，登在社会版上，阅报人们看见了，一传十，十传百，由新闻纸一宣传，阅报的人一哄嚷，社会上的人士都知道了，骗匪们再用这个方法去蒙骗人，恐怕不能成了。报纸上宣传的人人都知道了，他那骗人的法子就不中用了。由这一档子事考察，报纸的宣传力是最大的，只要将他们骗人的法子宣传出去，无论那法子多好，也不能再用的。"（308 页）现在看来也未必，虽然从整体上来说如此。

因为传媒发达，骗术"一招鲜"，被报道过就不灵验了，所以新骗术简直是层出不穷，让你防不胜防。记得"转账短信"诈骗刚出现时，就有很多人上当受骗，原因就是"没想到"。这种骗术也确实厉害，简单、纯粹，碰巧了就上当了。报纸上就报过这样一个案例，一个老板正在等着客户发转账账户过来，突然就接到一个，没多想，就把六十万转了过去。转完，没听到回应，打电话过去一问，原来对方没收到，再一查，才知被骗了。

这样的骗局被报出来之后，因此被骗的就少了，因为过分谨慎引发误会的笑话倒增加了不少。一个朋友就讲过这样一件事情，是他的朋友，有一天接到老板短信，让他转一万块钱过去，虽然号码的确是老板的，但他的朋友知道这样的骗局，寻思老板那样有钱的人，怎么可能会向他借钱？认定是骗子，就没有回，自然更没有汇钱。不久老板打电话过来，问："怎么钱还没汇过来？"才知道确实是老板一时急用给他发的短信。虽然过分谨慎会闹这样的笑话，但总比不谨慎因而被骗的好。

虽说因为媒体的曝光，迫使骗子催生了不少新骗术，但留意观察，会发现一些老套、传统的骗术并不因此绝迹，甚而仍旧屡屡得手，让人诧异。前文提到的老教师买"金元宝"是一例，各种各样的"碰瓷"又是一例。虽然形式往往有所翻新，但实质却一样。

"碰瓷"这个词本就历史悠久，连阔如在《江湖丛谈》第八章"坑蒙拐骗"中就专门提到碰瓷这种骗术，那是真正的碰瓷，手里拿两个瓶子，故意往人身上碰，然后"啪"地把瓶子扔地上摔碎，然后扯着人家要赔。现在还有农村妇女模样的人，手里抱个"旧"花瓶，一副慌里慌张的样子，突然就撞到一辆迟缓的汽车上，花瓶随即坠地，碎成一堆瓷片。农村妇女立刻号啕大哭，称正要卖祖传花瓶治病救人……然而这样的祖传花瓶，几百块钱就足以打发她乐呵呵地走了。前不久报纸上也有报道，一个碰瓷的看到车走近了，就一个龙腾虎跃，扑打在车身上，然后顺势躺倒在地板上……甚至连警车也不放过，他拍车倒地之后，警察从车窗探出头看看，然后吆喝他，喂，你干什么，车停着没开，你拍什么车屁股？那人看了看，忙站起来拍拍屁股上的土，溜了。

现在有时在街上还会看到有人摆地摊押宝赌博，行话叫"诈赌"，说是赌，其实是骗，因为对于摆摊的人来说，保赢不输。我一次坐大巴，路上司机师傅休息，把我们拉到路边一个小饭店。一个人就摆了一个摊，一块布，三个碗，一个泥蛋子，泥蛋子扣在一个碗下，然后三个碗转来转去，突然停住，让你猜泥蛋子到底在哪个碗里。大家都围着看，但没人下注，只有一个人热乎，左猜左没有，右猜右没有，一会儿就输得满头大汗。输了还要赌，众人都劝他，劝也不听，拉都拉不住。我到底也没弄清这个人是真的被骗，还是个"托儿"，但我看那个人不像托儿。还有摆棋局的，一般是一老头，面前摆一残局，神情淡然，就像等着鱼儿上钩的姜太公。懂的人就不会跟他玩，因为这些棋局都是棋谱里面演绎过千次万次只赢不输的经典棋局，你按照棋谱下，最多也就是和棋。我上中学时，下过几天象棋，不自量力，曾经玩过这种棋局，刚下几步就被人家赚去了五块钱。后来看《江湖丛谈》，才知道这些小把戏清末民初也早就大量存在。

还有丢包。我听我妈讲，我们村里有一个人，走在路上，突然看到一个包裹，她不动心，自行车都没下，继续往前走，后面一个人看到了，气喘吁吁追到她，说，地上一包钱，咱俩分了吧。她说，我不要。那人说，见面分一半。但她打死也不要。那人就没办法了。她猜着过会儿就会有人找过来，果不其然，过了一会就看到一个人回来找钱，跟那人接上头了。这是她不贪心，所以没有上骗子的当。我听的时候还以为现在才有这样的骗局呢，读了明人张应俞的《杜骗新书》（明张应俞著，孟昭连整理，鲁德才审订，百花文艺出版社 1992 年 7 月 1 版 1 印），才知道这样的骗局三四百年前就有了。

《杜骗新书》里谈到一个江西人，路上走着，捡到一包银子，前面一个人就回头对他说，见面分一半。江西人没办法，只好跟他分。两个人正分的时候，有个人就哭哭啼啼找来了，说自己丢了银子，有急用，求两人拾到好心还给他。前面的那人就装好人，说是他们拾到的，要把自己那一份还给失主，这个江西人没办法，只好也打开自己的箱子，把自己捡到那一份还给失主，不料就被两个骗子趁机把自己原有的银子也给调包拿走了。

当然有些骗术因为时代的变迁，在今日已经完全不适用了，比如《杜骗新书》里提到的"辟谷"骗术。虽然今天无人再借用所谓的"辟谷"来行骗，但冒充和尚尼姑"化缘"的仍有人在，因而说起来，仍是换汤不换药。

翻看古书，感觉今古在骗术上，其实最大的区别并不在于骗术的形式，而在于实施骗术的工具。古代实施骗术，囿于技术的限制，工具简单、传统，因而对象较为固定，靠的更多是智慧。今日因为网络、通信技术的发达，可以一次针对多人行骗，对象不确定，靠的不再是智慧，而更多的是运气。

举个例子即可看出古代骗子的智慧。《杜骗新书》里有这样一个故事，说是一个卖布的，对门养了一群鹅，鹅天天鼓噪乱叫，让他心烦。就说怎么没人把他的鹅偷掉呢？结果被一个人听到了。这人就来到他的店里，对他说，实不相瞒，我是小偷，我想偷你家对面那家人的鹅，但是一个人不行，得要你帮忙。这人一听，想，终于有人要偷他家的鹅了，就说行啊，怎么帮啊？这人说你躲到屋内，不要出来，我问可以拿去吗？你就高声说可以。我再问你一遍，我真拿去了，你就说拿去吧。然后听到没有鹅声了，就出来。这人一听，这很简单嘛，就答应了。刚躲进里屋，就听到那人在外面高叫我可以拿去吗？他就高声说可以。那人又说我真拿去了，他就说拿去吧。然后就没声息了。他躲了一会儿，想出来，但听听还有鹅的声音，就继续躲着，躲来躲去，还是有鹅的声音，终于忍不住了，就钻了出来，一看，布不见了。问别人谁偷了我的布？旁人说不是你借给别人的吗？他才知道被骗了，却又有苦说不出。

这个故事很有趣，让我不由想起马三立的单口相声《逗你玩》，这个骗子之聪明不亚于那个偷衣服的小偷。试想，今日哪里还有这么富于智慧的骗子？

《江湖丛谈》里也有一个故事，读来发人深省。说是清末浙江蒋巡抚为官清正，闻各府县官员多有贪赃枉法的，就遣人往各处严查，有数州府官员因贪赃被严惩。当时的绍兴府知府桂某曾多次受贿，心中害怕，多次派人外出查看有没有蒋巡抚派来暗查的人，不料果然有一日，来了几个操北京口音的外地人，四处打探桂知府可曾贪污受贿，桂知府害怕，趁他们外出，果然在他们的行李中查到蒋巡抚访牌一道，又有致山阴县令密函一封，俱道桂知府贪污受贿事。桂知府再不怀疑，立刻暗送该四人白银万两，以求脱罪。钱送出后，果然无事，后来有机会谒见蒋巡抚，探问此事，才知蒋巡抚从未差人去过绍兴，方知上当受骗。据连阔如讲，这种骗子，行话叫作"雁班子"，专门骗官员。领头的叫"掌穴的"，对其要求颇高，一要相貌好，二要谈吐好，三要博学多才，对于政界事要相当精通，四还要有口京片子。这哪里是今日那些 PS 点领导照片发个诈骗短信的骗子可比的。

　　百年前简单的骗术，在今日仍旧管用，说来让人难以相信，但又确实大量存在。其实细想，也不难理解，其一，没见过没听过，再古老的骗术也是全新的，所以不可不长见闻；其二，历史虽变，人性难变，贪念常存，难免被骗。认真研究一下那些骗术，不难发现不少都是利用了人的贪念。所以要防骗，不可不戒贪呀。

关于『骗术』种种

刘瑜对中国前途乐观的逻辑

相比《民主的细节》，刘瑜的新著《观念的水位》在内容上略显芜杂，除了代表其特色的时评、政论，还有书评、影评，给人的感觉像是《民主的细节》与《送你一颗子弹》的混合体。书共分五部分，每部分的名字简洁、明了，透着个性："观念·此处""观念·别处""书""电影"，还有一部分无法归类，就直接命名为"剩下的"。

尽管早有网友对刘瑜文章的"起承转合"进行了总结（并无揶揄之意），但是有《民主的细节》打底子，仍然让人对刘瑜的这本新著充满了期待。毕竟方法论可学，对问题认识的角度却不大容易学到，这除了需要一定的知识打底，还要有敏锐的眼光和开阔的眼界。刘瑜恰恰具备这些。一些读后觉得平常，读前却不一定清楚的论断在书中处处可见。比如：

"鉴定民意的真伪，标准不在于民众选择的那一刻是不是真诚，而在于他们形成意见时讨论是否自由、观念可否多元、信息是否充分。"（《民意与伪民意》）

"相信时间，就意味着相信除了千千万万人日积月累的努力，历史没有进步的捷径。对于渴望一夜之间得到解放的人们，这可真令人扫兴。"（《给理想一点时间》）

"一个人'看到'一个事物并不等于他能'看见'它，人们往往需要穿过重重固有的意识形态才能看见自己所能看到的东西。"（《不知道与宁可不知道》）

听雨夜读

"愤怒之所以令人上瘾，大约是因为愤怒是通向正义感的捷径。"（《迷人的愤怒》）

"标签的意义就在于屏蔽而不是展开思考。"（《标签战》）

其实刘瑜在序言里已经提到，她不认为一个人可以告诉他人他们所不知道的观念，"事实是他只能告诉他人他们不知道自己知道的观念"。这话听来拗口，其实道理很简单，也就是启蒙。在刘瑜看来启蒙与其说是教育，不如说是对被蒙蔽理性的擦拭。所以你读了这本书，千万不要不屑地说，这没什么嘛，这道理我也懂。很有可能你之所以懂了就是因为刘瑜刚刚擦掉了长期蒙蔽你眼睛的尘垢。

会让你产生这种误解的或许还有刘瑜的文风。刘瑜的文字干净、简洁、有力，又不失幽默，这样的文字最容易让人误会为"浅"。什么是深刻，在《贵族范儿》一文中，刘瑜揶揄了那些故弄玄虚的假深刻，一针见血地指出："在我眼里只有两种思考者：一种是思考真问题的，一种是思考伪问题的。坚持思考真问题，并坚持问题的答案不在其标新立异、而在于其合情合理，这就是我眼中的深刻。或者说，在必要的时候坚持简单即深刻。"

这话简直是胡适的翻版。读刘瑜的文章，我经常会想到胡适，后来看到刘瑜说中国近当代知识分子里她最喜爱的还是胡适和顾准时，就明白了她这种简单即深刻的思想来源。

这本书给人最大启迪的还在于她对中国前途的乐观。读刘瑜的书，其实总不免让人悲观，特别是中外对照，现实催人泪下，但刘瑜却说"尽管有如此之多的理由悲观，我仍然对中国——更重要的是，对中国人——的未来感到乐观。"其逻辑是人人追求快乐，而选择的权利——自由——是快乐的前提，同时，权力制衡又是自由的前提。追求快乐的本性使每个人都成为潜在的革命者。"一个远离快乐的制度也许可以依靠信息控制维持很久，但在信息控制越来越不可能的世界，一条缝隙渐渐变成一扇门"。（《自序·春天里》）

这种乐观在书中随处可见，让人能感觉得到刘瑜的真诚，比如她提到一个为"大鸣大放大字报"唱赞歌的学者，在遭遇网络语言暴力攻击后，也会愤慨和痛苦，"这些人对抽象的普遍权利颇有微词，却在自己具体的个人权利被侵害时表现得愤愤不平——我觉得，这种'愤愤不平'就是我保持隐隐乐观的理由"。(《他也可以是我》)

我真不知道该不该相信她。

书写中国农民精神生活的大书

　　《一句顶一万句》应该算是《手机》的姊妹篇，虽然从来没有见过这样的说法。同样关注说话，《手机》关注的是说话的方式，换句话说就是信息传递的媒介；而《一句顶一万句》则更上一层楼，从形式上升到内容，它关注的是说什么。

　　说什么我觉得比怎么说更重要，一个属于精神范畴，一个属于物质范畴。刘震云在《一句顶一万句》中放弃了对农民物质生活的关注，他更关心他们精神上的需求，比如对于上篇里的杨百顺来说，吃穿虽然重要，但他更在意的是能不能听到罗长礼的叫丧。罗长礼的叫丧让他魂牵梦绕了一辈子，实际上也影响了他一生的走向，即使在最后家破人亡，逃离河南去陕西的火车上，当别人问他叫什么时，他告诉别人的名字竟然是"罗长礼"。他终于通过这种方式把自己和自己的偶像联系在了一起，并在精神上获得了满足。

　　其实，最能表现小说主题的还不是作为主角的杨百顺，而是杨百顺的弟弟杨百利。刘震云用了一句河南方言来表达两个人说话是否投机，就是"说得着还是说不着"。说得着，肝胆相照；说不着，一句话嫌多。这也就是小说题目"一句顶一万句"的来处。小说题目虽然不够雅致，但却准确、传神。小说中杨百利因为和同学牛国兴都爱"喷空"（即侃大山），对上了胃口，就整日厮混在一起，后因故闹翻，杨百利又遇到了说得着的外地采办老万，直接就卷铺盖离开牛国兴跟老万走了，为的就是一个"说得着"。说得着说不着的魔力就这样大。下篇中牛爱国遇到烦心事，为了能跟说得着的战友掏掏心，也是一走上千里，不计成本代价，为的还是那个"说得着"。

一个人在世上能找到一个说得着的人其实并不容易，正因其不易，所以更加可贵。亲人虽亲，却不一定有话可讲；路上邂逅的陌生人，说不定反倒成了知心人。世间事大多如此。男女之间的事情同样如此，杨百顺看到自己的老婆跟别的男人跑了，倒是生出理解，想自己女人肯放下一切跟别人跑，那肯定也是跟那人说得着了。想到自己的女人跟自己倒没什么话好讲，不由一阵悲哀。牛爱国如出一辙。

刘震云能从普通的说话入手，挖掘其深刻的社会内涵，并"白话"出这么一大篇小说，真是不能不让人佩服。据说刘震云在北大中文系读书时，就被同学们目为"大师"，他们为什么这样称呼他我不清楚，但是读刘震云的小说，确实给人一种极富智慧的感觉。无论是他早期的中短篇，还是他后来的鸿篇巨制，虽然着眼不大，但总给人一种四两拨千斤之感，并不会感觉其小，反而感觉其大。他的语言走的也不是惯常的路子，不追求雅致和精美，而是类似古代的评书，用语极其俚俗，但并不会让人产生轻视之感，反倒容易让人读出一种大气来。这都是刘震云的独特、可贵之处。

刘震云还有一点让我倍感亲切，他的小说往往把背景放在他的河南老家延津。即如这本《一句顶一万句》，上篇篇名为"出延津记"，下篇篇名为"回延津记"，一出一回，延津成了精神的原乡。看地图，延津在开封和新乡之间，离我老家并不远。书中提到的风物、使用的俗语我都熟悉，这样他的小说我读起来就更觉有味，甚至不时会出声用家乡话念出来。只是可惜，不懂河南话的读者就难以体会到这深一层的趣味了。不过，据说刘震云在读者见面会上，会用河南话读他的小说，那些心怀遗憾的朋友真应该找机会去听听。

听雨夜读

作为行为艺术的古书收藏

《古书之美》装帧很漂亮，让人一见倾心，但是我仍犹豫着是否要买。原因很简单，这并非一本真正意义上的书。之所以这样说，缘于安妮宝贝主编的《大方》杂志。《大方》以书代刊，只出了两期就被叫停，第一期是创刊号，第二期就变成了终刊号，倒也有点意思。我在网上看到第三期的内容其实已经准备好了，就是要做古书专题。作为一个书迷，我自然很期待，可惜杂志没有出来。因而当我看到这本安妮宝贝和藏书家韦力联合署名的《古书之美》，第一反应就是杂志做不成了，就做成了书。事实上确实如此。

杂志的内容做成书，本也没什么大不了，但换了个形式，价格却翻了一倍多，未免让人不爽。而且看目录，共分三部分，第二、三部分是古书收藏的常识介绍，像是为了补充第一部分"访问记"的篇幅不足而故意凑成的，虽然说来也是一种必要的补充，但这部分知识对我来说却并无太大吸引力，因为类似书籍我已收藏数本。我真正感兴趣的是第一部分，而与其说是对古书收藏感兴趣，不如说是对韦力这个人感兴趣。

喜欢藏书的，恐怕很少不知道韦力的。根据书中介绍，韦力每年花在古书收藏上的钱不下600万，其专门在京购置两套房子打通用来藏书。介绍资料里说他是"中国民间收藏古籍善本最多的人。在他的藏书体系中，收藏有8000余部、7万余册古籍善本，其中宋元及以前刊本、写本50余件、200余册，宋元递修本和宋元明递修本近

20 部、300 余册，明刊本 1200 余部、1 万余册，名家批校本及抄校稿本 800 余部，活字本 600 余部，碑帖 1700 余部。"安妮宝贝向韦力求证，不上电视不接受访谈，一贯低调的韦力却说也许应该更超过一些。韦力求书上的高调和做人上的低调使其显得颇为神秘，这个访问记对于想了解他的人来说，无疑很有吸引力。

我就是因为这个原因最终还是买下了这本书。读完却生出一丝感慨，虽然韦力始终在宣讲古书收藏的好处，甚至为了收藏古书，其完全忽略了现实生活，变成了一个他自己所说的"无趣"的人，但是他多次在书中提到，古书收藏在他眼中成了一个行为艺术。这话带有苍凉的味道。一般来讲，行为艺术除了给人以美的享受外，更多的在于唤醒，那么韦力想唤醒什么呢？通过这种"表演"引起我们对古书之美的关注？提醒我们不要忘了这一重要的文化遗产？还是单纯表现一种绝望？

韦力自己也清醒地认识到，1949 年之后私人藏书大都归了公藏，私人藏书基本完结，中国人的藏书历史因而产生了隔断。虽然 20 世纪 80 年代以来，新一代的藏书家开始兴起，但这只是形式上表现出的一脉相承，今天的藏书家跟古代乃至近代已不是一回事。即便作为民间藏书最富的韦力自己，想接上 1949 年以前那个时代，也因财薄力微而感觉力不从心。

韦力一年花 600 万元买书，仍然自觉财薄力微，其他人可想而知。特别在今天，古书收藏已变成一件极其奢侈的事，一般的古书也动辄上万，甚至数十万、百万，远非一般工薪阶层所敢奢望。旧时文人文章里谈到一元或几元买一本明清旧椠，在今日已如远古遗梦，遥不可闻。韦力自己也承认，现如今想在古籍收藏上"捡漏"已不可能，要买好书只能上拍卖场。而拍卖场比的除了眼力，就是财力。

那么我们看这样的书，也就只能是艳羡、过过干瘾而已。

于无声处听惊雷

——读陆键东《陈寅恪的最后 20 年》

对于我来讲，陆键东的《陈寅恪的最后 20 年》晚读了至少 15 年，还在 20 世纪末我读大学时，这本书就风行一时，可惜等到我想读时，却难觅踪迹了。工作后在孔夫子上见卖过，已是 80 元一本，正准备付款，却被告知系复印本，遂作罢，由此可知其洛阳纸贵之一斑。幸喜现在出了修订本，终于得偿所望。读完，却不如预想中的好，这或者是期望值太高的缘故吧。

这本书厚达 500 多页，35 万字，读完感觉其实完全可以删减至少一半，读黄裳等文，早知陆此书滥于抒情，读了果然。后来想到，陈寅恪也喜欢在书中发表议论，作者或者是学陈乎？

世人知道陈寅恪，往往惊奇于其懂 20 多种外语，记忆力超强，对于其著作或思想反倒了了。以我观之，陈寅恪的价值倒在于其史学之眼光与独立之精神，前者如其研究柳如是，世人多惊憾于其在一个妓女身上花费如此多之笔墨，博学如钱锺书者也曾讥讽陈寅恪把精力浪费在杨贵妃入宫前是否是处女身上，以为其无聊，幸而吴宓在日记里留下这样一段话，可为陈寅恪剖白心迹："总之，寅恪之研究'红妆'之身世与著作，盖借此以察出当时政治（夷夏）、道德（气节）之真实情况，盖有深素存焉，绝非清闲、风流之行事……"这是吴宓在 1961 年 9 月 1 日与陈寅恪倾谈后的实录，一来剖白心迹，一来似乎也是在为自己辩解。但由此可让我们对其治学之思路有所了解。后者最注者自然是其在《王观堂纪念碑》中的那段铿锵有力的话："唯此独立之精神，自由之思想，历千万祀与天壤而同久，共三光而永光。"正是以此，他在1953年底答复科学院拒绝北上的信中才会明确提出"允许中古史研究所不宗奉马列主义，并不学政治"这样在当时骇人惊俗的条件，而其逻辑其实极其简单，即"我认为不能先存马列主义的见解，再研究学术，我要请的人，要带的徒弟都要有自由思想、独立精神"。

正是有此思想，陈寅恪才会在最后那20年如此落寞。但客观说来，比起其他知识分子，陈的遭际还不算太坏，因为有上层的指示，特别是陶铸的保护，陈的生活一度甚至还算好的。这也就是后来"文革"兴起中山大学后勤部门会先起而批斗陈寅恪的缘故。一般的人实在无法理解陈寅恪这样一个"废人"，为何要享受比工人阶级好得多的待遇，不仅那时，现在恐怕仍是如此。知识分子的价值恐怕只有见识高远的人才能看得到，陈寅恪在《杨树达积微居小学金石论丛续稿序》中的一段话，说的虽然是杨树达，但也可作为其剖白心迹之言："……独先生讲授于南北诸学校，寂寞勤苦，逾三十年，不少间辍。持短笔，照孤灯，先后著书高数尺，传诵于海内外学术之林，始终未尝一藉时会毫末之助，自至于立言不朽之域。与彼假手功名，因得表见者，肥瘠荣悴，固不相同，而孰难孰易，孰得孰失，天下后世当有能辨之者。"虽是问句，倾向立判。

陈寅恪中年盲目，晚年膑足，让人为之叹息不已，但是是非祸福，确实难以预料。设想如陈寅恪未盲目，虽然可以更加自如地著书立说，但政治必然难以放过他，能否安静地写完皇皇80万言之《柳如是别传》，尚不敢肯定。但可以肯定的是，如来盲目，陈受政治冲击的力度绝对要大得多。如此来讲，中年盲目，反倒对其是件幸事。

我们说陈寅恪比起其他知识分子，"文革"前的遭际还不算太坏，但整本书读来，仍让人为之心痛。特别是陈晚年，高音喇叭围着其住宅对其狂轰滥炸，大字报几乎贴在床头，对于一个膑足盲目老人，这该是何等让人心惊。难怪梁宗岱夫人甘少苏会在《宗岱与和》

一书中说陈寅恪是被高音喇叭活活吓死的。

陈寅恪是否是被高音喇叭吓死的，虽不可知，但其"一听见喇叭里喊他的名字，就浑身发抖，尿湿裤子"，经历过那个时代的人恐怕不难体会。

遭际算好的陈寅恪这最后 20 年让人看完仍心生感叹，可知其他。读索尔仁尼琴《伊凡·杰尼索维奇的一天》，索尔仁尼琴描绘的这一天在伊凡的生活中已经算较好的一天了，读了却给人更深的震撼。《陈寅恪的最后 20 年》在这一点上应该有异曲同工之妙吧。

谁是谁的熟人

在《你是我公元前的熟人》篇末，须一瓜借从来不和别人讨论人生问题的羊又讲道："谁是我的熟人？我又能做谁的熟人呢？"在前面她又写道："也许有许多她最熟悉、最向往的心灵，明明向她走来的时候，她却正好弯腰系鞋带去了。一辈子都错过了，一千年也碰不上，逢生面死，永远的擦肩而过。"那么这篇小说讲的真是熟人的问题吗？她是想感慨什么吗？比如说错过？一个生命将息的人突然意识到了失去的可贵？

然而须一瓜又在下面写道，"其实，羊又也习惯了，所以她总是懒洋洋"，"羊又甚至想，熟悉的人，比如那个叫奥吉的人，也许接触没多久，你就会发现他其实很让你陌生。你只是短时间误会了"。同理，"别人也在误会你，以为你羊又是他在娘胎里就渴望的熟人，实际上你压根儿就不是"。在这里，须一瓜又将她刚刚建构起来的想法给消解了。她使我们意识到所谓的熟人在很大程度上是一个"误会"！正如羊又对所谓的奥吉。

那么究竟谁是谁的熟人？

这篇小说结构很简单，也很完整，一个似乎对什么都不那么在乎的年轻女人羊又，突然被告知患了晚期鼻癌，但是她并不以为然。她告诉那个一直叹气的医生："我不那么难过，你为什么一直叹气呢？"她在医院门口停留的时候被一个穿着黑 T 恤的年轻人拍了一下，他叫她奥吉，然而很快他就发现他看错了。但是她觉得他像她的一个熟人，谁呢？她想不起来，但是她觉得他像。越觉越像，于是她开始寻找他，她甚至给自己改了名字，就叫奥吉。但是她很快就发现她已经忘了他的长相，在寻找的过程中她曾经发现一个送老太太过马路的男子很像那个黑 T 恤，但是她很快否决了。在饭店吃饭时她又见到一个很干净的男人，他也像黑 T 恤，这使她对他心存好感。但是后来的发展完全出乎了她的意料。最后她终于放弃了，在晚上她做了一个梦，在梦中她又见到了黑 T 恤。

在这个有关寻找的故事里穿插着对她过去的交代，这样的交代使人物丰满和立体，也使小说显得饱满，这没有什么使人惊奇的地方。而以寻找作为小说的结构和线索也不能说有什么出人意料的地方，甚至在某种程度上，它使我误以为寻找在这里只是起到一个结构和线索的作用，也就是说这只是她跟我们开的一个玩笑，她虚拟一个什么熟人的东西，让我们像走迷宫一样地追随着她去找，而其实根本没有这个人，这是她的一时兴起，是她为了结构的需要而随手捏造的。她的中心其实是想表现羊又的生活，一个患鼻癌的女人的精神臆想。

但是显然这样的假设是不成立的，这使我无法解释她为什么花那么多的笔墨用在寻找上，也无法理解她为什么写这篇小说。那么她到底是想表现什么？

真的是关于熟人的那个结论吗？所谓的熟人其实是一个误会？也许。小说曾多次着意于羊又在寻找奥吉的过程中的代价，比如羊又把1000 元钱拍在计费器上，羊又追上公交车时"没按紧的几百元票子飞了起来"，但是"羊又还是窜上了快开的车"。这种描写让我们这些为生计奔波的人感到心疼，然而作者正是想让我们心疼，她想通过羊又对钱的不在乎表现她对她要寻找的熟人的重视。然后她又安排了一场虚拟的会面使羊感到绝望。当羊又发现她误认为的熟人竟然是那样一个人时，她的心抽紧了，她感到了极大的失望。在这里出现的是一个极大的反差，但是须一瓜并不直接把它作用于黑 T 恤身上，然而却起到了相同的，甚至更高一筹的效果。我不能不说这个处理是高明的。

那么到底谁是我的熟人？

在篇尾我们似乎找到了答案，失望而归的羊又在夜里做了一个梦，批评记者死神一样地看着黑 T 恤，说，好了，你的时辰到了。黑 T 恤涎着脸皮笑，除了死，你还能要我怎样？

这是什么意思？

难道羊又所要寻找的黑 T 恤实际上就是她自己？但是除了这样的理解，我实在找不到其他更合适的解释！然而就在这里小说得到了圆满。那么这篇小说其实就是一篇寻找自我的小说。

听雨夜读

艰难的救赎之路

——读须一瓜长篇小说《太阳黑子》

我喜欢须一瓜的小说，尽管读多了，难免也会感到有一种模式存在，但这种模式是最不像模式的那种模式，她对人性的探索永远让人叹为观止。《太阳黑子》我是一口气读完的，掩卷之余，我在惊奇，是什么让它对我有如此大的吸引力，以至于我能一口气读完呢？

也许是作者故意设置的悬念，三个神神秘秘的单身男人，既冷酷又温情，他们到底是什么人？这也许够得上理由，但不完全是，因为这个悬念实在不够悬，不用看到最后，甚至不用看到中间，稍微有点分析能力的人都知道他们会是什么人。

须一瓜是聪明人，她应该很清楚这一点，所以她不可能幼稚到完全依靠这个悬念来吸引读者。我甚至猜想，须一瓜从一开始就不惮于读者猜到结果，虽然她依然需要这个悬念把故事讲下去。

这其实是个不算复杂的故事，三个男人，因为少年时的一次偶然犯罪，被迫踏上逃亡之旅。他们的逃亡本领说来实在不算高明，首先他们逃得并不远，逃命之地离发案之地近到一个警察的工作调动，就能够让他们重新回到犯罪现场。其次，他们并不善于隐藏，尽管他们都选择了看起来很底层的工作。总之，这三个隐藏了十几年的杀人凶犯实在是没有道理隐藏这么久，还好须一瓜给他们找到了一个，公安机关内部出现了认识上的分歧，就是这个分歧，给了三个逃犯苟延存活的机会，也为小说的展开提供了足够的空间。

须一瓜让三个人幸运地逃脱，不知对他们来讲，究竟是幸运还是不幸。本书想探讨的或者就在此。从世俗的角度来看，活着当然是最好的，但是对于三个偶然犯罪的人来讲，这漫长的逃亡之旅却让他们疲惫不堪，以至于到最后，他们即便知道还有逃亡的机会也不肯再逃下去。当面临"行刑队"的时候，三个一直紧绷着脸，内心充满紧张的人，脸上却难得地露出了轻松的微笑。按照他们自己的话说，德谟克利特之剑终于掉了下来，楼上的另外一只鞋子也终于了落下来，他们终于可以安心地睡个大觉了。因而，从这个角度来讲，逃亡的时间越长，对他们来讲，越是一种难以忍受的精神折磨。

生活就是这样充满了悖论。

生活中还有这样的悖论，临刑前，杨自道让伊谷夏帮自己还为了救陈杨辛而昧下的法官常胜的 8000 块钱，伊谷夏打听来的消息却是常胜因为受贿正在监狱服刑。接下去，书中写道："杨自道想了想，说，如果常胜也和我们一样，杀过人，有着不能摆脱的罪孽感，他就会想偿还点什么，也许，他就会是个好法官。"原因是"有罪和无罪感，可能决定了两种活法"。这听起来像是基督教、天主教的口气，但也许的确有一定的道理。

本书所要讲的，恐怕就是这样一个主题，用一句话来讲，就是"负罪感的人生"，用一个词来总结，就是西方文学中最喜欢表现的那个主题——救赎。

这是一本关于救赎的书。

正是因为救赎，杨自道才会那么热情地助人，辛小丰才会那么不遗余力地玩命抓坏蛋，陈比觉们才会那么真诚无私地照顾患先天性心脏病的弃儿陈杨辛。在这里，生活再次出现悖论，正是因为要救陈杨辛，外面的世界才开始一点点，让他们无力阻挡地侵入本属于他们三个人的隐秘世界，并终于将他们的秘密曝光。但还是因为救赎，他们明知，却仍然义无反顾地选择了爱并被毁灭这条充满绝望的路。

这本书的感人之处也正在这里。

须一瓜的文笔细腻、准确、生动，对心理的分析，细致入微，层层深入，也有助于这种表达效果的实现。

　　只是，我们知道，救赎是西方的概念，在中国历来缺乏生长的土壤，在没有负罪感的人心中，救赎只能成为一个可笑的，空洞的概念。须一瓜把她的三个主人公设置成偶然犯罪，或者也有这方面无奈的考虑吧。

　　还有一点，从文本上来看，尽管这本小说看得人荡气回肠，因为作者高超的技巧，作品显得饱满而充满张力，但并不那么复杂的故事，貌似深刻实际并不高深的主题，简单的人物关系，都让人疑心是否必须要长篇才能解决，是不是还有其他更优的选择，比如一个稍微长一点的中篇，才能杜绝书中部分的冗赘？从这个角度来看，也许，须一瓜的长篇之路还有待下一部作品彻底完成。

天使的叹息

—— 读李秋沅小说集《走过落雨时分》

在每个善良的成年人眼里，孩子都是天使，或者说都应该是天使。在他们的天空里，只有阳光和微笑，以及和煦的风。然而有谁知道，天使的翅膀也会受伤，天使在他们自己的天空里也会迷失方向？

当我拿到儿童文学作家李秋沅的新著《走过落雨时分》时，我还以为在她的故事里，仍然只有清新的阳光的味道，有成人炮制给孩子们属于点心的励志话语，然而整本书读完，却感到了一种跟儿童文学这种文体不相宜的沉重。在这些故事里我听到了太多的叹息，我想如果天使的翅膀上承载这么多的叹息，也一定沉重得飞不起来。比如《天使的歌唱》里傻瓜"我"虽然是个音乐天才，却不被周围的人理解和认可，相反得到的却是嘲弄，最终因救人而死去；《锦瑟》里母亲对柳姨婆冷漠的态度投射到"我"心里的阴影；《神童》里"神童"面临的巨大压力让他无法再和音乐融为一体，从而产生怀疑：自己到底有没有音乐的天赋？等等。在这些故事里，我们感觉不到一点天使应该具有的快乐，相反却充满了各种各样成人们有时无法体会的痛苦。我想李秋沅之所以选择这样的故事和视角，其实是出于这样一种理念，她希望自己的作品不仅是在迎合和愉悦读者，而是要有所表达，她希望自己能够写出那些面临种种精神困境的孩子们的心声，从而发出鲁迅早在 20 世纪初就发出过的呼吁："救救孩子！"

我们不难看出，小说中孩子们所遇到的成长中的难题，根源并不在他们自己，而在于作为父母的我们。李秋沅表面上是在写孩子们的问题，事实上是通过孩子的视角描写成人们的世界，描写成人们的所作所为投射在孩子们心中的阴影。如《神童》写的是父母（不只父母，还有老师）对孩子的望子成龙给孩子造成的巨大的心理压力。与此相反，《亚麻色头发的少女》写的是父母对孩子兴趣的肆意干涉。《走过落雨时分》写的是父亲对儿子人生的强制规划，《看得见风景的露台》同样表达了这一主题，所以"我"才会说报考志愿"是我妈该考虑的问题"。当然，李秋沅的视野绝不会这么局限，仅仅关注于父母对孩子学业的影响，她的触角伸得更远，《我希望你们微笑》写的是家庭的不和睦对孩子的伤害，《再见，爸爸》写的是母亲对孩子善意的谎言造成的孩子巨大的精神失落，《纸飞机》和《兄弟》以及《看得见风景的露台》都写到了经济上的贫困对孩子们直接和间接的影响。从这个意义上讲，李秋沅的这本小说集，不仅作为儿童文学，因能引起青少年读者的心灵共鸣而值得青少年朋友们阅读，实在也值得做父母的我们手备一册，认真对照自己的行为，做个积极的反思。

一开始，我还在奇怪小说集为什么不用《天使的歌唱》作题目，而是用了有些俗套的《走过落雨时分》，现在想来，还是《走过落雨时分》更适合整书的基调。

对于儿童文学，或者大多数人会跟我一样，首先想当然地觉得它幼稚。然而在李秋沅的这本书里，我们却绝看不到一丝幼稚的影子。也许这跟李秋沅时时向我强调的她写的是面向中学生，而非小学生或幼稚园孩子的读物有关。李秋沅很追求小说的艺术性，她的语言典雅，准确，富于诗歌的灵性，比如这样的句子随处可见："母亲冷着脸，黑色眼瞳里出现了我看不清的星星，隔开了映在她眼瞳中的我。"在叙事上，她很注重人称的灵活使用，如《天使的歌唱》前九节都以第一人称叙述，最后一节却变成了第三人称，以便补充说明，同时也说明了第一人称"我"的缺席。《我希望你们微笑》和《走过落雨时分》虽然从始至终都是第一人称，但是最后一节的"我"却

天使的叹息

换了叙事者，造成一种隔离的效果，虽然这种变化也容易让人因突然而产生抗拒。在叙事上技巧运用最娴熟的莫过于《彼岸》，这是一篇类似复调小说的小说，小说中的"我"同时也在写一篇小说，通过小说内外的两个主人公的不同叙事，最终将故事融合在一个人身上，达到一种离奇的，同时也让人感觉异常丰满的阅读效果。

然而不能不指出的是，作者在故事的构思上略显笨拙，小说中过多地运用死亡，让人有一种审美疲劳，从而觉得似落入俗套（也许生活本身就是这么俗套）。比如《天使的歌唱》里傻瓜"我"因救嘲弄过自己的孩子而淹死，《我希望你们微笑》里的"我"因救妹妹而被车撞死，《看得见风景的露台》里富于演员天赋的黄琳也因疾病而病死。在《兄弟》里，斯杭也差点因救马涛而被车撞死。这一切，如果仅仅看个别的篇章，还不容易看出问题，放在一起，就难免让人感觉作者在情节构思上的捉襟见肘。而且，作者在描写上，也许是习惯的原因，也容易出现描写的重复，包括对象征事物和意象的描写，同样也多有重复，如蝴蝶在《神童》的开篇作为一个人烦躁的烘托物出现，而在另一篇描写孩子叛逆的小说中，则直接用了"蝴蝶"作为小说的题目。

作为一个勤奋的写作者，李秋沅已在儿童文学写作上取得了骄人的成绩，但是在厦门，她似乎还没有得到足够的重视和关注，这与她两届冰心文学奖得主的身份似乎不大相称。希望这本书是一个契机，让她生活的城市的人们也都能喜欢她的作品。

听雨夜读

鼓浪屿版《城南旧事》

——读李秋沅长篇小说《木棉·流年》

认识秋沅，缘于一个朋友的介绍，朋友说秋沅的文字有朱天文的感觉。那时我们正迷朱天文，听了自然格外留意。然而读了，并不觉得怎么像。她写的是儿童文学，但并不像惯常印象中的儿童文学，反倒以含蓄、古典取胜，一如其人。那时她在全国儿童文学界已小有名气，得过两届"冰心"儿童文学奖，可惜在厦门，我们并不知道。不久以后，她就出了第一本小说集《走过落雨时分》，人民文学出版社出的。我们正在为她高兴，就听到她说正在写一个关于鼓浪屿的长篇小说，似乎写得很苦，断断续续写了有一年多，然后就没了声息，不料，突然地，书就出现在我们面前，而且不只一本，她竟然一次出了两本，其中一本就是那部写得很苦的长篇小说《木棉·流年》。

《木棉·流年》是写鼓浪屿的，这我早已知道。跟秋沅交往，早已知晓她是在鼓浪屿出生长大的，像任何一个鼓浪屿孩子一样，有着很浓厚的鼓浪屿情结。我也终于知道秋沅身上的那种高贵、典雅是怎么来的了。翻读《木棉·流年》，一股熟悉的味道扑面而来，毕竟在厦门已经十年，不是故乡已胜似故乡，对鼓浪屿的山山水水，别墅小巷，也已经有了粗浅的认识和浓厚的感情，所以看到书中不时出现的鼓浪屿地名、风物，不由感觉十分亲切。

然而最吸引我的还是秋沅的文字，以及透过文字和故事表达出来的深厚意蕴。秋沅的文字典雅，这自然不用说了，小说的第一句话就好得让人心惊，她写父亲的咳嗽声"粘在静夜里，被黑夜浸湿了，沉甸甸地压在人的心上，沉得人心惶惶地跳"，写母亲的抽泣声"若黑夜中的一缕拉长的丝线，细得让人担心"。真是再没有这样形象、真实的描写了，一句话，情、景、人物都有了。她还善于用比喻，她写流血，"血继续渗着，圆圆的血滴如喝醉酒般，晃了晃，顺着我那沾满泥星的脚面流淌下来"。还善于用典，她让《菊隐》中的明泽唱《荒城之月》："春日高楼明月夜，盛宴在华堂。……人世枯荣与兴亡，瞬息化沧桑……"让歌声与人的心境合二为一。

　　秋沅的文字虽然优美、典雅，每个句子都像是从唐诗宋词里跑出来的，但并不是无病呻吟、"为赋新词强说愁"，而是与小说的内容相得益彰，成为有机的一体——毕竟秋沅写的不是"大漠孤烟直"，而是鼓浪屿的"小桥流水人家"，笔下的人物多是有留洋背景的文人雅士，番婆楼里的大家闺秀，在这样的背景下，她的语言不典雅似乎也不可能了。但是与文字的优雅相映成趣的是，李秋沅并不写鼓浪屿的风花雪月，写得却是国难当头的慷慨激昂。这或许与秋沅的性情有关，作为朋友，我还不知道这个貌似柔弱的女子有着那么浓烈的英雄情结。正如在书的后记里，李秋沅解释何以会选择"木棉"作为书名："花开时，鲜红若血，朵朵傲立枝头，花落时，啪的一声决绝地自高空落下，好一树宁为玉碎、不为瓦全的英雄之花啊。"所以她把故事的背景放在三四十年代的鼓浪屿，那时"万国公界"正在逐渐变为日本人的"一己私地"，也只有在这样危难的关头，最能见得人的血性，所以秋沅写梅雪，写番婆，写明泽，写李先生，虽柔弱、文雅，在这样的关头，却都能慷慨赴死，让人读后不由动容。

　　但是李秋沅绝不是在写一本普通的抗日战争小说，她也没有简单地将人物分为"敌""我"，"正面""反面"去描写，事实上，她很少正面描写战争和冲突，她更多的是在挖掘和表现人物的"隐痛"。秋沅笔下的人物，多有"隐痛"：梅雪爱洋医生理查，梅老爷却不同意她嫁给洋人，最终嫁给了一个比她年长许多的十九路军将领欧阳卓；日本人明泽一方面被中国人目为抢书的日本侵略者，一方面却因暗中保护《永乐大典》不被偷运到日本被迫切腹自杀；真实身份为国民党特约通讯员的英华中学校长李先生为保护地下电台甘愿忍辱作"汉奸"……而梅老爷其实也有"隐痛"，他本来对洋人并不痛恨，只因一个日本朋友骗取了唐家十册《永乐大典》而不归还，从此痛恨洋人。而这些小人物的"隐痛"之所以存在，则是因为有一个更大的"隐痛"——大厦将倾，国命悬于一线。读到这里，真是让人有一种深切的悲痛感。李秋沅对这些"隐痛"的细致刻画，极大地丰富了人物的形象，使其具有了较强的艺术生命力，并进而增加了作品的艺术感染力。

在艺术手法上，李秋沅巧妙地借用一个小女孩阿宁的眼光去观察这个世界，但与其说李秋沅是通过阿宁来写历史，不如说是通过历史来写阿宁，写国难当头、风雨飘摇之下，一个中国小女孩的精神成长历程。这一点颇似林海音的《城南旧事》。结构也像，书共分六章，每章一个独立的故事，但又有机联系，形成一个整体。事实上这就是又一部《城南旧事》啊！只是在今天，《城南旧事》已成经典，秋沅的《木棉·流年》，要怎样才能走进人们日益浮躁的心田，从而树立起其经典的地位呢？

李秋沅的华丽转身

　　李秋沅是个时常能给人带来惊喜的作家。短短几年，她像个骁勇善战的将军，不断地开疆辟壤，从一般的儿童文学，到带有深沉历史感的长篇小说《木棉·流年》，再到面前这部带有玄幻色彩的《以尼玛传说》，她的转身一个比一个华丽。

　　秋沅写玄幻小说，我早就知道，比如那篇让人惊异的《寻找尼克深蓝》以及反映南京大屠杀的《清桃》。但是她说她写的是"幻想小说"，我不知道幻想小说和玄幻小说有什么区别。我从来不喜欢贴标签，虽然有了标签容易识别，但是也容易给人误导，就像秋沅，一个儿童文学作家的标签就能说明得了她的全部吗？

　　她的作品绝对不是一般意义上的儿童文学。就像这部《以尼玛传说》，虽然披着玄幻的外壳，但是它的思想内涵，绝非一般的儿童能够简单领悟。我惊奇的是，在如此有限的篇幅里，她竟然讲了如此庞大的一个故事，而且讲得如此巧妙，讲得如此举重若轻，仿佛历史这根万钧之棒，只是她手里可以随意缩放的绣花针。

　　她的故事实在庞大，涵盖了历史和未来，她从未来入手，一恍惚一千年，再一恍惚一万年，仿佛她可以在历史中随意游走。但是她玩的绝对不是当下流行的拙劣的穿越游戏，而是集过去和未来于一身，人类的过往与未来神奇地被她集中在一个点上，通过这个点无限地放大，那就是宇宙和历史。缩小了，就是一个平凡的人，那就是兰馨，小说中妙音神灞溪青鸟在人界的化身。

秋沅讲故事的能力明显增强了，她把这个玄幻故事讲得一波三折，像是悬疑大片：不清楚自己真实身份的兰馨，在一股神秘力量的引导下，来到父亲十年前失踪的图门滩，木雅王国遗址，在那里她得知了自己的真实身份，她就是千年之后浴火重生，引导木雅王国死而复生的雪域使者青鸟。就在她准备为之献身时，却有一个声音劝阻住她，因为这个声音，使她开始深入探究木雅王国背后的秘密。因而牵出了千年前木雅王国覆亡的故事以及更久远的，帝尧时代禅让的真相。

秋沅这部书写得最妙的地方，在于她深入浅出地，对历史进行了一番自己的梳理。虽然她不是严格的专家学者，她的解读也只是小说家的解读，但并非没有启发价值。更何况她的想象并非空穴来风，而是有严格的史学、考据学知识作基础。在她的笔下，人类的一切征战、杀戮，似乎出于人类的自由意志，其实都源于嗜血的帝尧之子丹朱，也就是以尼玛神的棋局。人类只是这个伪神的一枚棋子。这样一道明，征战杀戮也就失去了其意义。而丹朱本身也是一个巨大悲剧的主角，在经过篡改的历史中，他是帝尧的不孝子，舜是伟大的君主，而在秋沅的笔下，舜却是个十足的阴谋家，丹朱却是个被仇恨裹挟的牺牲品，只是当牺牲品慢慢习惯于仇恨和血时，他就不再简单满足于当牺牲品。

罗兰夫人临刑前，曾高呼"自由啊，多少人假汝之名行事"，秋沅也用她的小说揭示了，过去以及今天有多少罪恶也是打着国家和民族的旗号。他们自以为身体里流的是木雅族人热爱自由和平的血，其实流的也许恰恰是漠狼族人暴戾的血。如何解决这种纷争，摆脱以尼玛神对人类的控制，学过音乐也爱好音乐的秋沅找到了音乐这条途径。在小说中，最终是靠遗失的《大章》乐完成了对以尼玛神的对抗。这当然有点浪漫化，就像秋沅在前言里提到的，但也并非无迹可寻。中国古代就极其重视礼乐对人的教化功能，在西方虽主要通过宗教，但清洁人类灵魂的手段之一也是"圣歌"。因为我们没有宗教的传统，20世纪初，蔡元培先生曾提出以"美育"来代替宗教，看中

李秋沅的华丽转身

的也是它的教化作用。

以尼玛，多美的名字，"一个失落的梦"。秋沉说在写作期间，木雅人曾两次入梦。我也想象着，今夜木雅人能穿越金戈铁马，进入我的梦中。

在幻想与现实之间

　　微博上高和老师戏谑秋沉是"得奖专业户"，虽是玩笑话，却道出一个事实，秋沉的作品越来越得到文学界的肯定。与此同时，她的书也一次次不断印刷，印数之大已让她的书跻身于畅销书之列，这又说明她的作品不仅得到了官方的肯定，也受到了读者们的欢迎。这是难能可贵的。

　　其实作为朋友我对这一点都不意外。虽然对儿童文学界并不熟悉，但是我相信秋沉的作品在儿童文学界绝对是个另类，独树一帜，其独特的面目让其不难脱颖而出。搞过文学的都知道，要想把作品写出自己的面目是何等困难，但是秋沉似乎自然而然就做到了。也许这跟她这个人有关，从她的作品里我看不到刻意哗众取宠的影子，她就像个深居山中的女孩，自顾自地说话，自顾自地写字，一开始写的字也许并未想过给人看，但是看过的人却觉得很惊艳。

　　人说文如其人，从我的经验，并非人人如此，或者说并非人人看起来如此，但秋沉绝对是人文一致的。她的小说，语言唯美、典雅，但却有着哀伤的底子，让人看了心中萧瑟。她的人物都带着旧时代的痕迹，仿佛穿破历史的迷障，入梦而来。我很难想象没有鼓浪屿世家的背景，李秋沉如何熟练驾驭这一切。在她的新书《惟有时光》里，她提到她的家庭背景，提到她的生活经历，作为朋友我们已经熟知，但是作为普通的读者，你也可以从这里寻出端倪。在《时光之井》一文中她写到她外公懂得四国语言外加三种方言，提到很小的时候就被外婆带进了鼓浪屿三一教堂，提到十岁时曾经为了练好一首曲子一天六个小时坐在钢琴前，提到她的母亲曾与钢琴家许斐平师从同一位启蒙老师……这样的环境熏陶出的就是我们熟知的李秋沅：高贵、典雅、善良。然而这只是她的一面，从电话里偶尔高呼的"兄弟"，爽朗的笑声，让我看到了另外一个相对陌生的秋沅，这个秋沅是一个豪放得让人感觉可以仗剑走天涯的秋沅。也许正是她性格中的这份豪迈，才会让她有一种现时代已逐渐稀缺的"英雄情结"，才会让她格外欣赏被鼓浪屿人称为"英雄花"的木棉花，才会让她在小说《茗香》中塑造出那样一个宁可玉碎、不为瓦全的番婆形象。

也许同样是因为这份豪迈，李秋沅在文学上也透着一股永不满足的野心，她不满足于只坚守一个已成为她文学符号的木棉岛，而是开疆辟壤，再造一个盛放她幻想文学的千恒岛。这一点从她的新书《惟有时光》里看得最清楚。《惟有时光》是秋沅的第五本书，如果说在她的第一本小说集《走过落雨时分》中，秋沅的文学面目还比较模糊、主题相对分散的话，那么后面这四本，她的面目已越来越清晰，写作脉络已基本稳定。她的小说主题和形式主要集中在两个方面：一个侧重于写实，一个侧重于写虚；一个着力于回忆，一个着眼于幻想。秋沅自己应该也很清楚，或者这正是她自己刻意追求的，所以她这本最新的小说集，恰恰分了两辑，而这两辑恰好代表了她的这两种写作倾向。从这个意义上，简直可以说《惟有时光》是她小说一个阶段的总结性之作。

李秋沅之所以这么刻意地虚实两条路子同时发展，可能跟她对小说虚、实局限性的清醒认识有关，小说过实则失去其灵巧，过虚则失去其厚重，她不愿失去任何一个方面，所以倾向于两个方面同时发展。但是不管形式上是实还是虚，在作品的精神上，李秋沅所有的作品却是一脉相承的，一言以蔽之，就是对美与善的追怀和赞颂。但是，谁知道这个一言以蔽之，遮蔽了多少更丰富的东西呢？

听雨夜读

木棉岛挽歌

　　读李秋沅的新著《木棉·离歌》，我总忍不住会从书中抽回目光，痴痴地想那个一海之隔的鼓浪屿。当然木棉岛作为一个文学符号，并不就是鼓浪屿，或者说并不完全等同于鼓浪屿。但是熟知秋沅、熟读秋沅木棉岛系列的读者，心知肚明，木棉岛确实脱胎于鼓浪屿。但是眼前这个人声喧闹、已完全变成风景名胜旅游景点的鼓浪屿与书中那个充满人文气息、高贵典雅的木棉岛是何其不同。

　　然而熟知鼓浪屿历史的人也知道，鼓浪屿并非一开始即是如此。它也曾高贵过，典雅过，繁盛时，可谓风华绝代，风情万种。梅贻琦执掌清华大学时，说过一句名言，大学者，非高楼大厦之谓也，大师之谓也。说鼓浪屿高贵、典雅，也并非因为鼓浪屿上的那些红顶别墅，而是曾经生活在鼓浪屿上的人。这些人因缘际会，大多留学海外或接受过教会教育，虽不敢说学贯东西，但至少知书达理。受基督教的影响，又懂得谦卑和感恩。《木棉·离歌》里写的多是这种人，不论是会唱英文歌的爷爷，还是喜欢画海上落日的沈夫人。他们的故事，让我们不由追怀那个时代。

　　只是好时光总不长久，这段历史稍纵即逝，留在老鼓浪屿人记忆中的，除了"风流总被雨打风吹去"的伤感，还有伴随着狂风暴雨留下的伤痛。但是这一切都没有商业大潮来得彻底，时代大手没有擦洗干净的，都被金钱洗得焕然一新，宛然新造。在《木棉·离歌》中，在木棉岛住了一辈子的沈夫人虽然留恋，仍被迫搬出了木棉岛。

而已经长大了的薇薇一家，也因为爷爷的健康，决定卖掉木棉岛的老屋，搬到对面的海门市。华美学院的旧楼将被迫让位给水葫芦式不断扩张的商业街，整个木棉岛显出一副欣欣向荣的景象。

但是为什么秋沅的书中凝结着一股化不开的愁绪？

从形式上看《木棉·离歌》是《木棉·流年》的姊妹篇，但从内容上讲，它是后者的延续，二者合在一起才是一个完整的篇章。《木棉·流年》写的是木棉岛的前身，《木棉·离歌》写的是后世，中间隔着一个鹭江宽的历史断层。在《木棉·流年》里，阿宁还像是个永远也长不大的孩子，在《木棉·离歌》中，薇薇却眼看着一天天长大。长大了就回不去了，就像木棉岛，也回不去了。

真不知今天的游客来鼓浪屿是看什么，看美丽的风景，异国情调的老别墅，还是追怀那个曾经风雅的时代？但是我知道秋沅的野心，她是想用文字的方式，为鼓浪屿作传，写出它的精血和灵魂，写出她对一种风骨和精神的追怀。秋沅用离歌为小说命名，其意也许正在于此，她是要为心中的鼓浪屿写一曲挽歌。

那些真正想了解鼓浪屿的人真应该多读读秋沅的书。

抛开木棉岛不说，我总惊叹于秋沅的文笔，都说秋沅写的是儿童文学，我总不肯承认，或者是因为她与我印象中一般的儿童文学写作者差异太大。她不迁就，不做作，不模仿孩子的假声，她坦坦荡荡地写自己的所思所想，所以她的读者绝对不只限于儿童或青少年，成年人读后仍会产生共鸣。但是她又算是儿童文学，因为她是在用一颗童心创作，她的眼睛仿佛没有沾染过尘世尘埃的儿童的眼睛，那么清澈，那么干净。只是世道太悲哀了，当大人告诉她有时真话也不可以说时，她也难免会产生类似这样的疑问：

"那么什么真话可以说，什么真话不可以说呢？"

书生南宋

不直接谈南宋的最新小说集《有人跟踪我》，而是谈南宋这个人，是因为，凡是跟南宋有接触并稍微了解他一点的人，都会自然而然地把书中的"林海"跟南宋联系起来，甚至在某种程度上，认为这是南宋的一部自传之作。

这种看法并非没有道理，在《虚拟访谈》的最后一节，有一个林海的人物名片，那几乎就是南宋名片的翻版，而书中的有些篇什，直接可以当作散文或随笔来看了，我简直想象不出里面到底有多少虚构的成分。这么说，并不是在贬低这本书的价值，事实上，是否虚构本身并不影响一部文学作品的价值。对于熟悉作者的人，真实只会让人倍感亲切，而对于不熟悉作者的人，真实往往会被当作虚构。而且，又有哪部作品真正摆脱得了作者的体验和经验呢？

唯一的区别也许在于作品中虚构成分的比例。在南宋这里，也许虚构的成分相对较少，但是绝非没有，因为生活本身虽然具有一定的戏剧性，但是其戏剧性并不总足以让其直接构成小说，它需要作者的再加工和再创造。比如在《食火者》中，南宋就设计了这样一个情节，林海最后发现他所嘲笑的、向报社报料的章小姐竟然就是他家的保姆。虽然生活中不乏如此的巧合（《牙疼不是病》中就有这样一个巧合），但是我相信这里是作者的虚构，然而也就是这个小小的设计，让这篇看起来比较松散的作品立刻结构严谨了，从而也变得更"像"小说了。在其他篇目里，南宋更多的是通过结构设计这种方式实现其作品从散文到小说的转变的，如《恍惚》中第一部写精神病发作时的小说家华明，第二部写林海的庸常生活，这看似平行的两部虽然在第三部又有所交叉，但南宋实质上是以林海来写华明，从几乎导致林海发疯的庸常生活中去探究、追寻华明精神病的成因，这样就让似乎毫不搭干的两部分有机地联系了起来，并互为表里，具备了一定的震撼力和张力。在《需要跑这么远吗》中，南宋再次运用了这种手法，但是显然效果不如《恍惚》，在这篇小说中同样有两个部分，上部写"我"的长春之行，参加好友老吴的婚礼，下部写老吴风尘仆仆从深圳赶到厦门参加"我"的婚礼，描写很琐碎，也很到位，但是小说的"核"明显太小，以至于给人的感觉是整篇小说写下来仿佛只是为了小说题目那个感慨。

小说的"核"太小也许是南宋整部作品最让人感觉不足的一个地方（《恍惚》和《有人跟踪我》例外），即为什么要写这篇小说，动力并不足够强大，在思考还没有更加深入的情况下贸然动笔，势必会造成作品的单薄，比如《牙疼不是病》和《清泉加水站》只不过重复了他以前"单恋"的主题，《虚惊一场》只是写了一次有惊无险的看病的经历，《食火者》虽然描摹了火灾发生时各种人的丑态，但对人性的刻画和探究明显不够深入，《虚拟访谈》虽然形式新颖，但是在阅读的趣味上明显不如《我为棋狂》。我觉得之所以会如此，也许跟南宋的写作思想有关，南宋更在乎的也许是记录自己，对自己内心的挖掘，他感到满足的也在于"还能写出新鲜而真实的我"。出于记录的需要，他有时不得不屈从于真实，即便有些真实并不是小说所必需，为了保存"史料"，他也觉得有必要把它保留下来。所以在他的小说中，可以看到各种各样为了表现"他"而留下的与主题关系不大的人物和细节。但是这种"屈从"势必影响小说的艺术价值，比如作者自觉得意的，因为现实人物的变化而追加在《有人跟踪我》后面的两小节，我觉得不仅没有必要，而且削弱了原作的力量。《我为棋狂》中对海翔的描写，则完全可以另成一篇，放在此处不仅与主题关系不大，而且并没有探究到其自闭的实质，与《有人跟踪我》中对周敬民的描写相比，就差得太远了。但是如果从另外一个角度，

听雨夜读

即记录和自传的角度，那么不能不说南宋绝大部分地完成他的任务了。

　　我讲得这么苛刻，让我自己也有点始料不及，但是正如常言所说：爱之深，方能责之切。我对南宋始终保持着一种敬意，为他的热情和单纯，为他在这个日益喧闹的社会依然能平心静气地写下这么一篇篇严肃的文字，为他在虚伪和浮夸的文人酒桌上依然能喊出"让我们谈谈文学吧"。南宋在文学上是有自信也是有野心的，希望他能写出更好的成绩。

鼎沸中的坚守

《鼎沸集》是南宋兄新近出版的一本随笔集，书尚未出，即表示要送我一本。我自然高兴得很。敝寓南宋兄的大作已有三本，加上这本已是四本。放在书架上，也是颇为醒目的一排。南宋兄到过我的书房，看到自己的书整整齐齐摆在书架上，很高兴，如果我说他送我的书我全部认认真真地通读过一遍——有的篇章甚至不只一遍时，想必他会更高兴。他就是这样一个爱书，而且也喜欢别人爱书，更喜欢别人爱他的书的人。

这实在是他的可爱之处。认识南宋兄的人都会有一个共同的印象，或曰书痴，或曰书虫，反正都跟书有关。以前他迷恋博客，现在迷恋微博，但不管写什么，总之三句不离书。我这"疑似一书痴"在他面前，也只得自叹弗如，甚至连"疑"都不敢疑了。记得一次在集美参加读书会活动回来，大家嚷着去喝茶，独有他建议去逛书店。于是去了琥珀。不多时，每人就各挑了一大摞，当然南宋兄挑得最多。我因为前几天刚来过，所以狠了狠心，一本都没买。出门时，南宋兄看到我两手空空如也，十分惊奇，待得知我一本也未买时，颇带责备的样子说："你的心真狠。"

没买书也算心狠！这是我第一次得到这样的评价。虽有点不以为然，但心里总觉有愧。几天后果然又去了琥珀一趟，买了几本书回来。然后发微博告诉他：你现在总不能说我心狠了吧。

爱书人可能都有这样的毛病，喜欢逛别人家的书房。他逛过我家的书房，可惜我一直不得入他家书房，这让我颇为遗憾。因为据说他的藏书已有近2万册，这在我眼中可是相当大的一个数字，我自觉藏书不少，但跟他比起来，则真如芝麻与西瓜之别了。但到底他的书如何之多，数字是否有水分，总要自己亲眼看过才真切。不过一次去集美淘书，在诗人老茂家，他的一席话倒让我相信他的话应该不虚。那是老茂谈到他所在的大学，藏书数量跟招生人数有挂钩，图书馆多50册藏书就可多招一个学生，南宋当即大方地表示，为了能多让几个学生上大学，他愿意捐书400册。我听了不由暗咋了一下舌头，能够一下子捐出400册书，当可想象其藏书量之大。

南宋兄爱书却不吝惜书，这一点在我看来相当难得。众所周知，爱书人往往有恋书癖。癖是一种病，得了不易好，病征表现为书房就像个无底洞，往往只有进没有出。虽天天哀叹书房太小、书架不够多、书多无处放、书多没时间读，但你让他送你一本试试，他立刻捂住了小碟子，偷偷看一眼，然后说："书多乎哉，不多也。"心疼那个样仿佛是要割他的肉。

但是南宋兄并不。读《鼎沸集》，才知道他这一点是有精神根源的。在《小老鼠钻进书房》一文中，他记张政烺先生有时在书上很小气，小老鼠钻进书房都能让他一个晚上睡不好觉，有时却又极大方，为了培养有前途的年轻人，可以让出自己的书房。南宋兄跟张政烺先生在这一点上倒是异曲同工。

不只捐书，在送朋友书上，他也是大方得很。这里的送，不只是送自己写的书，还包括别人的书。记得有一年《上海文学》编辑张重光老师来厦，我约南宋一块往谈，聊到鼓浪屿，正在兴头，南宋兄突然告退，正在我们莫名其妙之时，他又闪身出现，手里却多了几本关于鼓浪屿的书，记得其中有一本是龚洁先生的《鼓浪屿建筑丛谈》，要送给张老师。原来就在这几分钟时间，他已到过了隔壁的光合作用书房。

这些都是我万万不及的。

南宋兄在捐书、送书上大方，并不表示他不爱惜那些书，因为紧接着他就又说，真让他挑出送哪些书还真非易事。这点想必爱书人都有同感。我有时整理书架，想清理出几本书，翻翻这本，看看那本，书架上的书全翻完了，也清理不出几本来，总觉得每本都重要，每本将来都要看——虽然到最后，大多数仍是留着吃灰尘。

南宋兄爱书，还可举一例，仍是那天晚上在老茂家，他看中老茂一本旧版《百年孤独》，一下子就像情郎看到了小媳妇，翻来覆去，爱不释手。老茂知他心意，故意与他石头剪刀布，三局两胜，赢了拿走，输了留下。三局过后，南宋侥幸，狂喜不已，当即拍下两百元钱要拿书走。钱老茂自然不肯要，南宋兄爱书的癖性倒暴露无遗。

南宋兄书如此之多，自然是他日积月累的结果。不仅厦门的书店被他逛了个遍，到外地也是必要去书店的，在他眼中或者书店才是最美的风景。青岛薛原编了本书，叫作《独立书店，你好》，厦门篇就是约南宋写的。我想来想去，还真就他最合适。有些说实话，我们都不屑逛，或者觉得淘不到什么好书的鸡毛小店，他都能逛得津津有味，真服了他了。

买了书，自然要看，不看只能成为藏书家，称不得读书人。南宋自然是读书人。关于他读书，我印象最深的一次是，我老婆告诉我，她坐车经过大同小学，看到南宋正端着一本书在日光下读。"可惜。"她说，"当时未带相机，要不真要把它拍下来。"我向南宋兄求证，南宋兄承认，他说每日去等女儿放学，懒得跟其他家长闲谈家长里短，于是只好如此看书。

他看书看得多，这还不稀奇，关键是他还能记得住，谈起来头头是道，必要时还背上一段，让人听了瞠目结舌。我不止听过一个人夸他口才好、记忆力好。关于他有一个段子，听来好笑，但却可看出他的博闻强记。他是厦视 TV 透的常客，据说他上节目必谈鲁迅，一次主持人跟他开玩笑，说南宋，咱以后能不能不谈鲁迅。他立刻回答："可以，那我谈沈从文。"我猜想这个段子里或者有戏谑的成分，但却不无他真实的影子。

虽然读书多，博闻强记，但以我对他的了解，他肯定不会仅以读书人为傲，因为读书毕竟是件相对容易的事，他的另外一个身份是作家，他写小说，也写散文、书评，甚至还客串写过几首诗，发表在大名鼎鼎的《厦门文学》上。不过，我有时忧心他读书如此之多，会不会影响他的写作，因为我就有类似的问题，但他显然不以为然。那次从琥珀书店回来，在公车上我向他提出这个问题，他答道："还是要多读书，只有多读书才能广泛地借鉴。你看现在那些作家，写的东西越来越差，就是因为不读书。"我这才知道原来我们根本是不可相提并论的两种人。对于我成问题的，在他那里根本不成问题。

这不，转手他就拿出了这本厚厚的《鼎沸集》。"鼎沸集"，多好的书名，在自序中，南宋谈到之所以起这样一个书名，是因为书房窗户正对着一所小学，经常人声鼎沸，"没有相当的定力，一个人坐在书房里很难做到心平气和"。其实放眼今日中国，何处不是人声鼎沸，"天下熙熙，皆为利来；天下攘攘，皆为利往"。以前的北平，因为战乱，放不下一张安静的书桌，今日的中国，虽无战乱，又何曾可放下一张安静的书桌？

没有南宋兄面对金钱、权势时的那份定力，没有南宋兄在书中表现出来的那种时常让人感动地对书与文学的热情，没有南宋兄对精神世界的顽强坚守，在这个躁动不安、人声鼎沸的中国，一切都是妄谈。

鼎沸中的坚守

读有趣的书写有趣的文章

何况兄行伍出身，军艺毕业，是莫言的小师弟，首届鲁迅文学奖获得者。写小说，写散文，也写报告文学。我读过他的小说，虽然不多，但一篇《伐檀》即让我对他刮目相看。这篇写经济大潮下乡村精神家园失守的小说，尽管何况自谦主题先行，有概念化倾向，但布局得当，人物生动，亦算一篇佳作了。读完他的散文《隐痛》更是让我对他肃然起敬，在这篇写父亲的散文里，何况柔肠百结，欲说还休，那种疼痛感写得荡气回肠，让人动容。他的报告文学我没怎么读过，但是一本《开埠》即为他赢得首届鲁迅文学奖，则是众人皆知的。

以我之见，何况兄有这样的才情不继续写小说、散文真是可惜了。但也许不，谢泳先生在何况兄的新著《文园读书记》序言里就写到，小说、诗歌极难有成，就传承久远论，何况的掌故笔记可能还要远胜于他早年的报告文学。如此，何况选择写掌故笔记类的书话倒是更为明智的选择。只是不知，这是何况兄的刻意选择，还是不得已为之？

何况兄喜写书话，应是其爱好读书的副产品。何况兄爱书成痴，是厦门有名的书虫。在《一个遇难者的故事》里，何况写到厦门岛上另一个有名的书虫张云良一次向他感叹，云南人民出版社陆续推出的"拉丁美洲文学丛书"，他独缺马尔克斯的《一个遇难者的故事》，何况回家一找，竟然一眼就在自家书架上找到。张云良闻听大喜，断言这很有可能是厦门唯一的一本，于此可见其藏书之丰。吾知何况喜读沈昌文的《八十溯往》，在京见到一册签名本，价格翻番，问其可要，其毫不犹豫拿下，于此又可见其嗜念之深。

何况兄虽喜读书，但并不喜高头讲章，按其原话，即"做不来正经学问、平日只爱翻闲书"，从他书中罗列的书目可以看出，确实"闲书"居多。读闲书读的就是个趣味，这也是我和何况能引为书友的一个重要原因。何况虽混迹官场，但如谢泳先生言："人在官场，身上却无官气。"这个没有官气，得益于"读闲书"者多少，恐怕只有何况自己最清楚。

文人多事，读过了不尽兴，往往还要发点感慨、涂写一番。何况这本《文园读书记》里的文章大多也是读书后的产物，以前习惯叫作"读后感"，现在流行叫"书话"。按晦庵的界定，书话要"包括一点事实，一点掌故，一点观点，一点抒情的气息"，何况倒都做到了。

书共分四卷，卷一类似资料的汇编，谈作家与音乐、与酒、与笔名、与闲章，谈文人的书房、文人的自我标榜，都是读书人喜好的那口，读来真是美不胜收。说起来这类文章，看着好写，其实却难，除了要有大量的阅读垫底，要有好的记忆力，还要肯下笨功夫，最重要的是还要写出自己的面目，还得写得足够有趣。何况的这类文章，往往是由某类类书生发，比如写作家与音乐是因为读了陈子善编的《雅人乐话》，写作家的笔名是因为读了董宁文编的《我的笔名》。读完何况这些文章，我总在遗憾，下次这些书再版应把何况的文章冠在前面作序，但又一想，读了何况的序，谁还有耐心再把那些文章读完呢，因为精华都在何况的序里了。卷二类似考据文字，但且看何况考据的都是些什么内容：扶植莫言的伯乐们、舒婷原是世家子、鲁迅醉酒、屠岸与郭风的水仙情、《八十溯往》里的"八卦"，原来何况醉心的都是这些八卦内容。但说来无聊，实则有趣，因为所谓的"掌故"，其实就是八卦。卷三算是游记，但也大都不离书，途径宁波，只停留两三个小时，还要去天一阁看看，真是书生本色。卷四是具体书评，关注的也多是"活色生香的尚书吧故事"，想在何况这里找到点让人正襟危坐的东西，还真不容易。

　　读有趣的书，写有趣的文章，可能是何况生活中最重要的内容。有句口头禅他常挂在嘴上："有书真富贵，无事小神仙。"可以看得出他对这种意境的向往，也可以算作他的人生格言了。但这话听着雅致，怎么总感觉有股读书人的酸腐味？不过，只要能自得其乐，那又有什么呢？

听雨夜读

贴着地面的飞翔

——浅谈张漫青的小说

读张漫青的小说，给我的第一个感觉是惊艳。我最先读到的是她的长篇小说《走米》，名字奇特，说透了就明白了，原来是"迷"的分体。这让我觉得这个女孩子很诡谲。小说语言自然、流畅，叙事成熟、老练，而且透着一股"聂小青"般的鬼魅之气，使其面目清晰，风格独特。

在读这篇小说之前，我对张漫青虽有耳闻，但并不认识，也未曾阅读过她的作品。我对她的了解都来自身边一帮文友的"鼓吹"，其中以儿童文学作家李秋沅最甚。她不仅把张漫青的小说进行肢解，一段一段贴在微博上，还用了这样一段别致的话评价张漫青的语言："漫青的语言，是黑暗中一记响亮的耳光，结实而干净。"这让同为写小说的我既充满了好奇，又在心埋下了羡慕嫉妒恨的种子。

从文友的口中，我还得知这个素未谋面的女诗人，甫一出手写小说，即惊动天下。中篇小说《目光下垂》，先发表在以新锐著称的《西湖》杂志，随即被《中篇小说选刊》选载，后又荣获福建省第25届优秀文学作品奖一等奖。我不由对这个女孩子更加刮目相看。

如果说一开始还有羡慕嫉妒的话，那么读完《走米》后，我剩下的就只有佩服了。在《走米》这部带有二重奏意味的小说中，"舅妈"一直想写一本真正的小说，但什么是真正的小说呢？张漫青在最后似乎给出了谜底，原来真正的小说就是《走米》。

我读到这里，暗自赞叹，这个张漫青，可真够自信！

但与其说是自信，不如说是张漫青给我们开的一个玩笑。《走米》开篇就是这样一句别开生面的话："我是一个玩笑，终于玩完了。"张漫青似乎喜欢在小说中玩这样的游戏，比如在中篇小说《凡烟镇》中，阿萝的房间里有一本名字叫《壁虎大街》的书，而我们知道《壁虎大街》是张漫青的另外一个中篇。在短篇小说《费如之活》中，她摘抄了一段注明摘自长篇小说《走米》第 19 章的文字，但是查遍《走米》，这部小说并没有第 19 章。

也许你会认为这只不过是无伤大雅的雕虫小技，但从一斑窥全豹，已足以看出这个女孩子的诡谲与灵性。事实上，这种诡谲在她的小说中无处不在，构成了她小说的气息和体味，让她的小说呈现出了不一样的面目。

如果说以上的这些互文游戏还算小儿科的话，那么她小说中人物的互文关系就很值得注意了。由此出发，对她的作品进行解读，很可以看出她写作中的一些潜在意识。最典型的互文人物是"白衣女郎"，这是一个代称，在她的多部小说中出现。在《目光下垂》中她是俞三，在《壁虎大街》中她是罗小壹，在《凡烟镇》中她是阿萝，在《白衣灰灰》中她是柳白衣。"她"是张漫青不同小说中的不同人物，但是她们长着相似的卑微的脸，说着相似的困惑的话，经历着相似的苦难的人生。不知道张漫青是故意，还是下意识，她不知不觉就把一种感情灌输在了这样一个喜欢穿白衣的女郎身上，让她承担了她表达思想的重任。

尽管在不同的小说中这个白衣女郎各有差异，但有一些基本点是相同的。她们都很穷（使用香皂洗澡；俞三"她只有在脱了衣服以后才能摆脱她的穷酸相，也就是说她脱掉了衣服就如同脱掉了贫穷，并且露出了她所有的财产——她的身体"；李戈怕罗小壹"穷死"）；她们都很孤傲（在《目光下垂》中俞三让林总的"小四步"彻底失效；在《壁虎大街》中罗小壹让一直胜券在握的心理医生洪墨充满失败感；在《凡烟镇》中阿萝简直是要与整个镇子为敌）；她们的命运也都很悲催（俞三被廉租房里的热水器砸死；阿萝又被孤零零丢在了镇子里；罗小壹或许"穷死"了）。可以想见，张漫青对她们是同情的，但也是矛盾的，她语调轻松，甚至不乏嘲弄。最奇怪的是，她似乎从未想过让她们抗争（阿萝杀死副镇长的儿子算是抗争吗？还是一种特殊情况下的愤怒？毕竟她是为猫而不是为自己），而是让她们选择了最简单的一种方式：逃避。张漫青写俞三：俞三在面对林总的"小四步"（指威逼利诱试图诱奸）时，"以为自己正置身于一场梦境"，这种遇到困境就把它想象成是在做梦的灵感来源于她读初中时，一个昨天还请她吃冰棍的同桌突然自杀了，俞三先是想不明白，后来突然恍然大悟："原来那根冰棍是假的，那个女同学也是假的，她们之间所发生的其实是一个梦境。"从此以后，只要遇到不合理或想不明白的事，俞三就会认为那是一个梦境。当俞三面对林总制造的困境时，她又开始做梦："俞三觉得自己又跑进一个梦境里来了，而梦中人就是林总，他西装革履，踌躇满志，像一个影子一样耐人寻味。她睁大了眼睛，使劲地想把这个梦境看清楚，她对自己说——把梦做完！把梦做完……"《凡烟镇》中的阿萝也说了一段类似的话，她问第一人称"我"："你说我们会不会是在一个梦境里？"她又说："真可怕，我昨晚做了一个梦，醒过来，还感觉在梦里，我可能醒在另一个梦里了……你说，现在是我在你的梦里，还是你在我的梦里？"把自己想象成在梦里，毫无疑问是在现实世界中过于缺乏安全感。

《房间里的张七》中的张七虽然没有做梦，但是他逃避到房间里去了，他把房间当作了自己逃避现实世界的堡垒。但是这个堡垒是不坚固的，不仅不是自己的（每月要付租金），而且别人可以随便进入。张七的逃避还反映在他对待女人的态度上，张七声称自己不喜欢女人，这是一段有趣的描述："张七不喜欢女人，越年轻越漂亮的女人越不喜欢。他的不喜欢表现为：不敢直视，懒得跟她们说话。他收发邮件的时候，如果对方是年老色衰的女人，他就能够比较轻松自如地跟她进行交流，这个时候他甚至会主动问好，或者谈些天气不错这类的话，如果对方青春靓丽，他就如临大敌，面目尴尬，甚至手脚发抖，不敢抬头直视对方，更加不敢多说一句话。"但是明眼人都可以看出，张七不是不喜欢女人，而是严重的自卑感在作祟。他通过逃避女人来掩盖自己的卑贱无能。

但是我们能据此指责张漫青吗？不能。张漫青无法为她的主人公做出选择。也许张漫青是想通过这样的方式告诉我们，生活中的弱者大都如此。除此之外你还能让她们怎么办？以死抗争？而且，你敢说你就比他们高贵，可以高高在上，目光下垂地俯视他们？《目光下垂》中妓女小羊对朱警官说"你们（指朱警官和俞三）很像耶"，接着又说"是啊，我们也很像。每个人都很像"。那么，你敢说俞三指的不是你和我？于此可以看出张漫青巨大的悲悯和现实主义情怀。

与"白衣女郎"相对应，张漫青还主要写了另外一种人，这种人似乎也被张漫青抽象了出来，具有很强的互文性。这种人在《目光下垂》中叫林总，在《走米》中叫唐烽。林总因为"爱"过太多的人导致"爱点"越来越高，他每次至少要同时"爱"两个女人。唐烽则是一个生活无聊到变态的富二代，他每天寻觅的就是"玩笑"，因为生活本身就是一个玩笑。因为玩笑，他逼死了一个羞涩的女孩小林姑娘，从而被迫出走。但是出走的途中，他仍不忘记寻欢作乐。似乎是必须成对出现，张漫青还在他们的身边都安置了一个谄媚的皮条客，为他们的寻欢作乐提供无微不至的服务——就像我们这个社会总能为富人提供你想象得到以及想象不到的一切服务一样。

以现实主义为里，以先锋主义为表，张漫青似乎很轻易就实现了先锋与现实主义的完美结合。她优秀诗人的底子，让她能在小说中尽逞语言的才华（在《走米》这部长篇小说中，语言的支撑作用功莫大焉）；她高超的虚构能力营造出的荒诞与变形，似乎直接得自王小波的真传。如果说她小说骨子里的现实主义让她的作品显得厚重的话，艺术形式上的不倦探索却给小说这现实主义的身躯添加了一双会飞的翅膀，让它可以尽情贴着地面飞翔。

书中日月长

　　捧读姜宏兄新著《人·书·生活》，不知为何，脑海中总不时浮现出一句古话："腹有诗书气自华。"想来想去，可能是因为姜宏兄的身份。姜宏兄是政府官员，位列正处一级，虽不算高官，但也非一般公务员可比。在他这个层次，还能如他一样痴迷于读书的，有几人欤？

　　我能和姜宏兄结识也是缘于书。书似乎是爱书人的暗号，即便从不相识，有了这个暗号，也能一见如故。算起来，从认识到现在，我与姜宏兄见面的次数怕还不超过五次，但总觉得像认识多年的老友，这可能就是缘于彼此身上发出的爱书人特有的气息。

　　姜宏兄效仿俄国作家爱伦堡用《人·书·生活》作书名，乍一看，似乎普通了些，但实际想想，这书名确实恰如其分地总结了他的生活状态。读完这本书你就会发现，作为一个痴迷于读书藏书的人，姜宏兄的生活几乎无处不与书在打交道。毫无疑问书构成了他生活的重心。对于这种痴迷，不读书的人怕是难以理解，而同样痴迷于书的人自是不难会意。古语说"书中日月长"，读完他这本书很能体会这一点。

　　虽然知道姜宏兄痴迷于书，但是不读这本书，仍然无法想象他痴迷之深。比如他在《书之记忆》一文中写到他读小学时，"一种强烈的求知欲促使我每逢寒暑假，总会死缠着妈妈，让她从工厂里的图书室借些适合我看的小说"。到读高中时，"和其他同学不一样，我在学业上倒并不是很用功，而读起小说来却可真算得上是废寝忘食，以至于还不惜挤出本就十分紧张的伙食费到街上书摊租书看。"看到这里，真正的爱书人肯定会露出会心的一笑，因为从中不难看到自己的影子。又如他在《城市书缘》一文中写到他在上海读书期间，"我时常能为《鲁迅给萧军萧红信简注释录》中提到的一个地方近于痴狂地前往上海的某一个角落去探访、凭吊，为淘到一本好书而甘愿忍饥挨饿，仅仅只为省下一顿并不算多的饭钱。"这就不是每个爱书人都能做到的了。

　　和大多数爱书人一样，姜宏兄年轻时也做过作家梦，大学时差一点进中文系。机缘不巧，最后跟我一样从事了法律这个行当。但是梦并未破灭，和大多数爱书人一样，他也把他对书的这种爱、读书过程中的心得形诸文字。在《我与厦图的不解之缘》一文中，他写到他先后仅在厦门市图书馆刊物《厦门图书馆声》上就发表了20多篇文章，这些文章自然都与书有关。我一开始注意到他的名字，也是因为他发在《厦门图书馆声》上的那些书话文章。从那些文章中，我发现姜宏最痴迷于对"二萧"（萧军、萧红）作品的收藏，他收藏的数量之丰怕是在厦门首屈一指。更难得的是，20世纪80年代他还与萧军有过直接交往、书信往来。读了这本新著，我才知除了萧军，他还与师陀等前辈作家有过较为密切的交往。而谈到与师陀的交往，就不得不谈到姜宏兄的经历。原来姜宏兄的经历也颇有出奇之处，籍贯大连，生在洛阳，长在重庆，在上海读书，到厦门工作，其外公与师陀很早前就是好友，外婆是北师大毕业。说其家学渊源也不算夸张，他写到他母亲也热爱阅读，光《红楼梦》就读了四五遍，每次读到黛玉葬花都会掉泪。

　　难怪！

实力派作家的寂寞

——兼论潘吉小说集《梅林深处》

李敬泽先生在为"中国书籍文学馆小说林"丛书写的序中说："当代文学，特别是纯文学的传播生态，大抵集中在两端：一端是赫赫有名的名家，十几人而已；另一端则是'新锐'青年。评论界和媒体对这两端都有热情，都舍得言辞和篇幅。而两端之间就颇为寂寞……"读完潘吉的小说集《梅林深处》，对这段话感触颇深。因为潘吉就是这样一个具有相当实力，却尚未引起评论界和媒体广泛关注的寂寞写作者。

从履历上来看，潘吉成长、生活于素有才子之乡美誉的江苏常熟，饱受文风熏染，才华横溢；作品也大都发表在《人民文学》《小说选刊》《延河》《雨花》《西湖》这样的大刊名刊，仍不能得大名，时也运也？

潘吉小说的优秀不难从这本《梅林深处》看出。从收入集子写于不同时期的 19 篇小说来看，潘吉的语言成熟、老到，充满浓郁的文学气息，一些带有灵性、甚至不乏幽默色彩的句子随处可见。从写作的题材来看，也不可谓不丰富，涵盖了生活的方方面面，几乎未见重复。这让我不由暗自惊讶，以警察为职业的潘吉是如何懂得工厂、公司里的那些道道的？但是认真梳理的话，会发现，潘吉虽然涉及题材不同，兴趣点，或者说关注点却是有迹可循的，比如他比较关注两性关系以及两性关系对人们生活的影响。相对统一的主题让这批小说显得杂而不乱，并且让小说具有了整体性。

潘吉的小说还有一个显著的特点，那就是所谓的"底层叙事"，喜欢刻画描写底层人，善于书写小人物的无奈和痛楚。作品中弥漫着浓郁的悲悯气息，彰显出作者可贵的良知。《车啊车》是一篇情节简单、叙事朴素的作品，但是它给我留下的印象却极其深刻，一个警察无意中抓到一个偷车贼，在将自行车还给失主时，却发现失主——一个正值花季因贫困而退学的女大学生——差点因丢车而自杀。这篇小说看完让人心情悲凉，让我不由想起契诃夫的作品。《脚》中的乔杏生则是一个现代版的骆驼祥子。《残局》塑造了一个底层人的群像。比起单纯写苦难和贫穷，潘吉的有些作品则更进了一步，借描写底层人之间的"恶性竞争"来刻画贫困对人心灵的伤害，这比单纯写贫穷深刻得多，也尖锐得多。比如《冰凉的夏天》中那个在公司里做清洁工的慧芳，丈夫被汽车撞死，女儿被撞残，司机却逍遥法外，但是为了给读大学的儿子凑学费，仍逼着儿子去替醉驾的老板执行拘留处罚，但是就是这样的"机会"，也被同处底层的邻居以不道德的方式抢去了。她的恨无处可发，只能发在邻居身上。

在叙事技巧上，潘吉也勇于探索、尝试。《窗台上的脚印》通过对一个脚印的假想，巧妙地将我们带入了主人公的生活。《杯子的故事》则带点哲学意味，小说中那个引发故事发生的小得不能再小的事件——明明放在办公桌左边的杯子竟跑到右边去了——让我想起刘震云名篇《一地鸡毛》中那个有名的开头：小林家的二斤豆腐馊了。我觉得二者有异曲同工之妙。在《残局》中潘吉使用了一种螺旋上升式结构，一开篇就是被三个儿子遗弃的老金师落水而死，起初以为是自杀，后来发现是失足落水。潘吉叙事之妙就在于老金师只是个引子，叙事的重心在同样悲情的凤婶身上，小说的结尾写凤婶跳水自杀。以失足落水始，以跳水自杀终，悲剧明显升级。

写到这里让我又忍不住为潘吉遗憾。幸而潘吉是豁达的，在作者简介里，他称自己是"小说爱好者"而非"小说家"。这或者是出于一种谦逊，但同时也是在表明一种态度，它告诉我，写作的意义就在于写作本身，就像爱好的意义就在于爱好本身一样。文学不像体育，没有统一的标准，写作者也不可能都成为大富大贵的牡丹，但即便是一朵小野花，也能装点出一整个春天的美丽。

苦难的富饶与诗意

　　散文集《遥远的老房子》是新疆生产建设兵团"金戈壁文学丛书"中的一种。但不能因为是兵团的作者，就对其小觑，至少就这本而言。作者张新军是我鲁院公安作家班的同学，从相识到相知，我对他有说不出的佩服。从外表看，他并不像一个舞文弄墨的——这是一个典型的西北汉子，其外形颇似收在这本书中的散文《三十亩地》的主人公，"中等个头，壮壮实实，面部粗糙却棱角分明，黑中透着铁红，眉宇间褶皱里隐藏着一丝人到中年的沧桑，像秋后田野里一棵经历风雨的红高粱"。——谁能想象得到他对文学的痴情比我们大多数人更甚呢？

　　在《我心中永恒的收藏》一文中，他谈到了他对文学的热爱和执着：写作其代表作《父亲的收藏》一文，短短3400多字，从构思到成稿，其用了两年多的时间。成文后，他又对其进行冷处理，然后"我反复修改了多少遍，现在已经记不清了，我只知道，如果谁在这篇短文里增加或减少一个字，或者改动一个标点符号，不用看原文，我都非常清楚。"就是这种认真的写作态度，《父亲的收藏》一经发表，即广受好评，甚至被收入《我最喜爱的中国散文100篇》一书。

　　我知道新军是在用血写作的，不管是读其文，还是听其言，我都能深刻感受到这一点。他的笔端，饱蘸深情。就是这一点，让其作品显得格外厚重。而能做到这一点，也与他书写的内容有关。他的笔总是离不开生他养他的那块土地，往大了说，是兵团，往小了说，是连队，甚至是他十岁前与父母一起生活过的偏远到仅有几户人家的"老房子"。他知道他的根之所在，他把自己的灵魂死死拴在了那块他热爱的土地上。

在他的笔下，那片土地贫瘠，生活在那片土地上的人生活贫困，但是读他的文章，你并不会感到这样的苦难有什么可怕。相反，他是用一种带着温情、乐观、审美的眼光去看待那段苦难的。比如他写菜窖，文章题目虽然是《饥饿的菜窖》，但文中并没有过多的悲苦，反倒在结尾处写道："但是，我却常常回忆起父亲的菜窖，回忆父亲给我说过的那些话语，和那些与菜窖有关的温馨故事。"当苦难过去，留在回忆中的却主要是温馨。《我的父亲母亲》表面上是写父母，倒更像是给跟父母有着一样经历的兵团人立传，但缠绕始终的主题却唯有一个，即苦难。他写母亲："母亲像个辛劳的母鸡，领着一群年幼的鸡雏，整日为生计奔波、操劳。"写父亲："也许是生活太艰辛，沉重的家庭负担压得父亲喘不过气来，父亲常常责骂我们。"但是通篇读下来，洋溢着的仍然是乐观的色彩。到《父亲的收藏》一文，这种乐观甚至变成了一丝幽默，与那些社会名流和富有的收藏者不同，父亲收藏的是破烂，以及带给他荣誉感的一副旧马鞍。但是，读完这些文章，仍让人感动、流泪。

带笑的泪。一种放下心来安慰的泪。就像危难过后，大难不死、侥幸存生感激的泪。

当苦难变成审美，甚至因这种审美变得富于诗意时，只能意味着这种苦难已成为过去。张新军是站在追述者的角度回忆往事。相信我们都有过类似的体验。所以说，不要总是责怪年轻人对过去的苦难麻木不仁，即使作为当事人，苦难过去，对苦难的认识也会发生变化。这并非坏事。

但是对仍能切身感受、体验到的当下正在发生的苦难，写作者就没那么洒脱了，这就是为什么张新军在《三十亩地》一文中表现出来的情绪更悲观的原因。

我认为相比于张新军的代表作，也就是那篇让人津津乐道的《父亲的收藏》，《三十亩地》尚未引起足够的重视。这篇作品无论是

苦难的富饶与诗意

从现实意义，还是意蕴内涵上，都不比《父亲的收藏》差，甚至更好。在这篇反映当下现实的作品中，作者一直洋溢着的乐观情绪不见了，开始蒙上了哀愁。作者反映的是一个很严肃的现实问题。了解兵团历史的人都知道，当时是在如何艰苦的条件下将一片片荒无人烟的土地开发成富饶的农田。但是随着商业经济大潮的来临，人们开始离开土地，土地无法养活人，曾经养育了一代又一代人的垦地渐渐被荒废了。从贫瘠到富饶，再从富饶到贫瘠，才几十年，就这样实现了一个轮回。

从这篇作品中我读出了张新军文字的力量。这是一篇当之不愧的黄钟大吕式的作品。

最后顺便提一下作者张新军的最新的消息，据他在同学群里说，因为新疆打击暴恐形势严峻，作为治安支队长的他桌上常常放着一把微型冲锋枪，桌下还放着两把手枪，但是，他在埋头写作。

用写小说的手敬礼

——楸立其人其文

用写小说的手敬礼。写下这句话，我自己都感觉矫情。但在楸立身上，却是事实。楸立是笔名，本名崔楸立，河北大城县人，一个派出所民警。地位卑微，人却不卑微，长得粗壮厚实，脸膛总是红的，让人想起高原红，还想到羞涩，可他哪懂得羞涩？一个四十不惑的男人。楸立还是大嗓门，一张口，气运丹田，声震屋瓦，常常吓人一跳。他虽然是写小说的，可体内流动的却是诗人的血。有一阵子我们流行组织读诗会，说是读诗，其实就是几个喜欢诗歌的朋友凑到一个同学的屋里，每人找首诗就读。诗可以是别人的，也可以是自己的。楸立也来凑热闹，经常是别人在读，他在纸上吭吭哧哧地写，轮到他了，他就把笔放下，或者抬头说，姐，你们继续。我们就继续，等到再次轮到他，他就开始用他那带着大城口音的普通话诗意地朗诵，朗诵的当然是他自己的诗，不管写得好不好，总之给人的感觉是感情充沛，就像那首结业后依然被传唱的《等我老了》。对，楸立就是一个感情充沛的人。经常是正在上课，哪个老师说了几句警察的好话，说到他心窝子里了，他就会突然站起，声音像炸雷一样在屋子里炸开，只见他右迈一步，站到过道中央，满脸红光地冲着讲台上目瞪口呆的老师喊："老师，就冲你这句话，我要代表我们全班同学给你敬个礼！"说完，唰，就敬了一个不那么标准的礼！敬得大家面面相觑，然后才是掌声。老师反应过来了，松弛了下来，开始笑，嘴合不拢的样子，可能觉得是意外的收获。

楸立经常动不动就代表我们敬礼。他表现得太淳朴了，以至于我们大多数人都不能适应。连辅导老师有时也怪他：楸立，你不要乱起哄。他很委屈，我这怎么是起哄了。也难怪老师冤枉他，他有时的表现确实像起哄，敬礼是其一，更多的时候他是突然拍掌，嘴里叫着好好好，吓得同学们一惊一乍。但是我理解他是出于本心，甚至是本能。《西游记》第二回，孙悟空听老师讲课，也是动不动一惊一乍，祖师问他，他说是听到妙音处，喜不自胜，故不觉作此踊跃之状。后来看"同窗"武和平写听课感觉，也提到听到会心处，不觉手之舞之，足之蹈之，暗自雀跃。看来这都是真正有慧根的人。

因为楸立的感情如此直露，总让人好奇他会写出什么样的小说。谁知读了他的小说集《红孩子》，让我刮目相看。这是他2012年出的一本小说集，共收小小说70余篇。看介绍，这几十篇小说都是他这两三年写就的，让人不由惊讶。问他，他承认，说是因为2008年母亲去世，心情烦闷，2009年底才开始写小说的，谁知一写不可收拾，一年即发表上百篇，2010年一年即先后荣获首届中国小小说擂台赛入围奖、第二届"小小说月刊杯"闪小说大赛优秀奖、首届汉语蚂蚁小说"金蚂蚁"佳作奖、"华夏情"全国诗文书画大赛二等奖等奖项；小说还入选《中国微型小说2010年精选》《2010—2011年名家作品排行榜》《中国当代微型小说方阵河北卷》《最具中学生人气的名家小小说》等重量级选本。连小小说界名家，为《红孩子》倾情写序的杨晓敏先生都为之惊叹，称楸立是"一个悟性好起点高的人"。楸立说这些话时毫不压抑他的得意和自豪。如果是在之前，我肯定又认为这家伙是在吹牛，但读了这本小说集后，我发觉他确实有值得吹牛的本钱。说楸立的小说人文不符，也不对，因为他的小说仍然充满饱满的感情，那种感情一看就属于楸立的。但是也与人确实有点不同，他的小说里多了一些节制和巧思。特别是巧思，简直是他小说集的亮点，这真让人看不出这个外表鲁莽、类似猛张飞的人原来还有如此细腻的一面，比如他的成名作《红孩子》，同样写革命历史，他切入点极佳，既轻巧又沉重，有四两拨千斤之力。再比如那篇《反恐精英》，一开始是通篇的警察突击描写，让人看了又紧张又刺激，但是最后一句"网管，再续两小时会员"将前面彻底颠覆，让人看了不由捧腹。这个看起来憨憨的楸立呀，没想到你还有这手！他这是在耍聪明呀。但是耍聪明，极容易落入耍小聪明。这也是我跟他谈到的小小说这个文体的局限性，它容易让人沉迷于这样的巧思，满足于小情绪、小玩意。我暗含的意思是写小小说对于他这样聪明的人有点大材小用。他多聪明的人，立刻表示赞同，说他也已经写了一些中短篇小说，并已在一些大刊物上发表。

但是说了这么多，我最后还是忍不住想感叹一句，其实相对于楸立的文，我还是更喜欢他的人多一些。这么一个有血有肉、重感情、活生生的人，在今天你到哪里去找呀！

守望心中的 "死亡坡"

　　写这篇书评，我一开始想到的题目是"交警笔下的交警人生"，因为作者邢根民是陕西省大荔县的一名普通交警，《血祭》这部小说集又全部以交警为主人公，描写的是交警的工作和生活。但是要下笔时，我总觉得这个题目有点轻浮，不足以表现邢根民在小说中想表达的沉重主题。

　　邢根民明显是有强烈的情感要抒发的，这一点只需看看他的小说标题即可知道：《血祭》《守望"死亡坡"》《还债》《最后的心愿》《清明雨》……每个标题读起来都那么沉重。事实上，认真阅读后我发现，他收入这个集子的大部分作品要表达的主题也是相同的，即一个交警如何坚守良知、秉公执法，正确处理情与法、情与权，甚至情与术的关系。《血祭》是如此，《守望"死亡坡"》更是如此。

　　现在警民关系不和谐，原因多样，此处不详论，但不容否认，既有外界对警察的误解，更有警察自身的原因。事实上，像任何一个群体，警察这个群体的构成也是复杂的，邢根民根据他犀利的观察，将手术刀首先切在了警察自己身上。我们看到，在他笔下，确实存在一大批徇私枉法之徒，但是同样也有一批敢于坚持原则、坚守正义、严格执法的人民警察，他们甚至为了自己的信念，献出了自己宝贵的生命。可以很明显看出，作者的立场是很明确的，他同情和赞美后者，谴责前者。但是作者并非简单停留在低层次的赞美和谴责上，而是通过主人公（往往是新入警的民警）的遭遇和困惑，让两种不同的价值观发生碰撞，引发我们更深层次的思考。

作者更高明的一点是，他刻画的是有血有肉的人，而非不食人间烟火的空洞的概念，在世俗的压力下，他们并非纯洁无瑕，完全不近人情，思想上也不是完全没有动摇过。比如在《血祭》中，张勇军因为拦了超速行驶的市纠风办副主任的车受到了批评，他心中不服气，其中一段心理描写是这样写的："退一万步说，就是真的交警没看清你的身份，挡住了你的车，你好好说一句，别发那么大火，也别那么牛，我张勇军也不是木头，这个面子难道还不给你吗？"在《守望"死亡坡"》中，主人公张少华在别人的劝告下也曾动摇过："张少华觉得吕平安说得有点道理，禁不住心里开始自问：我是不是太傻，太老实，太天真？"但是当他们想到那些受苦受难的群众，想到警察的职责，良知开始发挥作用，很快就意识到他们的选择并没有错。这是很真实的描写，这样的描写不仅无损于这些人物的光辉形象，反倒让人物显得更加真实可信，更具亲切感。在鲁院学习时，邢根民经常跟我们探讨如何写出好的公安文学，如何在作品中写出人性，我认为他这样的描写就是写出了人性，就是好的公安文学。

写警察，特别是正面烘托人物形象，总是容易流入直白和空洞，邢根民则很巧妙地通过编织一个个精巧的故事避免了这一点。他无疑是善于编织故事的。我说编织，是因为他的小说中有太多的巧合。比如《血祭》中交通肇事逃逸的恰是主人公张勇军的妻弟，而第二起车祸的肇事者又恰恰是被他"得罪"过的市纠风办副主任。《彩虹桥》中尤甚，主人公刘彩虹矢志要调查清楚的交通肇事逃逸案的犯罪嫌疑人竟然是自己抱养的儿子，而这个儿子又恰是死者的亲弟弟。虽然太多的巧合会削弱故事的真实性，但细细推之，邢根民小说中的这种巧合并非胡编乱造，而是有生活的逻辑作为支撑，因为这种逻辑的存在，偶然其实也是必然。比如《血祭》中的那个胡作非为的市纠风办副主任，以其做派，发生交通肇事逃逸是迟早的事。

巧合必然会增强故事的戏剧性和可读性，但仅有可读性还不够，邢根民还善于塑造悲剧人物形象，以此抓牢读者的心，让他们随之悸动、感动，从而形成明确的价值判断，达到其教化、说服的目的。比如在小说《血祭》的结尾，张勇军为将交通肇事逃逸的妻弟捉拿归案死于妻弟的刀下；在《守望"死亡坡"》中张少华为了拯救不听劝告超载驾驶的客车用身子挡在了车轮下；在《最后的心愿》中新警石志远仅仅为了得到领导的一句肯定不惜用身体拦汽车，最后死于一种毫无价值的表演中……在此我不想说邢根民有悲情情结，这种指责过于简单和空洞，因为现实的残酷往往超出我们的想象，黑暗的势力有时的确会窒息幼苗的生长，事实上邢根民是真正洞悉了生活的复杂和艰难，我们所谓的悲情往往就是现实。

此处还需要注意的一点是，邢根民塑造的正面形象往往是新警，比如《守望"死亡坡"》中的张少华、《最后的心愿》中的石志远，他们刚出校门，虽然在学校时是高才生，但少不更事，在复杂的现实面前他们显得"幼稚""不成熟"，但是恰恰是这种在那些玩弄权力于股掌中的人看来"不成熟"的地方，却让他们赢得了群众的赞誉，但也让他们付出了血的代价。邢根民在此提出了一个很重要的问题，如何爱护这些新人，不让他们被现实的肮脏污染？不让他们最终与黑暗同流合污？更重要的是，如何保护坚持理想信念的他们不被黑暗吞噬？不被丑陋摧毁？邢根民无疑对这些年轻人充满了同情，也对现实中的丑陋充满了愤恨，所以他才会用如此饱满的感情，一次次重复讲述类似张少华、石志远这样的悲剧故事，他喊出了跟当年鲁迅"救救孩子"一样的呼声："救救刚入社会的青年！"

但是我们并没有理由悲观，因为死亡中往往孕育着新生，邢根民也处处试图表现他对此的乐观：《守望"死亡坡"》的最后一直对丑恶姑息甚至狼狈为奸的吕平安在张少华的精神照耀下幡然醒悟，开始变得勇敢；《最后的心愿》的最后，一直刻意刁难石志远的袁队长也开始悔恨。但是这也许仅仅是我们美好而善良的愿望，如果没有法治替代人治，没有好的制度做支撑，善念也许仅仅是这些人心中的一闪念。就像《无冤警官的非常时期》中的何生，作为法制科科长的他被派到清河中队主持工作，本是为了"扳一扳乱执法的歪风"，却因为复杂的人事斗争，最终只能灰溜溜地又离开了。

邢根民作为一名交警作家（暂且如此称呼），一直执着于对交警的书写，这一点本就让人尊敬。更难能可贵的是，他对交警执法——其实可以扩大到一切执法——有着更深入、更高层次的思考，甚至可以说他是跳出了交警写交警。比如在《清明雨》中，交警对老支书无证驾驶摩托车的处罚严格遵循法律，似乎没错，但通过老支书的故事，让我们开始反思我们以为没错的执法到底有没有问题。这就不仅是法律层面的问题，而是人文层面的问题了。邢根民的这种深入思考，体现了他对人本身这个主体的关心，在这里警察不再是执法工具，而是富于人文思考的哲学家、思想家、伦理家。这就是邢根民小说达到的高度。

从艺术上来讲，邢根民的小说还有一个特点，那就是他善于用双关和隐喻，从而在表层的叙述之下给小说赋予更深的意蕴。比如《守望"死亡坡"》中的"死亡坡"不仅指真实生活中那个车祸频发的危险路段，还暗指人生中的诱惑和挫折。邢根民借小说中的另外一个正面人物教导员高阳把这个意思点了出来，当张少华备受挫折感觉郁闷时，高阳对他说："人生的路很漫长，诱惑也很多，危险和挫折也很多，就和开车行路一样，要顺利走下来，就必须脚踏实地，谨慎走好每一步，不然就可能栽倒在'死亡坡'的深谷里。"这段话可以说是邢根民这篇小说的点睛之笔。《还债》中的"还债"不仅指交通肇事逃逸者还死者的债，还暗指交警周润龙因粗暴执法产生的心灵之债。这样的双关和隐喻明显丰富了小说的内涵，提升了小说的思想境界。

读邢根民的小说，总让我想到他这个人。他的小说就像他这个人一样朴实、浑厚，这是陕西作家整体的风格，带有明显的地域特色。虽然在小说的语言、技法上邢根民没有玩弄太多的技巧，但因为立意深远，人物形象真实、生动，邢根民的小说仍让人读了不忍释卷，并不由为主人公的坚守和命运潸然泪下，这可能就是文学的魅力所在了。

随处可见的智慧

央视"百家讲坛"最大的功绩，在我看来是唤起了公众重新阅读历史和典籍的热情，虽然这种阅读大都是"二手"阅读。在易中天和于丹名利双收的刺激下，书市立刻刮起了一股跟风狂潮，"正说""品读"之类的字眼不绝于目。在这种鱼龙混杂的情况下，保持一定的鉴别力是一件必需的事。榜单持续推出李零的《丧家狗：我读〈论语〉》就有这方面的努力。虽然李零这本书在这个时刻出版也有跟风之嫌，但实际上这是他对在北大上课的讲义进行的整理，无论在学术上还是在可读性上都算上乘之作。类似的作品还有李泽厚的《论语今读》和钱穆先生的《论语新解》，都是功力深厚的严肃之作。

近几年，中国文化界还有一个值得注意的现象，就是相对于纯文学的式微，纪实类作品大行其道，比如本期继续推荐的《定西孤儿院纪事》和《在朝内166号与前辈的魂灵相遇》。这类作品的走红，在我看来，缘于公众对真实的需求。因为真实，所以有力量。这也可以理解为什么说真话的陈丹青可以如此迅速地受到公众的欢迎。其新作《退步集续编》延续了其在《退步集》中表现出来的凌厉的文风和高超的见解，其对鲁迅的解读绝对令人耳目一新。

《胡适之先生晚年谈话录》也可归入上述纪实类作品，这是胡颂平在他随侍胡适先生期间对胡适言行的忠实记录，体例颇似《论语》。但据胡颂平讲是受德国爱克尔曼《歌德谈话录》的影响，我倒是联想到鲍斯威尔的名著《约翰逊传》。这本书虽然只记录了胡适生

听雨夜读

前最后五年的言行，内容却极其丰富，小到一个字的读音，一首诗词的字句，大到国际局势的演变，社会背景的探索，可谓无所不包。从中可以尽窥胡适为学以及为人的一面。现在坊间关于胡适的书已然不少，但是像这样真实记录胡适言行的书可说仅此一本——唐德刚先生《胡适口述自传》不算，那是一个特例。陈丹青先生讲去年他读过的最好的书就是这一本《胡适之先生晚年谈话录》，此言应该不虚。

王安忆是一个时常让人惊奇的作家，但她最让我惊奇的还是这本《华丽贵族：阿加莎·克里斯蒂的世界》，尽管在此之前，我已通过《小说家的十三堂课》知道她喜欢阿加莎·克里斯蒂。她说阿加莎·克里斯蒂的全部小说她已经读了百分之七十，而阿加莎·克里斯蒂的全部小说却是八十多部长篇小说以及一百多篇短篇小说，这还不包括她以其他名字发表的言情小说和剧本。王安忆还透露，等她把阿加莎·克里斯蒂的小说全部读完以后，将对其进行专门分析。分析的结果就是现在这本《华丽贵族：阿加莎·克里斯蒂的世界》。

陈希我是目前福建在全国首屈一指的青年小说家，其小说带有一股凌厉的先锋气。其思想诡谲，对人性真相的穷根究底有时让人骨生寒气，因而其作品被称为是表现了人性黑暗的浮世绘。也许正是这个原因，在每一篇小说前面他都做了提示性的问话："你想好了吗？你可以选择合上。你确定要进入吗？"看来他对他的作品有着绝对的清醒，正是在这一点上他和绝大多数中国作家区别了开来。《冒犯书》是他最新的小说集，台湾版同时发行，里面收录了他广受好评的中篇小说《暗示》《我们的骨》《补肾》等。

苏力是那种可以把论文写得像随笔的学者，这一点颇似他欣赏的费孝通，由此可见其文笔及文风是如何之好。但是我推荐《法律与文学》的目的并不仅仅在于此，而在于他的分析进路和方法，就像他在导论里讲的那样："我不做抽象的分析，而是力求将词语、概念、命题放在具体的环境下考察，看它是如何起作用的。"这种方法在学术上有一个专门的名称，叫作"语境论"，我认为，苏力的大多数研究都是对这个理论的实践检验。尽管它听起来像是一个常识，可惜的是，在我们这个时代，懂得常识的人也不那么多了。

重新阅读

　　80 多年前，鲁迅先生曾建议年轻人要少看或者不看中国书，多看外国书。现在这话恐怕已没多少人肯听了，"国学热"就是一个例证。倒是另外一句话还时常听到，那就是多少多少年之内的书不读。这意思是说，只读旧书，不读新书。结合一下自己的阅读体验，特别是考虑到时间和精力的限制，我大体上是同意这个观点的。翻翻自己的读书笔记，读过的书十之八九，还真是有了一定年头的旧书。

　　读旧书的好处是不盲目，经常读书的人就会知道，读旧书比读新书失望的概率要小得多，毕竟能经得起时间的检验沉淀下来的总有其不同寻常处。然而旧书是何其多也，即便是经典，日复一日地阅读，也难得有个头。我就经常面对书架，望洋兴叹，心想，什么时候才能把这些书读完呢？更何况我还有另外一个宏愿，要把读过的，觉得值得重新阅读的书再读一遍。

　　这就更非得多读旧书，少读新书不可。然而旧书、新书也并非那么绝对，什么是新书，什么又是旧书？如果没有读过，就算是旧书对于阅读者来说也是新书了。有时一本书明明读过，但是翻开，却一眼的陌生，那么又跟新书何异？所以我认为对于阅读者来说，没有读过的书都是新书。照这个意思，很多书，虽然已存在了一定的年头，却也仍旧可以按新书来推荐，更何况他们还换了一身新衣裳呢！例如塞林格的《九故事》，例如朱文的《看女人》。

　　最近坊间似乎特别流行旧书新版，上海译文的"译文名著文库"

是一例，华夏出版社"外国文学名著文库"也是一例。人民文学出版社和世纪出版集团适时推出塞林格的《九故事》和朱文的《看女人》《达马的语气》，似乎也赶上了这个风头。知道《九故事》是很早以前的事，作者塞林格就是鼎鼎大名的《麦田里的守望者》的作者。但也许是读《麦田里的守望者》时还小，或者自己是所谓的"好学生"，因而无法理解书中所描写的"坏学生"霍尔顿，那本书留给我的印象并不深刻，实话说也并无多大好感，以至于后来多少次去书店，对这本《九故事》都有点视而不见。不是最近一个朋友鼎力推荐，而人民文学出版社也恰巧出版了这么一本我看得过去的版本的话，我恐怕还得等一段时间才会拿起它。然而买回后翻读，立刻就被吸引了，比如这第一篇《逮香蕉鱼的最佳日子》，就绝对是一篇天才之作。故事一开始是啰啰唆唆一对母女的对话，篇幅有整个故事二分之一长，从对话中我们隐约知道，西摩——也就是这个女孩子的新婚丈夫——因为战争精神上似乎受了创伤，然而西摩说他没事。接下来另二分之一篇幅写西摩跟一个小姑娘在海滩上玩耍。故事的最后，西摩走进房间，"朝在一张单人床上睡着的姑娘瞥了一眼，"然后从行李中抽出一把自动手枪，"接着他走过去在空着的那张单人床上坐下，看了看那个姑娘，把枪对准，开了一枪，子弹穿过了他右侧的太阳穴"。小说就此戛然而止，简洁、干脆而耐人寻味。据我所知塞林格不是一个多产的作家，除了《麦田里的守望者》《九故事》就是他最主要的作品，收入集子中的九篇小说有七篇是发表在著名的《纽约客》杂志，这似乎也能证明作品的整体水准。

《看女人》是朱文的一本小说集。朱文是我很喜欢的一个青年小说家，同时他又是诗人和电影导演，2001年他编剧导演的电影《海鲜》荣获了第58届威尼斯国际电影节"评审团特别奖"等多个大奖。北岛说朱文24岁时写作的第一篇小说《美国，美国》就已经"显示了一个成熟小说家的才华"。这对于我这样一个立志写好小说的人来说真让人嫉妒。作为诗人转型的小说家代表，朱文的小说中充满了诗人特有的诗意和狂放不羁，其主题和描写往往大胆而深刻。比如《看女人》中收录的这篇《我爱美元》，当年就曾引发很大争议。

和这两本"新旧书"不同，李辉的《封面中国》算是一本彻彻底底的新书，书中的文章结集于作者最近两年在《收获》杂志上开的同名专栏。最近关于民国方面的书似乎也特别多，然而大多大同小异。夹杂在这些书中，《封面中国》因其视角的独特似乎格外引人瞩目。作者从《时代》杂志中国封面人物入手，结合史料，特别是大量摘译《时代》里的文章，这些文章不仅具有现场感，因为多是西方人的视角，又有一定的陌生感，从而给我们呈现出了一个别有味道的民国史。加上李辉语言优美，使本书更显得好读，作者也因此荣获了第五届华语文学传媒盛典"2006 年度最佳散文家"大奖。

听雨夜读

趣味阅读

在阅读上，我是一个彻头彻尾的趣味主义者。这跟我记忆力不好有关。说实话记忆力不好曾一度让我十分苦恼。你可以简单想象一下，一个曾立志做学问的人，看过一本书之后，转眼之间却只记得书名和作者，这对他该是怎样一个打击。但是还好，伟大的培根挽救了我，培根在他著名的《论学问》开篇即说："读书为学的用途是娱乐、装饰和增长才识。"他把娱乐放在第一位我认为用意极其深刻。而何兆武先生在《上学记》里也写道："读书本身就是目的。读书本身带来的内心的满足，那是不能用功利标准来衡量的。"这话让我很安慰。

阅读追求趣味，首先这书就必须有趣，而有趣的书往往是一些"闲书"，这真是让人莫之奈何。爱读书的人应该都有这样的体验，往家搬的都是一些看上去就让人"望而生畏"的大部头，真正拿到手里就"手不释卷"的反倒是那些轻松"无用"的小书。而书要有趣味，首先作者必须有趣，很难想象一个枯燥到毫无幽默感的人能写出一本有趣的书来。近几年，在我看来第一有趣的作者是日本的妹尾河童（日本人不是顶没有幽默感吗？那真是——奇怪极了），但是说来"后怕"，我曾多次与妹尾河童擦肩而过，直到有一天，我认真地翻开他的书，哇，真是爱不释手呀，于是立刻疯狂地把当时书市上能够见到的他的书都买到了，比如《窥视印度》《窥视日本》《河童杂记本》，然后他的书出一本买一本（但是《窥看欧洲》我没买，我不知道为什么好好的同样是姜淑玲的译本，不继续在三联印，而非要跑到机械工业出版社印，结果把好好的图给印毁了，不忍卒读呀），直到这本《窥视工作间》。我是个好奇心极重的人，因为喜欢买书、藏书，便特别喜欢"偷窥"人家的书房、书架，河童大概跟我类似，所以能有机会进到别人的工作间去看看，何乐而不为呢？何况，还包括川端康成写作《雪国》的"霞之间"呢。没有照片，这是一大遗憾，但是有比照片更让人喜欢的"河童式素描"。这本书实在适合推荐给喜爱工作（最好自己就有一个工作间）并且好奇心重的人。

　　和妹尾河童相似，黄永玉也是一极有趣的人，虽不是散文家，却写得一手好散文。纪念和他交往过的"比他老的老头"的散文集，读了也是让人赞不绝口，直觉可比那些戴着散文名家帽子的专业作家强多了。和黄永玉不同，范用老先生在我看来主要不是通过他的文字，而是通过他的审美趣味让我们看到他的有趣的。近几年，离休后"赋闲"的范老先生似乎突然"老夫聊发少年狂"，出版了一大堆或编或著的书籍，有些是纯文字，比如《文人饮食谭》；有些则是漫画，有漫画他老人家的（《我很丑也不温柔——漫画范用》），也有凭画识人的，这就是范用编的《凭画识人——人物漫画集》。我喜欢漫画，特别是人物漫画，特别是名画家的人物漫画，比如"小丁"丁聪，比如华君武，又比如叶浅予、黄永玉、廖冰兄、韩羽，都是大家耳熟能详的名家。人物漫画，寥寥几笔，就把一个人给勾勒活了，虽夸张，但极传神，真是让人不由叫绝。其实文学写作何尝不是同样一个道理？说范用有趣，不仅在于他把这些名家的人物漫画都分门别类搜罗了进来，而且画的还都是我们熟悉的人物，甚至就是这些漫画家们互相在画来画去逗乐，让我们由此可以想见他们平时的童心和童趣。值得一提的是，书中还给了鲁迅一个专辑，伟大而严肃如鲁迅者，在漫画家的笔下究竟会成为什么样子呢？那真是只有看了才知道。

　　范用还编过一本《买书琐记》。我极喜欢。我认为判断一个人是否真正的书痴，就要看他是否喜欢读关于书的书，也就是书话。但是知音难觅呀，截至目前，还未见有人附和我这个论断。美国人汤姆·

拉伯倒是给出了另一些判断"嗜书瘾君子"的标准。在《嗜书瘾君子》的第三章，拉伯一口气列举了 25 条标准。书买回来的当天晚上，我躺在被窝里一条条对照，结果我"不幸"中弹！看来我要把以前自称的"疑是一书痴"前面的"疑"字去掉了。这是一本有趣的书，拉伯用极其夸张的语言列举了"嗜书瘾君子"们的种种病征并开出了治疗这种顽症的灵丹妙药。但归根结底，表达的是一个书痴对书籍疯狂的爱，这种爱或许不爱书的人无法理解。值得一提的是，本书的译者就是《查令十字街 84 号》和爱德华·纽顿的大著《藏书之爱》的译者陈建铭。陈曾在台湾著名书店"诚品"旧书部工作过，本身也是一书痴，故对此类书青眼有加，大力翻译。但是有一点必须指出，尽管陈建铭在《藏书之爱》的译者序里曾说他之所以重新翻译这本书正是因为不满大陆赵台安、赵振尧的译本，但是这本《嗜书瘾君子》的"拉伯腔"我怎么越看越像《藏书之爱》中的"纽顿腔"？

口耳相传

　　现在书出得多，每年光新书就让人目不暇接、眼花缭乱，想每本都看过去那是不可能的，看书评、推荐往往也不大可靠，做广告、卖人情的居多，最好的办法就是找一个口味相似、品味值得信任的朋友推荐。据说《海角七号》之所以这么火，就是口耳相传的功劳。

　　《大教堂》还没上市，南宋兄就预告给我了，那口气是相当激动，"《大教堂》呀，雷蒙德·卡佛的代表作呀。"他说雷蒙德·卡佛，像是在说一个接头的暗号，我只能心领神会，跟他一起激动。说来我第一次读雷蒙德·卡佛，也赖一个朋友的推荐，鸿益兄听说我在学写小说，一定要把雷蒙德·卡佛的一本书送给我，那本已经被翻破的书名字叫《你在圣·弗兰西斯科干什么》，是卡佛的一本短篇小说集，仿佛我不读这本书就写不好小说似的。但是我读完这些被称为"极简主义"的小说之后，十分喜欢，而且仿佛真的有所体悟，至少知道表达要尽量简洁，要学会把一切程序化的语言和不必要的修饰全部去除，按卡佛自己的话说，就是"能见度"要低——这一点跟海明威的"冰山理论"很相似，其实卡佛自己也意识到了，他说"这其实又回到了海明威的路子上"。其实关键的问题不在于那些被省略、被暗示的部分有多么重要，而在于你得清楚你省略掉的是什么，卡佛说他清楚，这就够了。卡佛活得不够长久，一生贫苦，经历丰富，早年酗酒，后来终于戒了，把这个当成了最大的成就，但是没想到吸烟却要了他的命，死的时候年仅50岁。听起来，这本身就像一

听雨夜读

个故事。但是不管生活如何艰难，卡佛却不辍写作，在他这并不漫长的一生，他给读者贡献了 6 个短篇小说集，《大教堂》是他公认的成熟之作，共包含 11 个短篇小说。卡佛一生以短篇小说为主，他的解释是你可以想见一个不到 20 岁就有两个孩子的人该如何写作，他意识到要想写完作品并享受完成作品后的那种愉悦的话，就只能写那种一蹴而就的东西，要写"能够坐下来一次写完的东西，最多两次"。这就难怪他对贴在他身上的"极简主义"标签不以为然了。1983 年，也就是这本小说集出版的那一年，卡佛终于可以衣食无忧地写作了，所以他认为《大教堂》跟他的早期作品不大一样，在这部作品里，他的文字变得更"慷慨"了，也许是他终于可以不用再急着为小说收尾了。

我读《少年巴比伦》，同样来自朋友的推荐，这篇小说最早发表在 2007 年第六期《收获》杂志上，朋友说，这是他这么多年第一次认认真真把杂志上的长篇小说读完。"很好，真的很好。"朋友说，怕我不相信，强调了一遍之后，又加了一句，"我不骗你。"他说得那么认真，让我都不好意思了，于是专门跑到邮局把那期《收获》买了，回到家我就认真看了，真的不错，小说很好读，我一个晚上就读完了，读完之后让人有一种想流泪的冲动，为其中莫名其妙的忧郁和悲伤。但是作品的语言却是幽默的，甚至带点痞子味、无厘头味，小说主要讲一个叫作路小路的青年钳工的故事，路小路高中毕业进了一个糖精厂，他的最大理想就是当个营业员，或者进职业大学，他的工作就是无休无止地拧螺丝，或者帮他的师傅老牛逼看修车摊，最亮丽的一章就是爱上了年轻漂亮的女厂医，总之路小路"最青春最香甜"的那段时光都腐烂在那个烂厂子里面，过得是那么绝望和无助，一如我们大多数人的青春。巴比伦，按路内的解释，有三种意思，其中一种是牢狱，所以整个故事其实是讲一个青年人的精神困境。作者路内，1973 年出生，在这部小说出来之前默默无闻，半年之内接连在《收获》杂志上发表了两部长篇小说，据说已成为目前上海文坛青年作家的领军人物。

《少年巴比伦》一开篇就是 30 岁的路小路在同居女友兼地下诗

口耳相传

人张小尹的要求下，回忆他的青春，按作者文中所戏称的那样，这个故事的开头可以模仿《百年孤独》："很多年以后，路小路坐在马路上，想起自己刚进工厂的时候……"无独有偶，张大春的《聆听父亲》也是以此种方式开头，不过张大春是通过讲给其未出生的孩子听的方式讲述自己家族的历史。我读《聆听父亲》，不只是因为张大春本人，更多的也是因为推荐者，在书的封皮，我素所敬仰的朱天文评论道："第一次，他如此之老实，甘心放弃他风系星座的聪明轻盈，有闻必录老实透了地向他未出世的儿子诉说自己的父亲，父亲的父亲。"张大春，绰号大头春，是台湾文学界著名的"文学顽童"，以机智、幽默著称。看一个文学顽童老老实实地书写自己的家族史一定很有趣，更何况，总有一天，面对我们垂老的父亲，年幼的儿子，我们肯定也会忍不住像张大春一样自问一句：我们究竟从哪里来？

听雨夜读

随便翻翻

读了这么多年书，回头看看，看的大都是国内外小说、散文，或者一些所谓的社科著作，国内的书往往截止到五四新文化运动，再往前就看不下去了。不是没有兴趣，而是看不懂。古文不是没有学过，上学时为应付考试也认真读过一些古文片段，但都不成体系。认真读完一本书的时候居少。以前没在意，不觉得这有什么，那日翻张之洞《书目答问》，看得头晕，厚厚一本书目，经史子集，竟然一本都没认真读过。作为一个中国人，真感到片刻的羞惭。

说起来，读书真有一个过程，记得上高中时，只喜欢读外国文学，觉得中国那个算啥。等到上大学，就慢慢开始对中国文学产生兴趣了，我把那段时间称之为补课，但是补的是文学的课，读的大多是古典小说，最多就再加一个《论语》《孟子》。对古籍的认识，大都来自二道贩子，比如钱穆的《中国史学名著》。钱穆书中提到的史书，陆陆续续也买过一些，但是往往买回来，翻一翻，就置架了，等着打扫灰尘。

大学时，慕名去琉璃厂逛过一回，在中国书店旧书部，看到了一匣一匣的线装书，那时穷，知道买不起，问了问价格，果然买不起，所以连摸都没敢摸一把，就怏怏地回来了。现在想想，真是后悔，至少要摸一把呀。这是读了一些书话之后的想法，特别是读过叶德辉的《书林清话》，这种感觉尤其强烈。叶书主要是讲版刻，是版本学一绕不过去的经典名著，以资料丰赡、论述翔实著称。当初读书，多有提到它，一时心痒难耐，到处寻觅，竟然久寻而不得，后于辽宁教育版"万有文库"中觅得，不顾字小文密买回。不久坊间重出上海古籍插图本，文字疏朗、天宽地阔，抚之让人不忍释手。实际上，作为一个版本学书籍，本就应该讲求版式，才可与内容相得益彰。读完该书，才可说对中国古书（主要是线装书）有一个大概的了解。叶书事无巨细，一一详解，比如书何以称册、称卷、称本、称叶、称部、称函，读完才知书还有这么多叫法。又讲各种物事之缘起，如书肆、如巾箱本、如刻书之有圈点、如刻书之分宋元体字，又分讲各朝各代刻书之况，如宋、如元、如明，等等，可谓一版本学之小百科全书。

读完该书，自然对古书之实物兴趣百倍，这也正是我所遗憾之处。读他人书话，多见对以前旧书买卖盛况之描述，可惜经历抗战、"文革"两次浩劫，现在线装书早已所剩不多，即便有存，也多被视为古董，不是凡辈如你我所能染指。那时在琉璃厂问起，一匣最便宜也要一、两百块钱，现在估计早已不是那个价了。而且，实在也没必要一定买本实物在手，看看书中插图，即可过过干瘾，如果实在还不满足，那就再翻翻黄裳先生的《清代版刻一隅》。

黄裳先生是大书话家，家中所藏线装书颇丰，据其自述，早年买书颇有豪气，往往不问价，曾有过拉一板车明清版本换一本心仪的书的豪举。黄裳先生不满于坊间图录形式出版物仅仅瞩目于宋元刻本，乃出其家藏，印就此书。该书早年有齐鲁书社版本，我曾在思无邪旧书店见到过，初印仅 1000 册，惜当时恨其印制未精，未能收存，今复旦大学出版社重出增订本，印制精美，实在值得一阅。借该书，大致可以看出我国古代版刻精致的一角吧。

以上多所瞩目于书的形式，如果谈内容，清李慈铭的《越缦堂读书记》实值得一翻。李晚清人，从《越缦堂日记》看，其读书甚多，关于读书，辑录出来，就是这本读书记。据云，李读书颇有创见，往往短短数语，就能击中要害，且"触类旁通，剖析入微"，可惜我学识浅薄，且书中所谈之书，大多未读，所以不能发表评论，但是从读过的几则看来，实在堪当此论。该书目录就是一绝佳书目，我把该书当成了一阅读指南，按图索骥，读过原书之后再读李的评论，

听雨夜读

想必印象会更加深刻。

其实以我的浅陋，根本不配谈这几本书，但是我的意见是不求甚解，随便翻翻，再说，不是为学术计，读这些书到底有什么实际的用处，至今我还想不出来，所以只能当作一种乐趣，且，作为一个中国人，有时想想，连中国的传统文化典籍都一点不了解，实在也有点说不过去。这也算是一种无用之用吧，以此聊以解怀，一笑。

故乡相处流传

我承认我是一个故乡情结很重的人，这一点在我离开故乡之后感触尤深。事实上满打满算，我在故乡待的时间不足 18 年，其中大部分时间还都待在学校。但是这已经足够我后半辈子都宣称自己是河南人了。除了自己无法完全抹去的口音，还因为我们国家讲究籍贯的习惯，这个习惯总让我无法自信地在外人面前说出我是厦门人这个事实，尽管我的户口已在厦门，而且在这里也已经生活了近十年。

我不知道同为河南人的刘震云和阎连科是否也遇到过这个问题。然而，在刘震云和阎连科那里，故乡更多的是作为一种创作的源泉而存在的。他们跟故乡的关系，就像大树跟大地的关系，大地总是源源不断地给大树输送冲向蓝天所亟须的养分。在刘震云的新著《一句顶一万句》中，他再次把故事的发生地放置在河南延津这个他出生的地方，但是在这个故事里，他并不着意于对河南风土人情的刻画描写，而是有着大的创作意图，按他自己的话说，他是要"通过两个'杀人犯'来探寻人生和生命的终极意义，中国人为什么活得这么累这么孤单，一辈子活着找个知心朋友那么难"。

在这部小说里，刘震云用不同时代的两个小人物的生存和命运书写人生的"出走"和"回归"，小说前半部写的是过去：孤独无助的吴摩西失去唯一能够"说得上话"的养女，为了寻找，走出延津；小说的后半部写的是现在：吴摩西养女的儿子牛建国，同样为了摆脱孤独寻找"说得上话"的朋友，走向延津。一出一走，延宕百年。

听雨夜读

在刘震云的意识里，中国人几千年来都是孤单寂寞的，其根本原因在于我们没有宗教，没有宗教社会中那个可以随时聆听我们说话的神。人有话只能跟人讲，但是想找到一个能跟你对话的人却很难。或者这就是出版商所宣称的刘震云写出的中国人的"千年孤独"？

和刘震云相反，阎连科在新著《我与父辈》中却放弃了宏大叙事，改用平实的语调讲述起了他的家族史。事情的起因缘于四叔去世，阎连科奔丧回家后妹妹的一句话："连科哥，你写了那么多的书，为什么不写写我们家里的事情呢？"就是这句话让阎连科意识到"似乎我的写作是一件与他们无关的事，是与这隅世界无关紧要的"。就是这句话，让他觉得有必要为家族的人们写些什么。阎连科的选择是就写他们的柴米油盐，写他们的生老病死，因为"他们活着，本就是为了柴米油盐的，为了生老病死的"。这点倒是与刘震云不谋而合，刘震云在表达对"知识分子"的不满时说："更大的问题在于，他们认为重要和强调的事情，我舅舅和我的表哥们认为并不重要；他们忽略和从没想到的事情，却支撑着我亲人们的日日夜夜。"所以"有时候读他们十年书，还不如听卖豆腐的、剃头的、杀猪的、贩驴的、喊丧的、染布的、开饭铺的一席话呢"。

这话也许可以给阎连科的这本书做个简单的注解。在这本书里，阎连科讲述了他父亲、大伯、四叔坎坷而平淡的一生。在阎连科的笔下，河南的农村带给人一种悲伤的调子，骨子里带着撕裂的痛感。比如他写道："乡村，不是那个年代的主体，不是革命的主体。那个年代，和今天的改革开放完全一样，主体乃是城市，而非乡村和十亿农民。""可他的子女们，那些出生在 20 世纪 80 年代的一辈人，将无法明白他的父辈们，是如何的为了生存而奋斗，为了婚姻，而丢掉了做人的尊严。"讲到自己的父亲，他忏悔地写到，因为贫穷，没有满足父亲生前看一场《少林寺》的愿望，同样因为贫穷，在父亲病重的情况下，产生了希望父亲早一天离开人世的念头。这些地方，写者真实，看者痛心。

阎连科老家在河南嵩县，与我老家不远，所以我对他书中所描写的那些生活极其熟悉，因而感受更深。

不知道是不是因为这份故乡情结，使我对故乡时刻保持着兴趣，同样也就对关于故乡的人和事都保持着高度的兴趣。第一次知道梵高奶奶是在网上，据说看过她的画的人都很感动。后来知道梵高奶奶也是河南人，老家在河南南阳，目不识丁，70多岁才拿起画笔，画了几年后，出了这本《梵高奶奶的世界》。这本书最让我感动的，倒不在于梵高奶奶的画，而在于她的质朴，她总让我想起自己的奶奶、母亲，在《稿费与成名》中，她纳闷："几张纸咋会比种地强呢？"她解答不出，我也解答不出，但心中却不由一阵酸楚，为仍在家乡种地的那些乡亲。

听雨夜读

向索尔·贝娄致敬

　　余秋雨在高雄中山大学演讲，建议年轻人读书要有重点，不能过于随意，而中年人则大可随心所欲。他说的有重点，是指"先找一些名著垫垫底"，且对名著也不能平均施力，一个时间只能死啃一本，附带着集中阅读与它有关的书籍。可惜我完全是倒着来的，年轻时，兴趣广泛，抓到什么就读什么，又把"不求甚解"挂在嘴边，结果现在就落了个他说的"愚熊掰玉米"，掰一个丢一个，满地狼藉却食不果腹。而今已过而立之年，痛定思痛，决定好好地认真读几本书，"神定气稳地反复咀玩"，说不定，就如他讲的，用不了多久，学问规模就影影绰绰地成型了。

　　我决定精读的第一本书是索尔·贝娄的《洪堡的礼物》。这是一本长达近 600 页的巨著，在今天，不仅对于我，我想对于大多数还要忙于谋生的人来说，读完它都不啻一个巨大的挑战。再加上作者的手法奇特，整个故事依靠一个个回忆以及回忆中的回忆拼接而成，繁复而厚重。索尔·贝娄颇有炫学的意味，书中充斥着各种各样的人名、书名及奇奇怪怪的思想（如人智学），没有一定知识背景和思想准备的读者势必会被搅得头昏脑涨而被迫中途而废。但是我仍然准备接受这个挑战，不仅因为它出版的次年（1976）即获得普利策文学奖，同年又为索尔·贝娄赢得了诺贝尔文学奖奖金，还因为美国作家菲利普·罗斯的那句话："20 世纪美国文学的支柱是由两位小说家构成的：威廉·福克纳和索尔·贝娄，他们是 20 世纪的麦尔维尔和马克

·吐温。"我纳闷的是，海明威被菲利普摆到哪里去了？

　　对索尔·贝娄我其实慕名已久，但是一直没有机会接触他的著作。不知何故，对他的著作总抱着一种敬而远之的态度，总不如面对海明威时那么亲切。我这次决定读索尔·贝娄，最直接的原因来自上海青年作家张生，在他的新著《乘灰狗旅行》中，他不止一次表达了对索尔·贝娄的热爱。《乘灰狗旅行》的版权页标明这是一本随笔集，事实上我也是把它当作一本随笔集阅读的，我可以想象这是作者用小说的形式对他一年美国访问学者生活的回顾和总结。像所有到过美国的文人一样，张生也不可免俗地要写写当地的见闻。说实话，这很符合我的胃口，因为像所有没有去过美国的人一样，我对关于美国见闻的书籍也格外有兴趣。但大多千篇一律，看得多了，反倒倒了胃口。张生作为一个小说家，能发挥自己的长处，用小说的形式写随笔，倒是蛮有意思。但是读着读着，我就开始疑惑，这到底是小说形式的随笔还是"真"的小说？因为符合小说元素的"戏剧性"在他的书里随处可见，特别是《乘灰狗旅行》那一篇，其结果的戏剧性就更让人怀疑了。在这篇文章里（在没弄清是随笔还是小说之前最好保险地称之为文章），张生写到他接受叶威廉的建议决定乘灰狗去芝加哥（索尔·贝娄所在的芝加哥，事实上张生就是因为这个才去的），在路上他看到一个半途上车的亚洲人跟一个黑人发生了矛盾，亚洲人狠狠地修理了那个黑人一顿，后来才知道这个亚洲人是一个来自张生老家河南的中国人。张生算是异国遇乡亲了，两人自然相谈甚欢，临下车时这个在美国做了六年厨师的老乡还邀请张生到他住的地方玩玩。然而就在这个时候，那个一直躲着他们的美国黑佬却突然从故意摔在地上的破旧录音机里拿出一把长长的折刀，捅进了那个河南老乡的胸口。

　　这完全是一个小说嘛。在张生的另外一本新著《个别的心》里，这一点得到了证实，作者简介栏里把《乘灰狗旅行》划进了小说集的行列。我要说《乘灰狗旅行》是一本不错的书，就像当当网上的一位网友评价的那样："很偶然的在书店看到他的《乘灰狗旅行》，一看很喜欢。然后买了他的《白云千里万里》《倾诉》，这次又买了

《十年灯》。感觉他的文字能引起我的共鸣。"我要说我也一样，唯一不同的是，我接着买的是张生的《个别的心》。

《个别的心》完全是一本向索尔·贝娄致敬的作品，甚至可以说是一本中国版的《洪堡的礼物》。张生像索尔·贝娄那样整篇使用了第一人称，甚至他比索尔·贝娄走得更远，第一人称"我"直接就命名为"张生"，在这里作为作者的张生和作为故事主人公的张生开始发生混淆。或者张生是因为索尔·贝娄作品的自传性质太强而故意采取此举？但我们可以看到在《乘灰狗旅行》中他已经这样做了。和《洪堡的礼物》一样，《个别的心》描写的也是发生在知识分子身上的故事，张生像索尔·贝娄一样对知识分子这个群体情有独钟（李敬泽曾说："张生被他的朋友们指称为知识分子，而他本人似乎对这个标签并无异议。正像他的一篇小说的题目《这也是一个知识分子》所暗示的，'也'字含有尖刻的嘲讽和带一点犬儒色彩的无奈，但嘲讽和无奈恰恰表明，知识分子在张生那里是一个肯定性的价值中心。"）。或许本身作为一个知识分子，他对索尔·贝娄笔下的洪堡和西特林的遭遇感同身受，所以才不厌其烦地要重述这个故事。只是故事的地点从美国搬到了中国，从芝加哥搬到了上海，从五六十年代，搬到了 20 世纪末。但精神核心并没有变，于立三不就是洪堡的翻版吗，"我"张生不就是另一个西特林吗？甚至连张生追随立三的方式都和西特林如出一辙，这正是小说开头那激动人心的一幕，正在南京大学读书的张生要去拜访正声名鹊起的先锋小说家于立三了，随后我们便会看到，于立三是如何深深地影响了张生，正如洪堡如何深深地影响了那个坐火车来追随他的西特林，也就是那本书的作者索尔·贝娄。

好小说不会仅仅满足于编故事

高和这人不简单，我们出去玩，大家都拍风景，他却拍我们。这一点很重要，作为小说家，他就应当对人感兴趣，他应当关心人类以及人类的命运。

这一点在高和的新著《夜生活》中表现得很明显。在这部洋洋洒洒30万言的长篇小说里，高和把目光投向了出生于50年代和80年代的两代人。高和似乎包藏着这样的野心，通过对三个家庭两代人人生悲喜剧的书写，完成一部中国近30年平民生活史。这个曾被贴上"官场小说作家"标签的高和，这一次似乎有意识地选择了书写普通人，在他近乎幽默和不恭的笔调里，却饱含了浓重的悲剧色调。三个"50后"主人公应该是高和精心选择设计的，这一点可以从他们身份的代表性看出来，一个从商一个从政，还有一个学毛选先进个人最后成了精神病。和一般的作品不同，高和的主人公都是以别号立世的，同样是别号，50后的是"绰号"，80后的是"网名"。绰号和网名的区别在于，一个是别人叫的，一个是自己起的，仅此一点，或者就可以看出这两代人的区别。两代人有着完全不同的经历和时代特征，相同的是都存在精神方面的病症。"净肉"的人生完全是一个悲剧，这也是小说浓墨重彩的一个最主要人物，他憨厚老实讷言，唯一的业余爱好是把毛选一个字一个字背下来。因为对说反动梦话的恐惧，他草草和一个农村女子结婚，然而新婚之夜，因为闹洞房的同事的一个恶作剧，让他在"一炮打出一个儿子"后失去了性功能，终生沉溺于怀疑儿子不是自己的痛苦之中，终致精神失常……

净肉的悲剧是一个典型的时代悲剧。在社会大变革面前，像净肉这样无能或无力进行自我调整的人，注定要出现这种精神上的迷失。和净肉属于同一个只有代号没有名称的兵工厂的同事，猴精属于调整得较快的那类人，他趁改革风潮，率先通过卖羊肉串发了家。而另一个工农兵大学生同事"三七开"走的是传统的仕途之道。在他们身上发生了这样或那样的时代悲剧，我们想当然地以为这种悲剧至此为止，谁能想象得到，发生在他们孩子身上的悲剧，在某种程度上也是这种时代悲剧的延续呢？也就是说那些本以为跟那场时代悲剧无关的"80后"们，也在无形中通过他们的父辈，接力赛一样间接继承了那场悲剧。因而在高和这里，似乎所有的问题，都可以归因于30年前那场社会悲剧，那是两代人或者更多代人人生悲剧的滥觞。在这里我们可以感受到高和这个所谓的"畅销书作家"对社会和历史问题深深的思考。

这部小说如果说还有让人不满足的地方，也许就在于结尾那个类似大团圆的结局上，这种通俗小说式的结局无形中削弱了高和试图传达的悲剧意味。

同样被贴上了"官场小说作家"标签的王跃文，在他"十年磨一剑"的小说《苍黄》里，却有效地避免了这一点。在这部对官场生态作了真实而详尽的观察的小说里，王跃文把侧重点放在了"敬畏"二字上，在王跃文的笔下，谐音"乌有"的乌柚县县委书记刘星明是一个没有敬畏之心的人，如果说还保留了那么一丁点的话，也只是针对更高的权力。实际上，在"无畏"的背后，王跃文想表达的是监督的缺失，请注意是监督而不是监督机构。对这一点做了更辛辣讽刺的情节是，为了扳倒刘星明，需要县长、人大常委会主任、政协主席、市委办主任四个县级领导共同联名举报，而最终发生效力的却是寄给省长的一个涉及省长切身利害的录音带。而且即使举报成功，举报带来的副作用也让这几个常委无力承受。这样的作品看了难免让人灰心，但是也让人清醒。因而难怪最近一期的《南方周末》不把它当作小说，而当作政治学书籍来评价。

好小说不会仅仅满足于编故事

同样可以作为政治学书籍的还有《一九八四》，这同样是一部结尾灰暗的小说。在精神上它延续了《动物农庄》，但表达得更极端，内涵更深刻，在艺术上它却比《动物农庄》走得更远，它是政治小说，却摆脱了《动物农庄》概念化、符号化的缺点，更冷静，也更细腻，具有极高的文学价值。这是本老书，写于1948年，1949年出版，1950年1月作者乔治·奥威尔就去世了，现在想来真让人捏一把冷汗。之所以要推荐这本书，其一是最近上海译文出版社出了新的精装本，其版式设计疏朗大方，颇为可喜；其二是问了身旁几个读书还多的人，却都未读过这本书，颇让人可惜，从而觉得有重新推荐的必要。有评论家说"多一个人看奥威尔，就多了一份自由的保障"，我觉得这句话是对奥威尔最妥帖也是最高的评价。如果是中国人读这本书，定会有更深切的感受，因为你会发现，这本书简直就是为我们量身打造的。

听雨夜读

才女书

我们这个国家，最不缺的恐怕就是才子才女吧。一个再普通的人，但凡会写几篇小文章，会画几笔画，马上就荣升为才子才女。国人使用起这个词来，从来不懂得吝啬。

相比较起来，兴许是稀缺的缘故，才女的标准要更低一些。在古代，"女子无才便是德"，所以能读书识字，也就称得上是才女了。像李清照这样的，简直称得上是"千年绝响"。民国后，女子地位提高，可以和男人共同接受教育，才女们才开始成群结队喷涌而出。因而，仅从这一点上说，桂苓等主编的《才女书》，将编选的范围限定在民国后，是颇有一点见地的。

这本书的副标题是"百年百人百篇女性散文经典"，入选的皆为著名的女作家，女作家而著名者，称之为"才女"似乎应无异议。但是按周泽雄"文人三才"才气、才华、才情的标准去衡量，入选的文章是否最能表现这个作家的"才"，实属可疑。比如我所熟知的杜丽，选《谁比谁活得更长》，我觉得就不如选《有一种颜色叫铭黄》好。后者虽然不如前者深沉，但是作者的语言才华在这篇文章中表露无遗，让人颇有一见惊艳之感。比如她描写黄铭："个子极高，骨瘦如柴，肤色棕黑，像一根从非洲运来刚上岸的木雕，散发出强烈的风味。她穿手缝的宽衬衫，留着过长的头发，走起路来细脚伶仃，衣袂飘拂，宛如一面凌厉的风中之旗，给人惊鸿一瞥的印象，等你定下神来再回眸细看，她已绝尘而去，一副女巫的派头，极不真实。"又比如写她的硬心肠："毕业前铭去南方实习，和同班一男生结伴而行，回来后刚进门，男生的女友哭哭啼啼找来了：'把他还我吧，你还稀罕吗。'铭从旅行袋里拎出一包手纸来，轻轻丢在门外，笑着说：'咦，谁稀罕了，本来就没借过呀。'那个女友回去病了一场。啧啧啧，铭的心肠真是硬。"这是我1998年读过的文字，直到现在还清晰记得。特别是这个"啧啧啧"，最令我叹服，每次读到这里，都不由要发出声来，感觉只有这样，才能真正读出文章的味道来。

书中选了张爱玲的《天才梦》，这一点也不意外，虽然《天才梦》能不能称为张爱玲的代表作尚有疑问，但从才气上来讲，这篇张爱玲15岁时写就的小短文，的确最能淋漓尽致地展现她那遮掩不住的才气。

在张爱玲的锋芒之下，书中的其他"才女"们多少要显得暗淡无光。张爱玲15岁出道，20多岁就渡过了她的巅峰期，她就像一个没有经过爬就开始走路的婴儿，一开始就成熟了。这样的作家，在这些女作家里，找来找去，还真是少见。也许她的"张派传人"，台湾作家朱天文、朱天心姐妹勉强算一个？说是传人，朱天文给人的感觉会更明显一些，但是她多了几分温和，少了张爱玲作品中的那份刻薄。朱天心，按照胡兰成的说法，其实也有张爱玲的影子在，但是表面上不明显。就是这对姐妹花，十几二十岁就合办了"三三集刊"，十几二十岁就出版了小说集。都曾多次荣获《联合报》百万文学大奖。天文20多岁就开始了她与侯孝贤导演长达20多年的合作，天心17岁时写就的长篇散文《击壤歌》至今30多年仍旧盛行不衰。

这简直也是个传奇。

《才女书》中选了朱天文的《花忆前身》。同为写张爱玲、胡兰成，我觉得就不如选《黄金盟誓之书》，实在不行，就选一篇《俺自喜人比花低》，这些文章才真见得出朱天文的才情。《黄金盟誓之书》中，朱天文说"胡老师人格里明显的向阳性，向光性"。这恐怕也并非我们熟知的胡兰成吧。选在朱天心名下的是《世纪末的华丽》，我起初以为天心真另有一篇同名的散文，因为《花忆前身》天心就也

听雨夜读

写过，但是仔细对照着看了，竟然哭笑不得，原来编者真的张冠李戴，把天文的作品安在天心的名下了。这真是"了不起"的错误。更何况这篇也不是散文，而是小说。更可恶的是，即便错选，也选得不全，算是将原文整个"腰斩"了。

如果真要选朱天心，我建议还是选《击壤歌》，可以选"楚天千里清秋"，里面有这样的句子，"直到卡缪的《黑死病》看到一半时，忽然想到我写文章原可以胜得过他们的呀。白先勇的小说原是我爱的，但那是高中前就已经扬弃了的。琼瑶小说我原也读的，但那是小学四年级时就也扬弃了的呀"。这是何等骄傲的口气，我们终于可以明白朱西宁何以说大家只看到了朱天心的才气，而不知道她读的书多；也终于可以明白，朱天心何以在 17 岁时就能写出这样才气洋溢的《击壤歌》。

有才气其实并不稀奇，稀奇的是，能将才气升华为才华，持之以恒地写下去，这也就是我为什么更看重朱天心后来写就的《时移事往》和《从前有个浦岛太郎》的原因，脱去了少女时的稚涩，作品显得厚重起来。可是，可是，这时天心也不过二三十岁呀。真是让人无语。

前几年在大陆，朱天文、朱天心的书并不多见，以我的孤陋寡闻，仅见上海文艺社出过二人的自选集各三种，花城社出过二人的小说集各一种。但是就是这少见的几种，上海文艺社的还对部分内容作了删改。我对朱天文是一见倾心，有时想想，这种感觉颇类恋爱，爱一个人便要爱她的全部。那时疯狂地寻找她的作品，记得是在 2008年，台湾出了《朱天文作品集》，八卷，台币要两三千元，合人民币七八百元，《读库》代订，犹豫良久，终未下手，并非只是嫌贵，主要还是想哪日能去台湾亲自去买。不料今年山东画报社、上海译文社相继出了朱天文的集子，广西师大社也出了《击壤歌》，这对朱迷们来说，真称得上是一个福音了。阿弥陀佛，感谢主。

历史深处的回响

因为谢泳等先生的努力，西南联大研究近年来隐然已成为显学，关于西南联大的书也是层出不穷。这方面的书主要有两类，一是研究性质的，如谢泳先生的《西南联大与中国现代知识分子》；一类是回忆性质的，如何兆武的《上学记》、何炳棣的《读史阅世六十年》，对当年西南联大的生活都有较为真切的回忆。但是研究的书，总是理性大于感性，回忆性质的，往往又会因为时空的原因，出现记忆上的偏差，读来读去，总让人感觉有点隔膜。所以一本由当年西南联大学生自己编著的书就有了其独特的价值。《联大八年》就是这样一本对八年联大生活的实录。

这是一本完全用真诚和热情编著出来的书，从后记中最可看出这书的编辑情形。编者谓"《联大八年》的编辑与学校无关"，经费全靠学生们"四方挪借集凑"，之所以要费力编辑出版也仅是为了"总结几年来联大各方面的活动"，同时也可以让"北方的同学"以及"整个收复区以及其他后方都市的同学和社会人士"知道"我们这边几年来的情形"，因此尽量实录。书编辑出版于1946年，当时抗战刚刚胜利，联大开始解散内迁，所以也是最接近于真实的第一手资料。其涉及的内容包括联大的各个方面，比如衣食住行，历次的政治运动，学习和工作，文艺和团体，从军和"翻译官"经历，甚至教授们的肖像等等，几乎无所不包。对联大也并非只有讴歌和赞美，同样也有抱怨；精神上也并非如我们想象的那样总是处于亢奋状态，也有低迷的时候。但是对联大的一个方面，大家基本上是众口一词的，那就是西南联大的自由。正如鲁溪在一篇文章中所讲："这一切，都使人觉得没有意思，觉得无聊。要不是在这个自由空气最浓的联大里，也许早就耐不下去了。"而且，尤其需要我们注意的是，尽管我们一直在讴歌西南联大，讴歌西南联大的知识分子，甚至有将他们"神话"的倾向，但是现实是，国难当头，在成立西南联大前，最优秀的那部分学生往往都出于爱国热情上了前线为国家牺牲了生命，学校的教育便"变得更单纯的为教育而教育，也就是完全与抗战脱节的教育"（闻一多语）。而诸多的教授，也往往为了生计或方便，休假结束也就不再回来了，这其中当然包括我们一直称颂的陈寅恪。当然我们并不是要苛求他们，只是也完全不必要把他们过分理想化。

《城门开》是北岛最新散文集。2001 年底，北岛因父亲病重，回到阔别了 13 年的北京，一下飞机，他就发现这个北京城已不是他离开时的北京城，可以说是"面目全非""难以辨认"。北岛感慨"（北京）对我来说是个陌生的城市"，"我在自己的故乡成了异乡人"。因此他决意"我要用文字重建一座城市，重建我的北京——用我的北京否认如今的北京"。然而通篇读完，我认为他并没有做到，尽管他的确费了心思，比如前三章，分别以"光与影""味儿""声音"为题，写了他回忆中的略带抽象，然而又颇具体的旧北京特质。北岛的文字其实更多是关于青少年时代生活的回忆，带有强烈传记的色彩。我们通过文本到达的不是他所想呈现给我们的那个旧北京城，而是青少年时期的北岛以及他的生活环境。当然，二者也是不可分的。其实，北岛否认今天的北京，留恋他过去的那个北京，就跟他的上一代、上两代人怀念他们儿时的北京，抵触北岛儿时的北京一样，永远是一种虚妄。时代永远都在前进，不管是走向好的或者坏的，不管我们情感上能否接受，时代的车轮总是我们无力阻挡的。而且，就深了来讲，北岛所回忆的那个北京城真的就值得向往吗？北岛 1949 年出生，祖国的同龄人，他的青少年时期正是中国多灾多难的那个时期，有多少人会像北岛一样留恋那个时候的北京？对于更多的人来讲，那会不会是一段挥之不去的噩梦？因而从这个角度来讲，我们实

历史深处的回响

在很难跟北岛产生共鸣。

《送你一颗子弹》是刘瑜的一本散文集。我喜欢刘瑜的《民主的细节》，爱屋及乌，就把这本书买了。刘瑜是一个知性女子，文中透着一股知性女子的狡黠气，从文题约略可以看出，如"论他人即地狱""论自己作为他人""论人生意义之不可知"……不仅狡黠，而且还略带学究气。对于一个女人，说她的文章带有学究气肯定不是一个好的评价，但是对于刘瑜来讲，这只是一个笑料，是她文章中抹不去的一块底色。收在该书中的文章大多是她的博文，所以论及面就极其广泛，跟大多数博文一样，涉及生活中的鸡毛蒜皮，但是作为一个政治学博士，她强悍的一点是，她总能从生活小事中看出大问题，比如跟女友去看色情表演，她就能"从一堆猛男的优美肉体中""找到了自由主义是一种安全的政治哲学的依据"，这可就不是一般人能够做得到的了。

几种新版旧书

现在书市喧闹、繁荣，新书尽管不断地涌现，旧书却也在不断地重版。做人难免喜新，读书我却恋旧，喜欢读有一定历史沉淀的旧书，总觉得经过时间长河的洗礼，再粗粝的石头也会冲磨得圆润起来。

案头多的是这样的新版旧书，有些过于易见，似乎没有说的必要，就谈几种较为少见的吧。

读过鲁迅著作的，恐怕没有几个不知道陈西滢，但读过《西滢闲话》的恐怕并不多。我们只知道鲁迅骂陈西滢，至于陈西滢到底说了些什么，鲁迅骂得是否有理，因为没有见到陈著，实在不甚了了。因为鲁迅骂过，便把被骂者一棒子打死，虽然简单易行，但对被骂者难免不公平。如想求得一公允的结果，最好的办法就是把被骂者的书也找来看看。但是委实不易，因为被鲁迅骂过，贴上了反动的标签，新中国成立后"文革"结束前，陈著自然难以出版。查豆瓣，见"文革"后《西滢闲话》共有四种版本，分别为1992年海天版，1994年河北教育版，1995年东方版，2000年人民文学版，但坊间似并不易见。此外就是这本江苏文艺社新版了。读过《西滢闲话》，或者会对陈西滢有一新的印象。正如房向东在《鲁迅与他"骂"过的人》一书中所论，陈西滢有些被鲁迅骂过的文章所表达的思想与鲁迅的思想本质上并无冲突，甚至是一致的，比如被鲁迅骂过的《参战》一文，所表达的思想"与鲁迅的改造国民性的思想，很大程度上是一致的"。即便在陈西滢被鲁迅痛骂的"三一八"惨案事件中，陈西滢和鲁迅的思想也并无本质的不同，陈西滢不主张学生请愿，鲁迅也不主张；鲁迅痛斥封建军阀屠杀无辜学生，陈西滢也写过悼念死难学生的进步文章。所不同者，陈在谴责军阀的同时，认为惨案的发生也应该由群众领袖负责。其实这样的论断也无大错，但惜不适时，正如房向东所言，陈西滢"在这样的时候，仍不忘他的'公允'，从历史的眼光看固然公允，而在当时，难免会激起人们的愤恨"。这不能不说也是公允之论。但是这些看法，恐怕也只有在亲自读了《西滢闲话》之后才能得出。

爱读书藏书的人，不会不知道孙殿起的《琉璃厂小志》。孙殿起以贩书起家，成长为有名的版本目录学家，堪称旧书业中的一段传奇。他极其有心，在从商的几十年中，他将经眼的书籍一一登记在册，精心汇编成《贩书偶记》20卷，被学界广为称颂。后又有《贩书偶记续编》《琉璃厂小志》等书问世。《贩书偶记》是书目，我兴趣不大，感兴趣的是这本《琉璃厂小志》。琉璃厂，被称为藏书人的圣地，我读大学时去过，那时线装书还有，可已不是我能问津的，现在恐怕更是奇货可居了。事实上，从旧书业这个角度来看，孙殿起等人所说的那个琉璃厂早已经死去。要重温昔日文人的旧梦，就只能钻进故纸堆里去寻。可惜这本书也不多见，查豆瓣得知，多年来仅有1962年北京版，1982年、2001年北京古籍版。那么这本上海书店版的出版，对于爱书人无疑算是一个福音了。可惜这本书并不适合一般读者阅读，除多是文言文外，基本上是一资料汇编。书共分六章，为概述、时代风尚、书肆变迁记、贩书传薪记、文昌馆及火神庙、学人遗事六部分，从中已可略窥琉璃厂之全貌矣。

我总觉得书也是有生命的，书的生命在于出版，一本书不再出版了，也就意味着其生命的终结。但是像郭沫若《李白与杜甫》这样的书竟然也能起死回生，实在让人有点惊诧。因为这是一本带有鲜明"文革"色彩的书。记得我还在读高中时，学校门口有一大片旧书摊，最常见到的就是这书。当时不懂，兴趣也不大，也就未想到买本来看。等到后来想看，已经找不到了。这本书初版于1971年，此后似未再版。书中的"阶级论"随处可见，比如因杜甫被秋风卷走茅草的茅屋有"三重茅"，即认为杜甫是地主阶级，因为据郭沫若分析，屋顶的茅草有三重，表明老屋的屋顶加盖过两次，一重约有四五寸，三重便有一尺多厚，这样的茅屋是冬暖夏凉的，有时候比起瓦房来还要讲究，茅草被大风刮走了一部分，诗人便怨天恨人，并且骂拾取被风刮走的茅草的贫穷人家的孩子为盗贼，真是该死。类似这样的评论，俯拾皆是。一般认为郭沫若此书是逢迎"圣意"之作（因为毛泽东表示过喜欢李白），但周国平在《岁月与性情》一书中却有另外一番理解，他认为郭沫若写作此书时正是在连丧二子之后，心中有无法表达的痛苦，怎么可能为逢迎而写作此书。在他看来，郭沫若是想借李白来表达向"尔虞我诈、钩心斗角的整个市侩社会"诀别。假使真的如此，则其中表现出的阶级意识更让人觉得悲哀，因为这意味着这种意识已深入其心，成为其有机的一部分了。

"邪恶"的奥康纳

　　初次听到奥康纳的名字，是读马原的《阅读大师》，里面有一篇就叫"邪恶的奥康纳"。奥康纳之所以邪恶，可以从她的两篇小说看出，一篇是《好人难寻》，讲一个饶舌的老妇人，喋喋不休，令人生厌，最后也因为她的饶舌让一家人都陪她送了命。书中精彩之语很多，被老太婆识破的在逃犯"格格不入"杀死老太婆后，说"她可以变成个好人的"，"要是每分钟都有人对她开枪的话"。马原因此推断奥康纳生活中肯定很讨厌饶舌的人。一篇是《善良的乡下人》，讲一个装着一条假腿的女博士，满脑子的哲学，接吻的时候也冷静异常，书中说她"冷静，充满嘲讽，正从很远的地方打量着他，消遣中却带着怜悯"。就是这样一个不肯被情感屈服的人，自认为轻松地就引诱了他，结果却被一个上门推销《圣经》的所谓的"善良的乡下人"骗了。

　　奥康纳的小说读了让人感觉阴冷，温暖似乎与她无缘。正如雷蒙德·卡佛所说："对弗兰纳里·奥康纳而言，存在着另外一个世界。"奥康纳的小说早在 20 世纪 80 年代就已介绍到国内，可惜只出了那一本《公园深处》，此后 20 年再未见出版。这本书现在已很难找到，旧书网上卖到上百元一本。现在有了这本全新译过的《好人难寻》，对于喜欢奥康纳的读者来说，无疑是个莫大的福音。但是再次阅读，我却对把"邪恶"加在奥康纳的名前有点不以为然。奥康纳，1925年出生，1964 年因家族遗传红斑狼疮病去世，享年仅 39 岁。她短短

听雨夜读

的一生，除了治病就是写作，心中之苦可知。我总觉得《善良的乡下人》里那个高傲而又可怜的女博士身上有奥康纳的影子。女博士说她知道她活不久，我不知道她说这话时是什么心情，也不知道奥康纳写这句话时是什么心情。奥康纳还写到女博士说她不信上帝——奥康纳的小说里经常会提到上帝，对上帝的质疑从无止休，《好人难寻》里"格格不入"在杀死老太婆之前，二人有一段颇显晦涩的对话，老太婆一直拿上帝来求"格格不入"，而"格格不入"说"只有耶稣才会让死人活过来"，"他真不该这么做。他让这个世界不平衡了"。而老太婆在死之前也嘟嘟囔囔地说"也许他没让死人活过来"。奥康纳这一点我们似乎完全可以理解，一个年纪轻轻，就预知了命运的人，她能对上帝有什么好感？你还能苛求她写出什么温暖人心的作品？也许正因此，奥康纳才会说"我的读者是那些认为上帝已死了的人，我很清楚自己正是为这些人而写作"。

有时想想，作家的命运真的很奇特，和奥康纳同时代的另外一位美国天才作家杜鲁门·卡波特，1924 年出生，1984 年去世，享年 60 岁，却早在 1966 年他 42 岁时，也就是他的杰作《冷血》出版的那一年就开始冷寂了，早早地结束了他的写作生涯。虽然他比奥康纳多活了 20 年，但从写作生命上来讲，二人有何区别？大多数人知道卡波特，是因为他那部精彩绝伦的《蒂凡尼早餐》，更是因那部由著名影星奥黛丽·赫本主演的同名电影。对于这本纪实小说《冷血》，可能知道的不多。我也是在看完霍夫曼主演的电影《卡波特》之后对这部小说产生浓厚兴趣的。可以说电影里卡波特的形象让我吃惊，更让我吃惊的是卡波特与小说《冷血》中主人公原型的情感纠缠。小说《蒂凡尼的早餐》成功之后，踌躇满志的卡波特从报纸上读到一则关于一家四口灭门惨案的新闻，他凭借他作为作家的敏感，立刻从中嗅到了写作的价值，从而开始了他长达数年的追踪之旅，并慢慢地跟书中的主人公，也是杀人凶手之一的佩里建立了深厚的感情。但是这种感情是复杂的。作为作家，为了获取需要的信息，他一方面在利用佩里，一方面也在关心和帮助佩里。他们既相互信任又相互猜疑。但是最终作为作家的卡波特占了上风，在得到了他最想得到的东西之后，

"邪恶"的奥康纳

他知道，佩里一天不上绞刑台，他的作品就一天无法完成。当佩里最后一次向卡波特求助时，他拒绝了他，最终佩里被送上了绞刑台。然而当他期待的这一天来临的时候，卡波特却无法真正享受《冷血》带给他的成功，高峰变成了尾声，卡波特从此之后再未有作品问世。

顺便谈下蒋勋的《生活十讲》，蒋勋这本书涉及生活的方方面面，对于寻求生活指南的人来说值得一看。其中不乏对生活深刻的洞察和思考，聊举一例，谈到台湾的高度物化，蒋勋说："我并不担心我们要面对这么一个高度物化的现象，我担心的是有没有一个力量来出来制衡?"这话很值得我们深思，不过，蒋勋随后作为正面例子讲到"欧洲和中国大陆同时存在两股制衡的力量"，作为当事人的我们，或者有另外一番感想吧!

爱情·宗教·玩意儿

　　打开朱天心的最新长篇小说《初夏荷花时期的爱情》，你才蓦然惊觉，朱天心已不是《击壤歌》里那个 17 岁的青春女孩了。算算，这个出生于 1958 年的女子，今年已 52 岁了。她不再写青春期的张扬和惆怅，而是开始叹息迟暮之年的爱性矛盾。

　　小说的名字很美，但写的却是残酷之事。朱天心主动承认小说的名字来自胡兰成，当年胡兰成 39 岁，追求一个比自己年长一岁的孀居女子，女子尤畏人言，胡说我们已入中年，三月桃花李花开过了，我们是初夏的荷花。然而现实生活是什么样的呢？在张大春的访谈中，朱天心透露，她的丈夫唐诺曾对她讲过，面对即将到来的 50 岁，他会很高兴，因为终于可以摆脱性的束缚。这让朱天心开始质疑，没有性的老年之爱到底是一种什么样的爱情？当她得到一本丈夫年轻时的日记时，她又不禁怀疑，日记中那个感情炽烈的丈夫是不是已经被不知不觉地替换了？

　　小说即围绕这些疑问展开。实话实说，这是一部不像小说的小说，因为内容很容易让人跟作者自身联系起来，所以读来反倒像一本带有强烈思辨性质的散文。小说不长，六七万字的样子，通篇以第二人称书写，没有完整、曲折的故事情节，有的只是大段大段的臆想和独白。只有写偷情那一段，有点小说的味道，让人不由联想到渡边淳一的《失乐园》。所以这注定不会是一部能让人产生强烈阅读快感的小说，但却会是一部能引发人，特别是作者的同龄人深思的小说。

新星出版社似乎有一个庞大的计划，要出全奥康纳的作品集。《好人难寻》是第一本，《智血》是第二本。在这部长篇小说里，奥康纳一如既往地展示着她的奥式风格，阴暗、诡异。在读《好人难寻》时，我就注意到奥康纳对宗教的异常关注，在这部长篇小说里，她在这条路上走得更远。小说主人公黑兹尔是一个战后退伍军人，战前，他本想和爷爷一样做一个传教士，甚至差点为此自残腿脚以逃避入伍，因为"传教士少了一条腿是照样可以干的，只要不缺脖颈、舌头和胳膊就行"。但是从战场上受伤回来，他却变成了一个无神论者。阴差阳错，他被弃置到了一个陌生的小城，在这里他创立了一个"没有基督的教派"，并进行传教，但是沉溺于物质生活中的公众对他有关罪恶信仰的谈论漠不关心。最终落魄潦倒的黑兹尔用石灰烧瞎了自己的眼睛。这个带有寓意的结局让人震惊：难道真的只有弄瞎双眼才能看见光明？奥康纳的表达大胆、叛逆，难怪小说出版时，其古怪的情节与荒诞的人物使得许多评论家难以接受。但这部带有强烈个人色彩和思辨色彩的小说，因其鲜明的个性和文学表现力，或许终将在文学史上占一席之地吧。

王世襄是一位著名的玩家，因玩而成为大家，也堪称一位奇人。他的作品大家熟知的有《锦灰堆》三卷、《明式家具研究》等。我去年去上海博物馆，还参观了其收藏的明清家具，真是叹为观止。本来这样一位名家，不需要我多饶舌，但是最近读了其《京华忆往》，忍不住想说几句话。我看到的这本是今年新版蓝皮装，属于三联"中学图书馆文库"之一种，印刷精美，雅致可喜。我虽早耳闻王世襄大名，但因其是一玩家，其玩之物，如鸽如鹰，我终觉隔膜，所以此前并未读过其大著。这次纯粹因这本书清新可喜，就买来随便翻翻，不料一翻，竟然不忍释手，几乎一口气就读完了。要说这本书也不是什么新书，以前出过其他版本不说，文章也都是旧文章，主要选自《锦灰堆》，择其主要，各有涉及，如蛐蛐、獾狗、大鹰、鸽哨、饮食、家具，等等。对于没有读过王世襄，又想粗略了解一点的人，此书可谓一个不错的选择。王世襄之所以能成为一大家，由此书也可略见一斑。首先他热爱，按他的话说他是把这些不务正业的玩意儿都当作中华传统文化在热爱。其次，他用心。同样是玩，他就能把口头流传的《獾狗谱》笔录下来，并作校对整理。再次，他有文化。虽然上学时因为贪玩落下不少功课，但毕竟是燕京大学研究生毕业，中文又好，所以写出来的文章也可读。最后，他能钻进去。毕业后铆着劲写专著《中国画论研究》即为一例。

王世襄写文章有一特点，不生硬，不摆专家架子，多从经验入手，写得风趣活泼，读来轻松易懂，又有趣味。看完他写獾狗、大鹰，给人的感觉是这行你也懂得八九不离十，差不多可以照搬着去玩了。实践性、指导性强。所以同时也可以作为一本玩学入门书了，难怪听说木工师傅们都要人手一册《明代家具研究》。

谢泳的眼光

9月份在谢泳先生的博客上得知其《中国现代文学史研究法》即将由广西师大出版社出版，即感到极大的兴趣，一直关注，可惜一直未见出版。前不久，因想写一篇关于史料选择问题的文章，又想到谢先生这本书，查，仍未见有售，于是冒昧电询谢先生，先生告知即将出版，又问我的地址，说要给我寄一本，果然，就寄来了。捧到书，十分感动。我与先生素昧平生，如果说有所交往，也不过是曾通过电邮向其请教过一次问题，其竟如此慨然赠书，怎不让人感动？事实上，这也是先生最让我佩服的一点，先生在多篇文章里提到过他不吝赠书这个可贵的"习惯"——此风可直追胡适等五四前辈。

收到书后，彻夜翻读一过，收获很多。先生讲史料的搜集，在我看来，其实是在讲发现史料的眼光。这方面先生是典范。我零零星星读过先生好几本书，多是书话类的短文，虽短却都有实物，往往能从似乎不相干的史料里发现大问题，这或者就是先生在谈间接史料时，提到的"能在一般材料中建立与研究对象的直接关系"，先生认为这是"新史料产生的一个重要思路"。比如先生就从鲁迅在日本读书时的课本入手去研究鲁迅早期思想的形成，确是独辟蹊径。先生还说"如何在表面看来没有直接关系的史源中，建立与研究对象的直接联系，这个能力依赖史学素养，也凭借研究者的想象力"，确实如此，先生的文章就是最好的例证。如何发现史料，先生谈到一些方法，都很具现实操作性，想必也都是先生的经验之谈，比如逛旧书店，通过

听雨夜读

广博的阅览拓展发现史料的渠道。读先生书，可知先生阅读面极其广泛，简直可以称得上是无所不读，其博其广，简直让人瞠目。最可贵的一点是，在最后一章，先生还专门谈到史料的首发权、共享权等学品问题，其实学品也就是人品，先生又说在学术批评中"要养成与人为善的习惯"，"不以发现人家的错误为快乐"，此点实足值得我辈谨记。

张爱玲在给宋以朗母亲邝文美的信中说，《异乡记》是她自己觉得非写不可的作品之一。张爱玲何以如此说，似难得解，因为根据这3万多字的残本，实在看不出有什么微言大义可言，所写多是旅途中的琐碎细事，宛如一本笔致高妙的流水账。兴许谜底就在这旅途本身，据宋以郎考证，《异乡记》所记，乃是张爱玲从上海到温州找胡兰成事。以张对胡的一往情深，这样的旅途自然记忆极其深刻。而张自言长居上海，少出远门，那么这趟旅途对她来言也不免新鲜。从现存文本来看，《异乡记》简直称得上是一幅战后江南农村生活长卷。张爱玲在这本小书里，表现出了对旅途见闻浓厚的兴趣以及极强的观察力和天才的描写能力。举凡旅途所见，如贩夫走卒，无聊的旅客，甚至杀猪的场景，她都观察得细致入微，写得生动逼真。比如，她写火车上人的无聊和好奇："车上的小生意人，乡农和学生一致注目看着那军人，看着他在摇椅上入睡，看着他的女人与仆从，他的财产与鸡只。很奇异地，在他们的眼光里没有一点点批评的神气，却是最单纯的兴趣。看了一会儿，有个学生弯腰系鞋带，他们不约而同转过脸来细看他的皮鞋的构造。随后又有人摸出打火机来点香烟，这一次，观众却是以十倍浓厚的兴趣来瞪视那打火机了。然而，仍旧没有批评，没有惊叹，只是看着，看着，直到他收了起来为止。"便极其传神。张的描写传神，还在于她善用妙喻，这些妙喻在她都似信手拈来，浑然天成，又贴切，又形象。比如她写钱庄的伙计，"灯光里的小动物，生活在一种人造的夜里；在巨额的金钱里沉浸着，浸得透里透，而捞不到一点好处。使我想起一种蜜钱乳鼠，封在蜜里的，小眼睛闭成一线，笑眯眯的很快乐的脸相。"真是又刻薄又形象。

我们知道张岱，多是因其名作《陶庵梦忆》，这是一本经历家国

谢泳的眼光

破亡之恨的人追忆昔时繁华所写就的奇书。读来，每让我想起曹雪芹，只是张岱比曹雪芹更惨。张岱抚今思古，无限悲戚。从张岱文可知，张岱亦是一奇人，据其《自为墓志铭》，知其"好精舍，好美婢，好娈童，好鲜衣，好美食，好骏马，好华灯，好烟火，好梨园，好鼓吹，好古董，好花鸟……"几乎无所不好，而又一事无成，"学书不成，学剑不成，学节义不成，学文章不成，学仙学佛、学农学圃俱不成"。但就是这个什么都不成的"败子""废物"，却在明亡之际独立完成近300万言的明史著作《石匮书》及《石匮书后集》，还编过一本词典类图书《夜航船》，三四百年后还让一个余杭人氏余秋雨津津乐道。张岱的书，除《陶庵梦忆》外，其他我大多未读过，对张岱的理解也支离破碎，幸好有史景迁这本《前朝梦忆：张岱的浮华与苍凉》，让我得以走进张岱完整的世界，从而对张岱也多了一层理解和感悟。这是一本关于张岱全景式的著作，举凡家族、生活、社会、历史都有涉及，经过史景迁的细致梳理，张岱一生的轨迹，历历在目。而温洽溢的翻译，语言准确、典雅，又不失平易，因而读来十分轻松，本书实在可以作为了解张岱的一个不错的选择。

一年到头为书忙

我不是一个喜新厌旧的人。查点今年书账，虽然购书总数达 200 余册，但真正属于今年的新书并不多，数了数，或者 20 本也不到。这其中有一些，虽然多了"增订本"的字眼，但严格说来，仍是旧书，比如黄裳先生的《来燕榭书跋》，早年即有版，可惜市面上早已不见，在孔夫子网上已成稀罕物，稀故而贵，因为喜欢黄裳先生的文章，总想买一本来瞧瞧，就因为价格过昂一直下不了决心，不料突然再版，且有"增订"，怎不大喜过望？《来燕谢书跋》的价值自然不待我讲，连跟黄裳打过几场仗的止庵先生都很"客观"地对这本书予以了肯定，更遑论他人。

我不是书评家，读书纯粹出于兴趣，从来没有做"书界观察员"的志向，所以以下所谈，只局限于个人阅读经验，虽不免孤陋寡闻之讥，也只能不计。

今年对于我来说比较重要的一本书是宋以郎编的《张爱玲私语录》，并不是说这本书多么重要，而是作为一个标准的"张迷"，这本书曾让我牵肠挂肚。张爱玲大家自然不陌生，其才气——套用朱天文形容读完胡兰成《今生今世》的话——可谓"石破天惊，云垂海立"。记得萧春雷老师曾讲过，真正能"不悔少作"的可能也就张爱玲，此可谓知言。《张爱玲私语录》台湾早有出版，可惜大陆一直未见引进，5 月份，本欲托人从台湾捎带，在网上问止庵先生，知已有人在做，等到 6 月份，豆瓣上已见出版信息，然而直到 7 月，方购得。等待时的焦灼心态谈过恋爱的人不难体会。

今年作为"粉丝"还买过一本毛姆的《作家笔记》。作家们或者写作习惯各异，但随手记下一些灵感、片段、素材，应该是共通的吧。这本书对于喜欢习作的人来说当有较大启发价值。最值得人深思的或者是"前言"里的这句话："每一个作家都应该有一本笔记，但又得注意不要去参考它。"但很显然毛姆自己都没有遵从自己的劝告，不要说参考，他在中国游历时记下的笔记，最后直接拿去当书出版了。

值得一提的还有著名治印大家陈巨来的遗著《安持人物琐忆》，这本书先在《万象》杂志上连载过，当时没细看，书出来后才认真细读一遍，不禁为之倾倒。陈追记其民国时在上海艺术圈的交游，绘人惟妙惟肖，比如溥心畬的狂傲，张大千的豪放，读之欲出，难怪海上"陆公子"陆灏肯为他这本书大费心血。但许是艺术家的秉性，书中不实之处颇多，最著者当推写陆小曼那篇，连林徽因的死期都错得离谱。书校对也不精，舛误之处随处可见，有网友专写一文，列其错处，看了心惊。

10 份在京旅游时，还于时尚廊书店购得一本祝勇的《辛亥年》。模仿《万历十五年》以一年为切入点进入历史，在众多的同类书中也算有其特点。更喜的是该书中稀见的旧照片颇多，印刷也称得上精美。在北京鲁迅博物馆还购得一本安徽大学出版社出的《儿童杂事诗》，硬皮精装，周作人作诗，丰子恺插图，钟叔河笺释，也可称得上是绝配。更喜的是，我这本还是本毛边本，不仅一偿我谋求毛边本的夙愿，而且一刀在手，边裁边读，真是其乐何如。

其他的，还购得一本谢其章编，挹彭著《东西两场访书记》，唉，这又是一本只有"书虫"们才会感兴趣的书。购得一本林文月的《回首》，又是新瓶装老酒！刚刚还读完一本曹聚仁的自传《我与我的世界》，书末作者提到日本鹤见祐辅在《徒然的笃学》中的一个观点，即书读得越多越蠢，这难不成是说我吗？

一年读书流水账

一个从不读书的家伙心怀恶意地讥嘲我为"书袋纸",据说是闽南话,意思是书呆子。我早已不会为这样的傻话愤怒,我早在一篇文章里谈到,人不会因为读书而变呆,书呆子在读书之前本就已是个呆子。但是过于沉迷于读书确实容易让人远离现实,手头正在读的《伯林传》(伊格纳季耶夫著)里就写到,是斯彭德让以赛亚·伯林突然间认清了现实,而无法缩在象牙塔里做学究,对现实持一种事不关己的态度。这话让我警醒,因为很明显在我身上也有这样的倾向。查 2012 年书帐,购书 160 种 180 余册,虽比去年略少,但也不可谓不多,而且这还是有意克制的结果,之所以克制,是因为书架已经塞满,也有过多的新书尚未阅读。

购书虽多,认真阅读的不及一半,这是很自然的事。查读书日记,读的书仍是旧书多于新书——这里的旧书指的是 2012 年之前出版的书——比如正在读的这本《伯林传》就是 2001 年出版的旧书,2007 年从旧书店买回来,放在书架上一直未看,直到前不久才得空抽出来。即便是 2012 年出版的书,也未见得都是新书,比如海豚社仿牛津版出的那套董桥作品集,在大陆虽然是首次出版,在香港却已行销有年。而且比起广西师大社那套"董桥文存",也算董桥新近的作品,对于大陆读者的吸引力自然更大。让我觉得有意思的是,海豚社如此抄了广西师大社的后路,广西师大社的那套"董桥文存"还如何出得下去?

虽对董桥颇有微词,但是碰到他的书,仍忍不住会买。但是相对他那几本香艳依旧的近著，我更感兴趣的是那套煌煌六大卷《英华沉浮录》。《英华沉浮录》也是旧作，大多写于香港回归前后。文字虽短小，却有董桥不易见的火气，又以谈文字语法为主，虽挑的多是港人的错，但读了仍不无裨益，像补上了一堂语文课。

关于张爱玲的几本书也是旧书新版。蔡登山的《传奇未完张爱玲》之前已有大陆版，虽然江苏文艺社这次有增订，也不能算是新书。《张爱玲庄信正通信集》和《镜头下的张爱玲：影像书信出版》虽然都是首次在大陆出版，但也早已有台版。张爱玲翻译的《老人与海》更是早在50代就在香港出版过。张爱玲一直以英文自得，曾将《海上花列传》翻译成英文，还用英语写过好几部小说，所以让人不由对她翻译的《老人与海》充满期待。关于译文的好坏，因为能力有限，我无从评价，不过读《张爱玲庄信正通信集》时曾注意到庄信正说夏志清曾评价张爱玲的英语很怪，庄信正亦认同，解释说可能是张爱玲的英语主要靠自学的缘故。

《张爱玲庄信正通信集》是研究张爱玲晚年生活的一份重要资料。庄信正早在20世纪60代即与张爱玲相识，二人前后共通信28有余，直至张爱玲去世为止。从二人的通信不仅可看到张爱玲凄凉的生活晚景，还可以看到晚辈后学对张爱玲的殷勤体贴，让人不由心生一丝安慰。庄信正还为通信集做了大量笺注，使局外人也得以方便了解通信的来龙去脉及背景情况，比单纯读信要有趣味得多，这也是这本通信集胜过《张爱玲私语录》的地方。

真正的新书，印象较深刻的有扬之水的《＜读书＞十年》三卷，日记体，但如果不是对80代末90代初知识界有兴趣的读者，怕不会感兴趣吧。还读了毛姆的短篇小说集《木麻黄树》，虽也是几十年前的旧作，但据说是第一次在国内翻译出版，所以对大陆读者来说仍算新书。还读了格非的长篇小说《隐身衣》，说是长篇其实不足9万字，据说好评如潮，可惜不大对我的口味。倒是看完电影后认真重读了一遍的《白鹿原》，让我激动难耐，再次觉得与其冒险去读一些价值不确定的新书，不如老老实实重读一遍经典。这可能就是我读书旧书多于新书的一个重要原因吧。

听雨夜读

迁怒：鲁迅与钱玄同

鲁迅战斗的一生，因思想、立场、态度、性格甚至生活琐事等原因，有过不少"敌人"。还有很多"敌人"，本是朋友或战友，但也因以上所说原因而渐行渐远，终至于陌生而且相互憎恶起来。钱玄同即一例。

钱玄同和鲁迅曾同为新文化运动的主将，读过《呐喊·自序》，我们知道在新文化运动初期把鲁迅从故纸堆里拉出来的即是他。二人早在留日时即为同窗好友，曾共师章太炎。钱玄同性格激烈，为反对旧文化，改姓为"疑古"，其实也是表明了一种态度。为求新，又说过"四十岁以上的人都该枪毙"这样过激的话。不料，这些后来都变成鲁迅嘲讽他的口实。

二人交恶，认真研究起来，并没什么大不了的原因。房向东《忧患于时事，退隐于书斋——鲁迅与钱玄同》（见房向东《鲁迅与他"骂"过的人》一书）一文有详细的梳理，可供参考。按房文，二人交恶，实因思想志趣的差异，五四以后，"钱玄同由封建的叛徒而成为自由主义者，他的心境渐趋平和；鲁迅仍然不改狼的秉性，他在荒原中嚎叫，他心中仍然充溢着战斗的激情"。直接导火索则是一件小得不能再小的琐事。1929 年 5 月鲁迅第一次北上省亲，在老师章太炎那里和钱玄同碰面，为了一句话，两不相投，引起争论，直到面红耳赤，不欢而散。后来再次见面，本想解开这个疙瘩，但钱玄同的一句玩笑话又惹恼了鲁迅。钱玄同无话找话，恰巧看见桌上放着一张周树人三个字的名片，他就问鲁迅："你现在又用三个字的名片了？"鲁迅立刻答道："我从来不用四个字的名字。"这是嘲讽钱玄同曾用"疑古玄同"名。钱玄同碰了个没趣，只好溜之大吉。此事可见沈尹默《鲁迅生活中的一节》一文，钱玄同《我对周豫才君之追忆与略评》一文也有述及。本来这也不是什么大不了的事，但是二人从此形同陌路。

钱玄同对鲁迅有过什么评价不知（鲁迅在1930年2月22日致章廷谦信中曾说"疑古和半农，还在北平逢人便宣传，说我在上海发了疯"），鲁迅倒几次在书信里嘲讽钱玄同。1929年5月25日致许广平信："途次往孔德学校看旧书，遇钱玄同（《两地书》出版时作金心异），胖滑有加，唠叨如故，时光可惜，默不与谈。"1930年2月22日致章廷谦信："疑古玄同，据我看来，和他的兄长一样性质，好空谈不做实事，是一个极能取巧的人，他的骂詈，也是空谈，恐怕连他自己也不相信他自己的话，世间竟有倾耳而听者，因其是昏虫之故也。"1933年12月27日致台静农信："写序之事……至于不得不托金公执笔，亦诚有其事，但系指书签，盖此公夸而懒，又高自位置，托以小事，能拖延至一年半载不报，而其字实俗媚入骨，无足观，犯不着向悭吝者人乞烂铅钱也。"1932年12月29日，鲁迅还曾做《教授杂咏》诗挖苦钱玄同，第一首云："作法不自毙，悠然过四十。何妨赌肥头，抵挡辩证法。"这是在嘲讽钱玄同那句"四十岁以上的人都应该枪毙"的戏言。1935年鲁迅又曾发表《死所》一文批评嘲笑钱玄同由于马廉教授因中风死在教室里，"从此不上课"的可笑行为。

综观鲁迅的这些批评和嘲笑，主要基于三点：一是钱玄同的性格和做事风格，如懒、唠叨、好空谈、爱取巧、拖延、好作过激之语；一是钱玄同的人身，如胖；一是钱玄同的能力，如写字俗媚入骨。与思想倒关系不大。而我们知道，一个人的性格、能力和做事风格，是很难随时间而改变的，那么我有理由相信，鲁迅所说如非发自肺腑，而只是因人而迁怒其他，则可知鲁迅从未真正把钱玄同看作过朋友，从根本上说，鲁迅是看不起钱玄同的。以前作为同学和战友时，或者昧于面子，不便明言，现在作为"敌人"，则无所顾忌，直接予以鄙

听雨夜读

视了。许寿裳在《亡友鲁迅印象记》中述及，在东京留学时，"谈天时以玄同说话为最多，而且在席上爬来爬去。所以鲁迅给玄同的绰号曰'爬来爬去'"。鲁迅在致周作人的信中，也戏称钱玄同为"爬翁"。这或者只是当时的一个玩笑，但追究起来，或者鲁迅当时即对钱玄同看不惯也未可知。

不说曾经是朋友和战友，即便是普通的关系，看到鲁迅这些话，也难免会感到深深的刺痛吧。关于鲁迅的这些评论，钱玄同曾经表达过他的看法。在鲁迅死后第五天，钱玄同就写了《我对周豫才君之追忆与略评》，文章写得很平和，但仍掩饰不住他的委屈和不满。谈到《两地书》中说他"胖滑有加"事，钱玄同说："我想，'胖滑有加'似乎不能算作罪名，他所讨厌地大概是唠叨如故吧。不错，我是爱'唠叨'的，从二年秋天我来到北平，至十五年秋天他离开北平，这十三年之中，我与他见面总在一百次以上，我的确很爱'唠叨'，但那时他似乎并不讨厌，因为我固'唠叨'，而他亦'唠叨'也。不知何以到了十八年我'唠叨如故'，他就要讨厌而'默不与谈'。但这实在算不了什么事，他既要讨厌，就让他讨厌吧。"

尽管近日读完林贤治《鲁迅的最后十年》后，对鲁迅何以骂郑振铎、林语堂等昔日朋友认识有所加深，但对鲁迅骂钱玄同，我总觉得意气的成分占了绝大部分（其实包括鲁迅之憎恶顾颉刚）。鲁迅骂钱玄同之刻薄及人身攻击，实在让局外人兼今人如我难以接受。钱玄同在《我对周豫才君之追忆与略评》一文中曾总结鲁迅长处与短处各三，其中一短处为"迁怒"，他说："本善甲而恶乙，但因甲与乙善，遂迁怒于甲而并恶乙了。"这里有为自己辩解的意思，钱玄同是指鲁迅本同他很好，但讨厌顾颉刚，因而连和顾颉刚有交往的钱玄同也讨厌起来了。此说实有道理。房向东觉得，倘如钱玄同所描述，则鲁迅简直如五岁小孩，仿佛是童话了。但是，房向东虽然没有查到鲁迅因顾颉刚而讨厌钱玄同的证据（其实，1930年2月22日鲁迅致章廷谦信中已露端倪，信中议论完钱玄同后，同段接着就开始议论顾颉刚，说顾颉刚"天生一副小娘脾气，磨了粉也不会改的"。可谓轻蔑之极。最后一句对二人做总结陈词："疑古亦此类，所以较可以情投意合。"由此可见，鲁迅对钱玄同和顾颉刚的密切交往还是心存芥蒂的)，其他证据确实有的。1927 年鲁迅在广州，时任广州岭南大学文学系职员的钟敬文，得知鲁迅到来的消息，曾偕梁式等往访，后为拟在广州设立"北新分局"事，又曾与柏成志同写信给鲁迅。但鲁迅因为钟敬文与顾颉刚有往来，便认为"钟之背后有鼻"，而对其不怀好感。事见 1927 年 7 月 7 日鲁迅致章廷谦信，有据可查。则如此，鲁迅因顾颉刚而迁怒钱玄同也并非不可能。

值得一说的是，钱玄同在《我对周豫才君之追忆与略评》一文中，对鲁迅的评价却相对客观、中肯，比起鲁迅对他的评价，简直不可同日而语。怀疑论者，或者又要猜测钱玄同是故作"伪善"的吧。

从迁怒到成见：鲁迅和顾颉刚

在鲁迅和他的"论敌"中，我最关心的是鲁迅和顾颉刚的关系。我认为从二人的恩怨中，最可看出鲁迅的性格。关于鲁迅和顾颉刚，已有不少文章，一路看来，大同小异，因为能找到的材料也就那么多，而事涉鲁迅，是是非非就难以遽判。我承认，我是敬重鲁迅先生的，感情的天平难免要往他这边倾斜一点，具体表现为，即便鲁迅先生有什么"不妥"的地方，总是忍不住会替他找个借口，然后就"释然"了。在这样的借口下，鲁迅先生的光芒就越来越耀眼，终至于要成神了。试想，如果不是神，而仍是一个凡人，就没有缺点和犯错的时候吗？

鲁迅先生或者不会说自己是神，肯定也承认自己是凡人，有凡人都有的缺点，他之所以为神，大抵是我们把他抬到了供桌上。他虽不情愿，但也无可奈何，因为他老先生已经死了，已经没有气力爬起来跟我们抗争了。

正因为还有这一点点清醒的认识，使我不能不认真地探究鲁迅先生究竟为何如此憎恶顾颉刚，因为只有弄清楚了——最好顾颉刚的确有值得他如此憎恶的地方，我才能释然。要不我实在难以理解。因为顾颉刚在我的印象里，是一个不大爱问世事的书斋型学者，与他的老师胡适以及同窗傅斯年都是有很大不同的，何以论敌甚至是仇敌如此之多的鲁迅最憎恶的却是他呢？而探究的结果是怎么样呢？我说过关于鲁迅和顾颉刚的文章是很多的，不知道他们写之前是否有看过他人的文章，反正讲来讲去，有新意的地方不多，大多是将能找到的关于二人的资料罗列一番，然后得出一个似是而非的结论，甚至也没有结论，就那么糊里糊涂地结尾了，让人看完还摸不着头脑，也许是要让读者根据资料自己去做判断吧。但是看来看去，除了资料，还是看出了两种观点，自然是截然相反的，一种是说顾颉刚这人的确可恶，鲁迅先生憎恶他是有道理的，理由为……理由自然各不相同，有说顾颉刚这人虽然表面上看起来没城府，其实是最有城府的，因为最有城府的人，往往故意表现得没有城府。这话是有道理的，但我猜想这个作者是武侠小说看多了，因为武侠小说最喜欢把武功最高的人描写得仿佛一点武功都不会。也有说是因为顾颉刚造谣说鲁迅的《中国小说史略》是抄了盐谷温的《支那文学概论讲话》。这种说法是最多的。那么何以鲁迅恨陈源并不如恨顾颉刚呢？那是因为陈源只是一个谣言的传播者，顾颉刚才是谣言的制造者。谣言的制造者自然比谣言的传播者更可恨。（孙玉祥《鲁迅为什么刻薄顾颉刚》）这种说法有一个很有力的证据，那就是顾颉刚先生的女儿顾潮女士在她关于父亲的书里（《历劫终叫志不灰——我的父亲顾颉刚》）也承认了这一点。但是这种观点无法解释一个问题：连胡适都不知道顾颉刚是谣言的制造者（他认为是"小人"张凤举），鲁迅又是如何知道的呢？再者说，即便顾颉刚真的私下说过鲁迅抄袭了盐谷温，鲁迅先生有必要恨他恨成那个样子吗？似乎仍不可理解。

关于二人关系的另一种观点可要激烈得多，那就是把鲁迅先生拉下神坛，直接批评他的不是了，这方面可以举出一个例子，那就是张耀杰先生的大文《鲁迅与顾颉刚：党同伐异的"可恶罪"》。猛一看这个题目，我还以为张耀杰是在批评顾颉刚党同伐异，待看完文章，才知道批评的是鲁迅。说鲁迅从来没有"像胡适那样站在科学加民主的现代人道的立场之上"，也"从来都没有真正走出过中国传统宗教神道单向维度的'存天理灭人欲'的二元对立、一元绝对的圣战思维与圣战圈套"，"鲁迅对于顾颉刚们一厢情愿的树敌积怨，就是在自以为是、层层加码中步步攀升的"，"两相对照，被鲁迅骂为'浅薄''阴险''专门荐人''反对民党'的顾颉刚，反倒显得太过厚道也太过迟钝，直至一年之后还不知道，党同伐异的鲁迅与他势不两立的根源，只在于他是'自称只佩服胡适陈源两个人'的'异党'。借用鲁迅的话说，顾颉刚所犯下的是莫须有的'可恶罪'。"这是彻底替顾颉刚平反了。

照我的看法，鲁迅之憎恶顾颉刚，肯定不只是造谣鲁迅抄袭那么简单，也没有"党同伐异"那么严重，因为如果按照后者的说法，鲁迅最有可能憎恶的应是胡适陈源辈。鲁迅之所以如此憎恶顾颉刚，以至于不顾身份，大搞人身攻击，恐怕是有"迁怒""误会""成见"等多种因素在里面。先说迁怒，鲁迅多次提到顾颉刚，都用到这样的字眼："陈源之流""胡适之的信徒""现代评论色彩"。众所周知，鲁迅对胡适、陈源之流是不感冒的，现代评论派里又只有一个郁达夫他还看得上眼，那么作为陈源之流的顾颉刚自然不大容易取得鲁迅的好感，更何况"顾颉刚是自称只佩服胡适陈源两个人的"。再说误会。顾颉刚事隔多年之后曾用潘家洵的攻击与伏园川岛的挑拨来解释鲁迅先生何以对他误解，不能不说可能有这样的因素存在。再说成见。成见往往与误会是交织在一起的，这从 1934 年 7 月 6 日鲁迅致郑振铎的信中即可见一斑："此公遍身谋略，凡与接触者，必定麻烦……嘴亦本来不吃，其讷讷者，即因虽谈话时，亦在运用阴谋之故。在厦大时，即逢迎校长以驱除异己，异己既尽，而此公亦为校长所鄙，遂至广州……"鲁迅把顾颉刚说成一个遍身谋略，甚至连口吃都是因为运用阴谋的人，可见如不是说笑，就是成见极深了。鲁迅憎恶顾颉刚，或者还有"轻视"的原因在。鲁迅本就对顾颉刚的"古史辨"理论不感冒，关于此，有两点例证，一是鲁迅经常揶揄之"禹是一条虫"，二是鲁迅在上文致郑振铎信中又有"其实，他是有破坏而无建设的，只要看他的《古史辨》，已将古史'辨'成没有，自己也不再有路可走，只好又用老手段"的话。鲁迅既对顾颉刚之研究不感冒，自然对史学界给予顾颉刚的极高评价不以为然。如果说二人在生活中不直接接触也就罢了，偏偏二人又同时来到厦门大学教书，而且这鲁迅看不上的刚刚毕业六年，年仅 34 岁，"骤得大名"的"胡适之的信徒"，还跟他一样被聘为研究教授，跟他平起平坐，享受同样的待遇，这岂能不让鲁迅暗自不爽？更"可恶"的是，在鲁迅的心中，顾颉刚不仅联合其党羽把鲁迅从厦大逼走，还一路追逼到中山大学，是可忍，孰不可忍？也难怪鲁迅先生憎恶顾颉刚到自此再提到他，就直接称之曰"鼻"了。

　　鲁迅和顾颉刚的关系，细究起来，无非琐细的个人恩怨，并没有什么大是大非原则性的是非对错，所以无须上纲上线，拔高到抬头都望不见的高度。这种个人恩怨本也不足为外人道，只是因为二人都是名人，又事关鲁迅，所以私事就难免被当作"公事"被不断论及。作为旁观者，平心而论，至少从目前掌握的材料来看，我的感情天平难免不倾向作为"弱者"的顾颉刚一方。在整个事件过程中，尽管鲁迅先生看起来是"节节败退"的，但是从心理上来说，鲁迅先生却是主动的，进攻型的，顾颉刚则是被动的，招架型的。顾颉刚因此倍感委屈，以至于在给胡适的信中以及在鲁迅先生去世多年之后，回想此事，仍难掩其满腔悲愤。从此事也可看出鲁迅先生的很多个性缺陷，比如钱玄同批评他的多疑、轻信、迁怒。有人质疑说多疑和轻信怎么可能并存在一个人身上呢？这是对人性失察，多疑的人往往也会轻信，正如轻信的人也往往多疑。正是在当疑处不疑，当信处不信，所以才会导致鲁迅和那么多人反目成仇。除此之外，鲁迅的成见之深也是可怕的，深到让他几乎失去了判断是非的基本能力。而且语多有人身攻击，也是失德的一种表现，只不过那时搞人身攻击的太多了，也就表现得不那么显著了——只是我们今日单独抽出来看，才会显得那么醒目。但是明眼人，不要又以此为鲁迅先生的独特"性格"，而津津乐道才是。

两次请辞事件

　　胡适少年得志，一生风光无限，然而随着 1949 年政权的更替，流寓美国的胡适却难掩其晚年的落寞与黯淡。按周质平在《胡适的黯淡岁月》一文中的说法，"在那段日子里，天地间多了个胡适，少了个胡适，似乎并不增减什么。"也许正因此，胡适才最终决意回台，幸而在台的这最后四年还是热闹的。但是想来他的内心也不会怎么愉快，因为他刚回台不久，即发生了著名的"雷震案"。雷震事后认为胡适之所以会在 1962 年 2 月 24 日酒会上猝发心脏病去世，就是因为雷案受了冤屈（参见聂华苓《雷震与胡适》，见《三生影像》第176 页，三联书店 2008 年 6 月版）。

　　说来胡适在雷案中确实角色尴尬，饱受委屈。这种尴尬和委屈从1951 年胡适请辞《自由中国》发行人就埋下了种子。那年《自由中国》因一篇社论《政府不可诱民犯罪》得罪了"台湾当局"，杂志被扣押，编辑受到威胁，《自由中国》只得又写了一篇《再论经济管制的措施》，算是向当局赔礼道歉，才算没事。为了此事，胡适特意给《自由中国》的实际主持人雷震写信表示要辞去发行人的名义，理由是抗议军事机关干涉言论自由。

　　胡适的这封信写于 1951 年 8 月 11 日，内容如下：

　　儆寰吾兄：

　　　　我今天要正式提议请你们取消"发行人胡适"的一行

字。这是有感而发的一个很诚恳的提议，请各位老朋友千万原谅。

何谓"感"呢？《自由中国》第四卷十一期有社论一篇，论政府不可诱民入罪。我看了此文，十分佩服，十分高兴，这篇文字有事实，有胆气，态度很严肃负责，用证据的方法也很细密，可以说是《自由中国》出版以后数一数二的好文字，够得上《自由中国》的招牌。

我正在高兴，正想写信给本社道贺，忽然来了四卷十二期的《再论经济管制的措施》，这必是你们受了外力压迫之后被逼写出的赔罪的文字！

昨天又看见了《香港工商日报》（七月二十八号）寄望今日之台湾的社论，其中提到《自由中国》为了《政府不可诱民入罪》的评论，"曾引起有关机关（军事的）的不满，因而使到言论自由也受到一次无形的伤害"，"为了批评时政得失而引起了意外的麻烦"。我看了这社评，才明白我的猜想果然不错。

我因此细想，《自由中国》不能有言论自由，不能用负责态度批评实际政治，这是台湾政治的最大耻辱。

我正式辞去"发行人"的名义，一来是表示我一百分赞成"不可诱民入罪"的社评，二来是表示我对于这种"军事机关"干涉言论自由的抗议。

胡适

四十年八月十一日

次年，也就是1952年11月胡适从美国首度访台，在《自由中国》欢迎他的酒会上，再一次表达了类似的意见，请求"解除我这个不负责任发行人的虚名，另举一位实际负责任的人担任"。那胡适做什么呢？"我希望将来多做点文章，做编辑人中的一个"。

胡适在这个时候请辞，的确容易引人误会。比如当时作为《自由中国》编委会成员之一的聂华苓，事后在回忆性文章里，就不无抱怨地写道："有人说《自由中国》和统治权力一有冲突，胡适就要摆脱《自由中国》了，以免受到牵连。既抗议了，又摆脱了，一箭双雕。"虽然是借助他人之口，却未尝不可看作聂对此事的态度。聂又写道，雷案后，胡适回到台湾，接见记者时表示《自由中国》为了争取言论自由而停刊也不失为"光荣的立场"。并说 11 年来雷震办《自由中国》已成为言论自由的象征。"我曾主张为他造铜像，不料换来的是十年坐监，这——"他（胡适）在桌子上一拍："是很不公平的！"聂奚落道："'光荣的下场'，胡适公开说得很漂亮，毕竟有点儿风凉。"又说案子判下来，可以探监的时候，"我们一到星期五就眼巴巴盼望胡适去看看雷震。他可以不发一言，只是去看看雷震，那个公开的沉默姿态，对于铁窗里的雷震就是很大的精神支持了。可是一个个寂寞的星期五过去了，胡适没有去看雷震。我和殷海光、夏道平、宋文明几个人忍不住了，要探听他对雷案究竟是什么态度。一天晚上，我们去南港看胡适。他招待我们一顿点心，一点幽默，一脸微笑"。

1960 年 11 月 23 日雷震案复判结果出来，维持原判。胡适对采访的记者说了六个字："太失望，太失望。"记者提到他没去探监，胡适说："雷震知道我很想念他。"（见聂华苓《雷震与胡适》）

这确实不能不让聂华苓们伤心、失望。因而也难怪聂华苓得出结论："胡适对雷震是在乡愿和真情之间回荡。"

胡适在雷案中的表现确实耐人寻味，但是也并非无可解释。比如请辞事件，从胡适写给雷震的信中可知，《自由中国》另写《再论经济管制的措施》向当局赔罪，胡适事先并不知道。胡适若非虚伪，则其对《自由中国》此举也许也有失望的成分。联想胡适 20 世纪 20 年代末因《人权与约法》《知难，行亦不易》等文章被蒋政府围攻，胡适毫无惧色，教育部长蒋梦麟签署了教育部训令给胡适，胡适将训令上的错误纠正后原样奉还，其骄傲如此（参见林贤治《鲁迅的最后十年》第 40 页，东方出版中心 2006 年 1 月版。另见吴湘湘著《胡适"但开风气不为师"》，见《胡适传记三种》第 220 页，安徽教育

两次请辞事件

出版社 2002 年 3 月版。）。这也难怪胡适看到《自由中国》的赔罪文章会感到气闷。

此外胡适请辞也许还跟他这个"发行人"不负责任有关。在《自由中国》酒会上他说他这个发行人是"不发行的发行人"，是"不负责任发行人的虚名"，可知他明知《自由中国》让他挂名做发行人只是为了借用他的名声。聂华苓也承认"《自由中国》创办时，他人在美国，却是《自由中国》的发行人，虽不情愿，也默认了"。则又知胡适一开始就不情愿。

而且请辞事件发生在 1951 年，其时他正在美国，虽然需要赚钱维持生计，但也没有困难到需要台湾当局赞助的地步，甚至可以说当时还算是他的经济状况比较好的时期，因为当时他正任普林斯顿大学葛思德东方图书馆馆长一职，年薪 5200 美元，这是他在美九年间唯一比较正式而有固定收入的工作。虽然他任职的时间只有短短的两年（1950 年 7 月 1 日－1952 年 6 月 30 日），但他写请辞信时还不知道自己第二年就要被辞掉。说他借机辞掉《自由中国》发行人，是胆小，怕受牵连，未免太小看了胡适。

从另一个方面看，胡适也绝不胆小。李敖一九九〇年曾撰文《从蒋介石非法连任看钱穆与胡适》，从蒋介石非法连任"总统"时钱穆和胡适的不同表现，对二人作了区分评价。虽然李敖对胡适不无微词，比如 1961 年李敖还是台大历史研究所的学生时就在一封给胡适的长信中直言不讳批评胡适"我觉得你有点老悖，虚荣心与派系观念好像多了一点，生龙活虎的劲儿不如当年了，对权威的攻击也不像以前那样犀利了"（见《李敖快意恩仇录》第 117 页，中国友谊出版公司 2004 年 8 月版），但在《从蒋介石非法连任看钱穆与胡适》这篇文章里他仍然肯定了胡适"不做媚俗之言"，比钱穆有立场得多了虽然在李敖眼中，胡适做得仍不够，比如他认为胡适不想同蒋介石搞翻，所以"虽然有立场，也要尾蛇，这是很令人叹息的"。胡适反对蒋介石非法连任是 1959、1960 年间的事。这可能就是李敖在 1961年的信中为什么说胡适"有点老悖"了的原因。但想想当年在蒋介石非法连任上，有几个人如胡适这样有立场，敢直言表示反对？于此说胡适没有胆量，也真是小看了他。

　　同样是 1960 年，在聂华苓的笔下，雷震案中的胡适是"在乡愿和真诚之间回荡"，而在李敖的笔下，在蒋介石非法连任上胡适却显得"颇有立场""不做媚俗之言"。到底哪个胡适才是真正的胡适？抑或二者都是，反映出来的只是胡适的矛盾心态？

　　从胡适的请辞，还让我想到 20 世纪二三十年代蔡元培的请辞。蔡请辞，也惹过很多人的批评和质疑，与胡适请辞虽不可同日而语，却也有类似之处。据李敖《胡适和蔡元培》文，蔡元培在北大校长任内，曾有过三次辞职，第一次是"民国"八年八月九日，理由是抗议政府丧权辱国，袒护汉奸，直到八月十二日，才重行就职。第二次是"民国"十二年一月十七日，理由是抗议政府非法逮捕财政总长罗文幹，他"痛心于国事清明之无望，不忍为同流合污之苟安"，所以决定不干。和胡适请辞一样，蔡元培的辞职，也引起了某些人的批评（如陈独秀），认为蔡元培的辞职举动太消极，是要不得的。确实，蔡元培离开北大之后，北大兼容并包的风气就渐渐失传了，逐渐又变回了"清一色"。但是面对这种质疑和批评，胡适却先后写了几篇文章为蔡元培辩护。在《蔡元培以辞职为抗议》一文中他说："但他这一次的抗议，确然可以促进全国国民的反省，确然可以电化我们久已麻木不仁的感觉力。"从消极中看到了辞职积极的一面。在《蔡元培的"不合作主义"》一文中胡适又进一步作了发挥，指出蔡元培虽然不能像印度甘地那样的做积极的运动，但他的"不合作"对于旧政府也是一种沉痛的控诉，"正因为这个国家太浑浊黑暗了，正因为这个民族太怯懦无耻不爱自由了，所以不可不有蔡先生这种正义的呼声，时时起来、不断地起来，使我们反省、使我们'难为情'、使我们'不好过'"。在看到陈独秀批评蔡元培消极的文章后，胡适又撰文《蔡元培是消极吗？》为蔡进一步辩护："在这个猪仔的世界里，民众固不用谈起，组织也不可靠，还应当先提倡蔡先生这种抗议的精神，提倡'不降志，不辱身'的精神，提倡那为要做人而有所不为的牺牲精神。先要人不肯做猪仔，然后可以打破这个猪仔的政治！"

　　虽然胡适的辞去《自由中国》发行人的"虚名"与蔡元培的辞

去北大校长不可同日而语，但作为一种抗议的姿态却是相同的，在胡适这里也是几十年一贯的（胡适的请辞信刊发于《自由中国》第五卷五期上，可见胡适也并非仅在内部发发牢骚表达一下抗议而已。只可惜杂志印成后，台湾当局决定重施故技，拒绝它与读者见面，幸而这个决议被美国合众社探得，向全世界发出电讯，有关政府部门才不得已放弃了原决议）。只是当日蔡元培还有胡适替他辩护，《自由中国》时的胡适，又有谁肯替他辩护一声呢？

　　幸而雷震对胡适毫无怨言，始终信任，用聂华苓的话说是"一直死心塌地地崇敬"，在读了诗人周弃子"棋败何曾卒向前"的诗句后，还认为周弃子对胡适误会了。这对于委屈的胡适来说，或者可以算是"不幸中的大幸"了。

重读荆轲

一、荆轲离开卫国到燕国去了

2000 多年前，荆轲离开了老家齐国，去了卫国。在卫国，司马迁有如下记载："荆卿好读书击剑，以术说卫元君，卫元君不用。"清姚苧田质疑道："剑术耶？纵横之术耶？"（《史记精华录》）太史公似乎没有说明，然而我们不难揣测，因为下文有"卫元君不用"的后果，"其后秦伐卫，置东郡，徙卫元君之支属于野王"。这样的行文，就很容易给人一种荆轲一人可救国的误解。可耶？我们纵观全文，发现除了司马迁两次提到的荆轲"好读书"外，似乎并未见其有其他政治高见。甚至到了燕国，不仅不再以术说君，甚至"日与狗屠及高渐离饮于燕市"，最后为报一人之德，而"行怨暴之怒"，最终导致秦军大举进攻燕国，这难道是一个有政治远见的人所能做出的事情吗？那么司马迁之所以在此加上一笔，难道真如姚苧田所言，乃"史公痛惜其无成，故偏作尔许身份"？

然而在卫国的遭遇，也许让荆轲颇有怀才不遇之感，于是他离开了卫国，向燕国进发。在途中他遇到了两个人，一个是盖聂，一个是鲁勾践。这两个都是当时响当当的剑客。他们的会面，在我的想象中充满了浪漫的色彩。我的脑中不止一次地映过这样的场景，在漫天的雪花中，他们各自站成了一尊雕塑。剑犹在鞘中，而剑气早已充盈了整个天空。在他们的对峙中，雪花轻轻地飘洒在他们的眉梢上。

然而很不幸，在司马迁的记载中，荆轲都落败了。在跟盖聂的论剑中，荆轲在盖聂的怒目之下灰溜溜地溜走了。到了邯郸，他又在鲁勾践的"怒""叱"下，"嘿而逃去"，"遂不复会"。我没有想到我心目中的三大剑客的会面竟然会以这样的结局结束。那么盖聂和鲁勾践到底是因为什么而怒叱他呢？司马迁没有说明。

直到多年之后鲁勾践在得知荆轲已经成了"烈士"之后才发出了这样的感叹，"甚矣吾不知人也"，然后又感叹说"惜哉其不精于刺剑之术也"！那么当时荆轲在鲁勾践——包括盖聂——的心目中到底是一副什么样的形象呢？是什么样的形象不仅让他们当时既怒且叱，甚至还敢断言荆轲"是宜去，不敢留"，而在今天却悔不知人呢？我想唯一的猜测就是当时荆轲给他们的感觉不仅剑术不精，而且为人猥琐。所以在他面前，他们才会有那么强大的道德自信心。这么来看，荆轲给人的感觉也不过是一个懂点剑术的二流子形象，这与我们的想象相差几远欤？这又与在易水边慷慨高歌的荆轲形象相差几远欤？但是我实在是想不出他可能有的其他形象。

但是司马迁的原意似乎并不是让我们做出这样的猜测，在司马迁看来，也许这正表明了荆轲不为人知的痛苦和孤独。对于他们的狂傲，他不屑一辩。也正因为知音的难求，所以在后来遇到太子丹后，他才能做出这样壮烈的举动。而这样的遭遇，也让他对寻求理解失去了信心，所以到了燕国之后，他不再急于寻求进取的台阶，而是更加放浪形骸，与狗屠及高渐离日饮于市，对酒当歌。

然而这样的解释却无法说明当代两大高手的看人眼光竟然是如此的差？

但是不管怎么说，三大剑术高手就以这样的结局"不欢而散"，总是难免让人感到遗憾。

二、荆轲到了燕国

荆轲经过长途跋涉，终于到了燕国。在这里我们有理由相信他的旅途肯定十分的劳累，因为囿于当时的历史条件，他最好的交通工具也许就是马车，然而根据《史记》对他的描述，我们完全可以肯定他是没有正当工作的，他最有可能吃饭的途径是给别人做门客，或者就直接给人家做杀手——就像他后来干的那样。还有一种途径，就是朋友的接济，但是似乎——除了后来在燕国遇到的那两位——他好像也没有什么朋友。就算有人送他一点盘缠，但是经过这么多的日子，他也应该花得差不多了，而在榆次和邯郸，他也许只是想去化点缘，但是结局我们已经看到了，他是偷偷溜掉的，所以临走时的盘缠自然也是没有的。因此我们大概可以断定，荆轲从卫国到燕国，最好的条件，恐怕也只是骑匹马，甚至说不定还要步行。

荆轲到了燕国似乎依然没有工作，但是有了狗屠和高渐离，似乎吃饭并不成问题，喝酒也不成问题。我一直以为荆轲在燕国过的这段穷苦日子是他生命中最幸福的时光，因为他有着这么好的朋友，还有酒喝，有歌可唱。但是在这段时间里，他到底唱的是什么歌呢？是欢乐的、心宽意满的歌还是借酒消愁、怀才不遇的歌？如果是后者，那么荆轲真的就像他表现出来的那么快乐吗？

也许不是。我现在越来越能感觉到荆轲当时惆怅和郁闷的心情。酒喝得越来越多，歌也越来越豪放。然而在豪放的背后是掩饰不住的悲壮。有谁知道我此刻的心情呢？荆轲心想。别人都以为我是快乐的，谁又会懂得我笑容之后的悲伤呢？但是这些话又能说给谁听呢？所以只能继续大口地喝酒，大声地歌唱。然而也许他不知道的是高渐离正暗自难过地看着他，他看得懂他眼中的悲伤，但是他不说，他也就不问，看到荆轲大口地喝酒，大声地唱歌作为掩饰，他感到自己的心更加的痛了。

高渐离注定是荆轲生命中最重要的一部分，也许荆轲是孤独的，但是在他最后的生命里，毕竟有了高渐离这个朋友。相对于荆轲的孤傲，高渐离的爱更加的隐晦，也更加的深沉。

然后荆轲就遇到了太子丹。

三、荆轲遇到了太子丹

这是一个阴戾的男人。我不知道荆轲第一眼看到太子丹时是怎么想的，但是我想应该没有好印象。因为在荆轲见到太子丹之前，他的朋友田光就因为太子丹的不信任而自杀了。所以荆轲见到太子丹后第一句话就是："田光已经死了。"太子丹大吃了一惊，他说我可不是这个意思，他一定是误解了。太史公的原文是："丹所以诫田先生毋言者，欲以成大事之谋也。今田先生以死明不言，岂丹之心哉！"话似乎是不错的，怪只能怪田光太敏感。但是难道太子丹真的像他说的那样不是不信任田光吗？似乎不然，否则也不会出现后来催促荆轲的话："日已尽矣，荆卿岂有意哉？丹请得先遣秦舞阳。"听听，这是什么话，说，你要是不想去的话，那我就先派 13 岁的小孩秦舞阳先去吧。则其不信任至此也。也因此难怪荆轲怒叱之。

然后这个虚伪的男人继续发话了，先讲了一通天下形势，然后说出了自己的计划："丹之私计愚，以为诚得天下之勇士使于秦，窥以重利，秦王贪，其势必得所愿矣，诚得劫秦王，使悉反诸侯侵地……则不可，因而刺杀之。……"话已至此，其仍然不愿表明用荆轲的意思，而是说，"此丹之上愿，而不知所委命，唯荆卿留意焉"。这话与当初说田光话如出一辙。但是等到荆轲推辞的时候他却开始强求，"太子前顿首，固请毋让"。直到荆轲"许诺"。

荆轲之所以留名青史，并愈受人推崇，何耶？以我观之，也许在于一种误解。首先以太史公之心性，喜爱侠客式人物（也"爱其文之奇"），故不惜任意渲染，所以才会一再强调其"好读书击剑"，也才会有姚苧田所云"故偏作尔许身份"，并故意赋予其以悲壮的色彩。其次，也许在于读史人的历史观，在他们看来，荆轲之刺"暴"

254
听雨夜读

秦，是顺应历史和正义的要求，因而是一种伟大的壮举。再次，在于
读史人的道德观，在他们看来，荆轲之刺秦，既是为了报答太子丹的
知遇之恩，也是为了燕国社稷和百姓。最后，荆轲式的悲壮，容易激
发人的同情。

　　然后，很不幸，这全是误会。历史的误会却成就了荆轲的英名，
这也许是荆轲之幸，而荆轲真正的幸也许在于碰到了太史公。太史公
的心性和遭遇也许使他对那种"有力量"的男人充满了好感，这种
好感不仅在太史公的身上容易看到，在历代的软弱读书人身上都有或
多或少的表现，在现代的心理学家看来，这也许是一种心理上的补
偿。就是这种好感，使太史公不惜多费笔墨，大肆渲染。如果这也算
是误会的话，那么读史人历史观和道德观上的误解则是一种更大的误
会。荆轲刺秦，难道真的是为了报答太子丹的知遇之恩吗？难道真的
是为了燕国的社稷和百姓吗？如果我们能抛解开这层误会，那么荆轲
还有多少光辉可言？这让我感到一阵心痛。

四、太子丹送给了荆轲美女和车骑

　　太子丹听到荆轲许诺了，悬着的心终于放下了，马上下令，尊荆
轲为上卿，"舍上舍"，并且"日造门下，供太牢具，异物间进，车
骑美女恣荆轲所欲，以顺适其意。"而在另一本史书里（《燕丹子》），
有更残忍的描写，云，荆轲喜欢上一个弹琴女孩子的玉手，太子丹马
上就命人砍了呈送上来。（……酒中，太子出美人能琴者。轲曰：
"好手琴者！"太子即进之。轲："但爱其手耳。"太子即断其手，盛
以玉槃奉之。）

　　那么这就叫"知遇"吗？如果荆轲不答应他刺秦呢？他会仍然
这样对待他吗？还是会换另外一种他和荆轲都不希望看到的方式？并
且这种方式对于一个"雇主"来讲，难道不是必要的吗？即如严仲
子之奉聂政以"黄金百镒"，又如武承休之赠田七郎金"作生计"
（《聊斋志异·田七郎》）。如果把雇主和杀手的关系也比作一种"知

遇"，那么这种知遇对于雇主来说，可真实惠，就如聂政一语道破的天机："……政身未敢以许人。"则知这种"知遇"是需要对方付出生命的代价的。田七郎的母亲也说："……闻之：受人知者分人忧，受人恩者急人难。富人报人以财，贫人报人以义。无故而得重赂，不祥，恐将死报于子矣。"在这里田七郎的母亲其实是在算一笔账，我受了你的金子，却要付出我的生命，这样对我来说不管怎么说都是不合算的。那么既然不合算，我为什么要和你做这个"买卖"呢？武承休的方法是死缠烂打，"设筵招之，辞不至"，则"登其堂，坐而索饮。七郎自行酒，陈鹿脯，殊尽情礼。越日，武邀酬之，乃至。款洽甚欢。赠以金，复不受。武托购虎皮，乃受之"。这样看来，武承休简直是为了达到做成生意的目的，不顾死皮赖脸，费尽心机。你不是不接受邀请吗？那我就去吃你的。吃完你的，我再借口酬谢邀请你。我给你钱你不要，我就托口是要向你买虎皮。他们为什么有这样的做成生意的积极性呢？就是因为他们在生意中是赚的，他们失去的只是一点点金钱，而别人为他失去的却是一条鲜活的生命。从这点来看，他们的行径简直有点"强买强卖"的味道。

太子丹同样是如此，虽然荆轲最后答应了，但是也是在"太子前顿首，固请毋让"的前提下勉强答应的。然而我想他的内心肯定有一点点的不甘和犹豫，因为他知道这不是一笔好的买卖，所以他才会在易水之上唱出"风萧萧兮易水寒，壮士一去兮不复还"的句子。这时他内心的悲壮达到了极点。因为这真不是一笔好买卖呀！

他的犹豫还表现在"久之，荆轲未有行意"以及易水之上的"有所待，欲与俱"，所以"顷之，未发"。然而已经花了钞票的太子丹已经等不及了，他说："秦兵旦暮渡易水，则虽欲长侍足下，岂可得哉！"又说："日已尽矣，荆卿岂有意哉？丹请得先遣秦舞阳。"第一句话充满了矫虚之情，意思是说，你天天吃我的喝我的，还给你马骑给你美女享乐，你怎么还不走呢？人云，吃人家的口软，拿人家的手短，果然不假。要是按照太子丹字面上的意思来看，则充满了悖谬。因为荆轲的启程之日，就是他享受生活的结束之日。岂有"长侍"之现实可能性？而第二句话充满了激讽，此岂为"朋友"者能够说出的话？

那么荆轲为什么不急行呢？司马迁在下文的解释是他觉得时机尚不成熟。真的是这样子吗？还是像有些人认为的荆轲是为了多享受一段美好时光？

然而荆轲还是接受了这样的买卖，并早早地结束了他的享乐时光，而他的享乐，也许不过是他悲观心态的一种反映而已。

五、太子丹说他是为了燕国

在国家和社稷面前，我们总是无言以对，因为它充满了过高的道德压迫感。正是对这种心理的熟悉掌握，使太子丹能够顺利地说服荆轲，并做成这笔买卖。

太子丹找到荆轲，先晓之以义，"……今秦有贪利之心，而欲不可足也。非尽天下之地，臣海内之王者，其意不厌"。接着晓之以势，"今秦已虏韩王，尽纳其地。又举兵南伐楚，北临赵。王翦将数十万之众距漳、邺，而李信出太原、云中。赵不能支秦，必入臣，入臣则祸至燕。燕小弱，数困于兵，今计举国不足以当秦，窥以重利，秦王贪，其势必得所愿矣"。后晓之以利，"诚得劫秦王，使悉反诸侯侵地，若曹沫之与齐桓公，则大善矣；则不可，因而刺杀之。彼秦大将擅兵于外而内有乱，则君臣相疑，以其间诸侯得合从，其破秦必矣"。话是冠冕堂皇，但是这是事实吗？

我们很容易就能找到否定的证据。前文有称，"秦王之遇燕太子丹不善，故丹怨而亡归。归而求为报秦者"，这可能是他的起始动因。作为一个太子，完全可以依靠军事实力进行比拼，然而很不幸，"国小，力不能"，所以只好寻找其他策略。也许对于这一点，他的老师鞠武认识得最清楚，他劝太子丹说，"……奈何以见陵之怨，欲批其逆鳞哉"。由此可见，太子丹所谓的为社稷故只是一个冠冕堂皇的借口，真正的动因在于私人的小小恩怨。

太子丹也许太过年轻了，显得少不更事，意气莽撞。接下来他做

重读荆轲

的第二件似乎是跟秦王叫板的事情是收留秦国逃将樊於期，对于他的意气用事，他的老师又一针见血地对他进行规劝，此举乃"联结一人之后交，不顾国家之大害"。这是因为，以目前燕国的实力和秦燕的关系，收留樊於期简直是"委肉当饿虎之蹊"，"祸必不振矣！虽有管、晏，不能为之谋也"。话已经说得如此清楚，然而太子丹听了吗？那么，能说他是为了社稷和百姓考虑的吗？

也许真正按照鞠武说的"西约三晋，南连齐、楚，北购于单于"，或许燕国还有一救，然而这对于太子丹来说是太漫长了，他要的是立即解了心头的那口闷气，所以宁愿"行危欲求安，造祸以求福"，也要刺杀秦嬴政。

这又是如何为社稷百姓考虑的呢？

六、荆轲准备出发了

荆轲终于答应出发了，这让太子丹又长长地出了一口气。对于荆轲的磨磨蹭蹭太子丹是有意见的，并且他现在也完全敢于直接向他表白，因为他已经给了荆轲美女和车骑了，你还能怎么样呢？你拿了我的钱，还不帮我做事，天下哪里有这样的道理呢？

但是荆轲在出发前需要先做两件事情，一是要了樊於期的人头，二是找了把好刀。樊於期的人头本来就是太子丹给的，所以借来用用也没有什么不可以，虽然太子丹说不可不可，然而荆轲知道他内心是同意的，所以他就替他扯了那道遮羞布，果然樊於期自杀之后，太子丹虽然装模作样地痛哭了一会儿，还是"不可奈何"，将樊於期的人头用盒子装了起来。小刀是赵人徐夫人的，反正只要有钱没有什么东西是买不到的，又在刀口上淬了毒，找了几个人来试，效果很好。虽然看起来残忍了点，但是他们的生命能算生命吗？

万事总算具备，一大早，送行的队伍就来了，为了显得庄重，大家都换上了白色的衣冠，又是祭祖，又是击筑、唱歌。好不容易结束，大家又流了点泪，就告别出发了。

关于这一节，清姚苧田又有质疑，"聂政（刺韩相侠累）恐多人语泄，独行仗剑至韩，而轲则既必待吾客与俱，又且白衣祖钱，击筑悲歌，岂不虑事机败露"。而在后章，"聂政抉面屠肠，自灭形迹，轲乃箕踞笑骂，明道出欲生劫报太子丹之语"。仔细思量，此果然是硬伤。姚氏的解释是"史公想爱其文之才，又不可妄为点窍，故特于前后自出手眼，写的荆卿深沉儒雅，回绝恒流，并高渐离隐约精灵，双峙千古，遂使其疏荜无成处，俱藏许多疑案，令人不忍多訾矣"。此解释似乎也让人信服，只是祭祖高歌者，似乎还没有那么可让人挑剔，因为毕竟荆轲名义上是献樊将军人头和督亢地图的。而后者则无可掩饰。

七、荆轲终于到了秦国

这里发生的事情众人皆知，在贿赂了秦王宠臣中庶子蒙嘉之后，荆轲和秦舞阳得以被召见。少年英雄秦舞阳在此不幸作了荆轲的陪衬，这使他过去的事迹显得可笑，而荆轲的胆识却得到了拔高。（奇怪的是荆轲在追杀秦王时，他在干什么呢？如果二人合围，难道就抓不住一嬴政吗？可叹，在他的陪衬价值实现之后，他就已经被太史公给生生忘却了。）

图穷匕见，荆轲开始在大殿上追逐秦王。现在想想，这是一副多么尴尬和可笑的场面呀，荆轲绕着柱子追逐拔不出剑的秦嬴政，而众臣伸出无力的小手，像群激昂的老太太一样，拼命地捶打荆轲。荆轲的匕首划过，可有人因此丧命？

秦王终于拔出了剑，只一剑，就砍断了著名剑客荆轲的大腿。局面立刻发生了扭转，残废了的荆轲知道大势已去，遂最后一击，将淬满了毒药的匕首扔了过去。可惜，技术不精，又投歪了。这时候秦王可以很从容地再往荆轲身上练剑了。荆轲"自知事不就，倚柱而笑，箕踞以骂曰：'事所以不成者，以欲生劫也，必得约契以报太子也。'"事情结束。这正如姚苧田所评，荆轲死得虽然壮烈，但是为自己的失败找借口的同时也就顺便出卖了自己的雇主。这与豫让之"漆身为厉，吞炭为哑"，以及聂政的"自皮面决眼，自屠出肠"自有天壤之别。那么荆轲为什么要这样做呢？难道只是一时的疏忽吗？

我想恐怕主要是出于太史公对其的怜惜，为了给他的失败找到借口，只好借其口道出事情之所以不成功，是因为想生劫秦王，报答太子的知遇之恩。这里牵涉到三个方面的命题。其一，事情不成功，非荆轲之无能也，而在于想求全，所以其失败虽然让人遗憾，但是可以理解。其二，之所以想生劫，完全是因为这样做在于太子丹来说，是"大善"，既可救社稷，也可保诸侯。而刺杀掉秦王，只是无奈之下的一种下策。所以作为一个识大体的人，荆轲首先想到的应当是生劫，虽然这样困难更大。其三，我荆轲之所以在后世能够得人尊敬，或许就在于我能够感恩图报，虽然我知道这样的报答是多么的危险。因而即使到最后的关头，我也要把我的内心想法通过太史公的口说出来，否则，又有谁能知道呢？

我这样讲至少说明两件事，一是这整篇的行文并不能完全当作史实来看，在很大程度上倒是太史公经过再加工之后写就的一篇小说，所以在很多的地方，其实荆轲是在替太史公说话。而唯一的原因，就在于太史公想成全荆轲作为英雄的一个形象。所以很多地方是不可较真的。二是，即便荆轲本身，他对太子丹也是处于一种误解之中。他真实地理解太子丹的心理吗？他真的把太子丹看作了自己的知己吗？或者说，他真的感到太子丹对自己有"知遇之恩"吗？我看未必。首先，我们前文已经分析过太子丹之所以刺秦，并非出于国家社稷的考虑，更不是妄想秦国退回侵吞的诸侯的领地，他没有这么高尚，他只是想报"见陵之怨"，他给荆轲讲的所谓"大善"的话，不过是冠冕堂皇的借口，然而，很不幸，荆轲没有看透他的心思，所以最终失败了。恐怕这也是太子丹当时没有想到的吧。其次，太子丹如果真的理解他，就不会一而再，再而三地催促他，并说什么你要是不去，我就让秦舞阳先去的话！在太子丹看来，荆轲不过是他的一个用来送死的工具而已。而荆轲何尝没有看出来呢？所以荆轲才会对他的车骑美女来者不拒。关于这一点，也曾经有许多人对荆轲持有疑问，认为：

"如聂政尚不肯轻受严仲子百金之馈，而轲则早恣享燕太子车骑美女之奉。"此的确是事实。从此也可看出，荆轲对于太子丹完全采取的是做生意的做法。而关于他的"久之，不行"，也有人认为是。如此解，则知荆轲一开始就意识到这是一个亏本的买卖，而因为对方以道德进行压迫，所以他无力拒绝。但是他接受，也并不因此就表明他的内心是情愿的。那么，他能说燕太子丹是他的知己吗？

不管大家对他临死卖主这一节如何看待，在我看来，不管他说不说出太子丹，很显然，秦王也很容易猜到，即使猜不到，他也完全可以把他的怒气发泄在燕国身上，毕竟荆轲是燕国的使臣。当然，他后来也的确是这样做的。而关于划破脸皮，当然更是没有必要，因为你的身份是明确的，那么就算立时灭迹又有什么用呢？对于这一点，太子丹完全也没有必要责怪荆轲，因为在刺杀前他就应当想到这一节，而他的老师鞠武更是向他明确警告过，说这是"以见陵之怨，批其逆鳞"。

那么，这句话总该应验了吧。

八、太子丹的下场

杀了荆轲之后，秦王大怒，开始诏令大军伐燕。鞠武的话开始一句句应验。太子丹所谓的"救国"的刺秦策略终于使他开始尝到苦头。而他的救国最终的结果是导致他的国家和人民更早地遭殃。在这时候，燕王终于找到了招致国家祸害的罪魁祸首——太子丹，并将其斩首，献给了秦国。然而五年后，秦国还是灭掉了燕国。

在历史学家看来，秦国的统一是一种历史的必然，所以不管太子丹如何，秦国终究是要灭掉燕国的，只是时间早晚的问题。而这只能是一种假设，我们知道任何的一点偶然都可能改变历史，虽然统一是一种趋势，但秦国的统一却不是一种历史的必然，在一些偶然因素的影响下，说不定最后统一天下的反倒是燕国。比如说，太子丹听从鞠武的话，"西约三晋，南连齐、楚，北购于单于"，而又不白白地牺牲掉樊於期这样的大将以及荆轲这样的侠士，则天下也不是没有逆转的可能。然而太子丹嫌太慢了，所以他选择了一条捷径，捷径的结果是他的国家以及他自己的小命也很快地消失了。

太子丹在这里暴露出了他作为一个领导人的短视，而这种短视又与他内心的狭隘相一致，那么这样的人怎能说会是荆轲的知己呢？又有什么可足道的呢？

在太子丹死后，高渐离表现了他作为荆轲朋友的忠贞。在这一章里，高渐离的形象并不比荆轲逊色，他更像一个深藏不露的高手，荆轲在他的面前就如一个意气风发的少年，而太子丹就是一个心理猥琐的纨绔子弟。

九、荆轲的悲剧意识

从以上的分析，我们完全可以给荆轲画这么一幅画像，游手好闲（没有正式工作，天天喝酒唱歌），剑术一般（想想鲁勾践对他的评价），贪图享乐（对太子丹的供奉来者不拒），做事马虎（对比一下聂政），并且谬托知己（竟然把太子丹当作自己的知己）。那么就是这样没有什么经验的三流杀手，他是凭什么获得了田光的赏识和高渐离这样的奇士的友谊的呢？并且又凭什么赢得了后世人的尊敬和推崇呢？

司马迁在文中没有交代，介绍性质的话只有两句，"好读书击剑"。我翻遍了其他关于荆轲的史书，然而抛除掉那些似乎"太过"的情节，司马迁的《史记》应当说是记载荆轲事迹最完整的。然而好读书击剑的又何止千千万呢？他的读书我们唯一的领教在于"风萧萧兮易水寒，壮士一去兮不复还"这样的两句诗。他的剑术则很显然并不高明，所以鲁勾践在后来重新评价他的时候也不忘为此而遗憾。那么他到底是凭借什么呢？

然而很有可能就是凭的那两句诗，这两句诗所表露出来的才气使太史公不免惺惺相惜，故姚苎田有云"……史公想爱其文之奇，……故特于前后自出手眼，写得荆卿沈深沉儒雅，回绝恒流……"则，可知，我们对荆轲的印象完全建立在司马迁如椽之笔的笔尖上。也正如姚氏所云，"……此其（太史公）笔力迷离，独有超群……"之故。

那么，难道荆轲真的就无可取了吗？既然他是如此一副形象。不然，通读全文，我在荆轲身上发现了一股深沉的悲剧意识，就是这一点使他的一切过失都不显重要，而他的所为则更显悲壮。

也许从一开始，荆轲就是陷于一种深深的悲哀之中的。一切的一切我们完全都可以从反面进行重新理解，他说卫元君而不被用，卫国被灭，他只好离开卫国，逃入燕国。虽然说以他一人不足"系卫之存亡"（姚苧田语），但是眼看着没有接受游说的卫国很快地就灭亡了，难道他就没有一点点的失落和忧伤？等到过榆次和邯郸，面对盖聂和鲁句践的怒叱，难道他除了羞愧之外就没有一点点的孤寂感？在他也许是去寻找知音的，但是他们真的理解他了吗？这使他难免感到落寞。在这样的心境下，他到了燕国，然而在燕国他只能和狗屠和击筑汉高渐离在一起，他真的把高渐离当成他的朋友了吗？他和他们一起喝酒，一起唱歌，然而在他的内心深处他真的以为他们理解他了吗？或许，在喝酒和唱歌的后面，他感到的是更深层次的孤寂。直到遇到了田光，他似乎才感到一点点的好受，但是就是这个田光，在以自杀洗雪太子丹对他不信任所产生的耻辱的同时，其实也把他逼到了绝境（"欲自杀以激荆卿"）。在面对太子丹时，他是否已经意识到眼前的这个人不可相信？所以他才敢于一开口就用田光之死来质问他。而等到太子丹以刺秦之事请求他时，他为什么感到为难，从而拒绝？他真的认为是自己"驽下"，若果驽下，为何最后还是接受了这样一个不仅艰巨而且事关重大的使命？那么他的"驽下"只是他推脱的一个借口？就像聂政在面对严仲子的请求时推脱说"老母在"？那么在接受了太子丹的请求后，他沉醉于太子丹给他营造的享乐氛围中，真的只是像一些学问家批评的那样是贪于淫乐吗？他是不是在淫乐的同时感受到了更深层次的绝望？而他的耽于淫乐，不过是他内心苦闷和绝望的一个表现？他是不是也有谬托知己的苦恼，或者说他根本就

重读荆轲

不认为太子丹是自己的朋友？所以在太子丹催促他时，他才会怒叱他？在他久不行的那段时间里，他是不是像人们说的那样希望能够尽量多地享受一下人生的最后美好时光？他这样的想法是否已经暴露出他已经看破了太子丹借国家之名以报私仇的实质？而在他怒斥完太子丹之后，是否感到的是更加深沉的绝望和愤懑，所以他才能唱出那么悲壮而绝望的歌？在他生命的最后关头，他道出了失败的原因，是否已经表明他在实际上已经出现了对太子丹的"背叛"？他借太子丹的意图而妄图实现的恰恰是自己的报国报民思想？而在最后，他所言的以报太子知遇之恩，是否只是一句讥语，一个玩笑？

我不能不重新做出这样的解释，也就是在这个意义上，我看到了荆轲的内心深处以及他内心深处那无可躲藏的绝望，也就是在这个意义上，荆轲才有了继续在中国文化里存在的意义。

跋

　　平生嗜书，掩卷之余，偶有所感，形诸文字，即收到这本集子里的这些不成样子的文章。文章大都发表在《厦门晚报》读书版，这要感谢读书版的编辑萧春雷老师，不是他的邀约，很多文字根本不可能出现。比如第三辑里的那些"榜评"文章，本就是为晚报读书版"榜评"栏目所写，所以抽离出来，不大像文章。编辑时曾想过将这些文章改写，想想还是作罢，一是没了那份心境，二是懒惰，再说，保持原貌也未尝不是一种纪念。

　　这些文章年代跨度多达十几年，实际上也就是我来厦门的这段时间。这么多年，才写了这么一点关于读书的文字，想来惭愧。重读以前的文字，也不免汗颜，所谓的"悔少作"指的大概就是这种心态，但是今天能比十几年前好到哪里去，我也没有多大自信。指望这些文章有多少思想深度怕是困难，文字多么绚烂可喜估计也是奢望，能让读者还能读下去并有一点点"于我心有戚戚焉"的感觉已是对我莫大的安慰。

　　想起一句喜欢的话：我们寻找的是同类。我也希望我的这些文字能找到有缘人。

　　是为跋。